权威·前沿·原创

皮书系列为
"十二五""十三五""十四五"时期国家重点出版物出版专项规划项目

BLUE BOOK

智库成果出版与传播平台

北京教育蓝皮书
BLUE BOOK OF EDUCATION IN BEIJING

北京特殊教育发展报告
（2024~2025）

RESEARCH REPORT ON SPECIAL EDUCATION DEVELOPMENT
OF BEIJING (2024-2025)

主　编／董竹娟　冯洪荣　张　熙
副主编／孙　颖　杜　嫒　朱勃霖

社会科学文献出版社
SOCIAL SCIENCES ACADEMIC PRESS (CHINA)

图书在版编目(CIP)数据

北京特殊教育发展报告. 2024-2025 / 董竹娟，冯洪荣，张熙主编. --北京：社会科学文献出版社，2025.4. --（北京教育蓝皮书）. --ISBN 978-7-5228-5110-5

Ⅰ.G769.2

中国国家版本馆 CIP 数据核字第 2025S3D663 号

北京教育蓝皮书
北京特殊教育发展报告（2024~2025）

主　　编 / 董竹娟　冯洪荣　张　熙
副 主 编 / 孙　颖　杜　媛　朱勃霖

出 版 人 / 冀祥德
责任编辑 / 路　红　张炜丽
文稿编辑 / 王翠芳
责任印制 / 岳　阳

出　　版 / 社会科学文献出版社·皮书分社（010）59367127
　　　　　 地址：北京市北三环中路甲 29 号院华龙大厦　邮编：100029
　　　　　 网址：www.ssap.com.cn

发　　行 / 社会科学文献出版社（010）59367028
印　　装 / 天津千鹤文化传播有限公司

规　　格 / 开　本：787mm×1092mm　1/16
　　　　　 印　张：20.5　字　数：306 千字
版　　次 / 2025 年 4 月第 1 版　2025 年 4 月第 1 次印刷
书　　号 / ISBN 978-7-5228-5110-5
定　　价 / 158.00 元

读者服务电话：4008918866

▲ 版权所有 翻印必究

编 委 会

主 任 董竹娟 冯洪荣

委 员 熊 红 张 熙 李 力 杨德军 杨登才

主 编 董竹娟 冯洪荣 张 熙

副主编 孙 颖 杜 媛 朱勃霖

主要编撰者简介

董竹娟 北京教育科学研究院党委书记，北京高等教育学会副会长，副研究员，高级政工师。曾任北京工商大学党委副书记、河北省教育厅副厅长（挂职）、首都师范大学党委副书记。主要研究领域为党建与思想政治教育、高等教育管理、教研共同体建设、创新人才培养、干部队伍建设等。主持多项省部级课题，在《思想教育研究》《北京市教育科学规划课题研究成果快报》《学校党建与思想教育》《河北教育》《北京教育》等期刊发表多篇文章。

冯洪荣 北京教育科学研究院党委副书记、院长，中学高级教师，中国教育学会常务理事。曾任北京宏志中学党支部书记、校长，北京市东城区教工委书记、教委主任，北京市教育委员会委员等职，长期从事各级教育行政管理工作。主要研究方向为教育发展战略、基础教育政策、课程教学、德育思政、创新人才培养。在《教育研究》《中国基础教育》《人民教育》等期刊发表多篇文章，主持或参与全国和北京市学前教育、义务教育、高中教育等多份相关文件研制工作。

张 熙 博士，研究员，北京教育科学研究院副院长，院学术委员会主任，教育部国培专家，兼任北京教育学会副会长、北京学习科学学会副理事长。主要从事教育政策、课程与教学、学校管理研究。主持建立北京义务教育均衡发展水平指标，主持研究形成学校评估工具"枣形模型"，主持开发完成国内首个创新思维和批判思维能力计算机互动情境系统。主持教育部教育规划重点、北京哲社重点、北京教育规划重大课题等多项研究，发表《义务教育均衡发展"北京模式"研究》《政策偏好与初中教育发展路径突围》《创新人才基础培养：困境与突破》《中小学生创新思维能力测评系统开发》等多篇论文和咨询报告，成果获评国家教育教学成果奖和全国教育科学研究优秀成果奖等。

孙　颖　研究员，北京教育科学研究院北京市特殊教育研究指导中心主任。主要研究方向为特殊教育政策、特殊教育管理、融合教育。

杜　媛　博士，副研究员，北京教育科学研究院北京市特殊教育研究指导中心副研究员。主要研究方向为特殊教育政策、特殊教育规划、特殊教育质量评价。

朱勃霖　北京教育科学研究院北京市特殊教育研究指导中心副主任。主要研究方向为特殊教育政策、比较教育、特殊教育管理。

摘 要

残疾人是一个特殊困难的群体，需要格外关心、格外关注。特殊教育是我国教育事业的重要组成部分，是衡量社会文明进步的重要标志，对促进教育公平、切实保障广大残疾儿童受教育权利至关重要，对于促进残疾人的全面发展、实现共同富裕以及加快建设教育强国意义重大、影响深远。党的十八大以来，以习近平同志为核心的党中央高度重视特殊教育，党的十九大报告提出"办好特殊教育"，党的二十大报告强调要强化特殊教育普惠发展，党的二十届三中全会审议通过的决定进一步提出健全特殊教育保障机制，充分体现了党和国家对特殊教育事业的深切关怀和坚定决心。

2024年是中华人民共和国成立75周年，也是实现"十四五"规划目标任务的关键一年，必须坚持以人民为中心的发展思想，不断提升特殊教育公共服务的普惠性、可及性和便捷性，稳步朝着建成教育强国战略目标迈进。

《北京特殊教育发展研究报告（2024~2025）》秉持学术性、原创性和专题性相结合的原则，组织专业研究人员深入探讨在教育强国战略背景下的特殊教育发展。报告聚焦北京经验，对北京特殊教育改革与发展的历史、现状、重点、难点和热点问题进行了全面而深入的研究和前瞻性分析，形成年度性报告，力图跳出特殊教育看特殊教育，放眼长远看特殊教育。本报告深入而全面地反映北京特殊教育改革与发展的实际情况，发挥蓝皮书"存史、资政、宣传、育人"的作用，为全面推进北京特殊教育高质量发展提供有力的智力支持。

本报告分为总报告、分报告、专题篇和区域篇四个部分，共15篇报告。

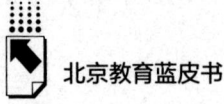

其中，总报告全面展示了北京市特殊教育发展基本情况，并对照《北京市"十四五"特殊教育发展提升行动计划》，总结了北京市特殊教育发展取得的积极进展和主要任务平稳有序推进情况。同时，总报告也指出，北京特殊教育需要不断健全残疾人终身学习体系，持续深化特殊教育课程教学改革，提高优质特殊教育资源支撑能力，并以人工智能助力首都特殊教育现代化，回答好"强国建设，首都特教何为"的时代命题。分报告分别从特殊教育学校、融合教育和特殊教育教师等领域回顾了年度发展概况。专题篇聚焦视力障碍儿童、听力障碍儿童、智力障碍儿童、孤独症儿童、超常儿童等不同类型特殊需要儿童的教育状况以及医疗、科技、康复等在特殊教育领域的应用发展情况。区域篇以北京市东城区、海淀区和顺义区为例，从不同视角展示了北京市不同区域特殊教育的发展模式。

关键词： 特殊教育　融合教育　高质量发展　北京

Abstract

People with disabilities represent a uniquely challenged group and require special care and attention. Special education is an important part of our country's educational system and serves as a significant indicator of social civilization and progress. It plays a crucial role in promoting educational equity, safeguarding the rights of children with disabilities to education, and advancing the comprehensive development and shared prosperity of people with disabilities. It also holds profound significance and far-reaching impact on making solid progress toward building China into leading country in education. Since the 18th National Congress of the Communist Party of China, the Central Committee has placed great emphasis on special education. The 19th National Congress proposed "improving special education," and the 20th National Congress called for strengthening the inclusive development of special education. The decision passed at the Third Plenary Session of the 20th Central Committee further proposed to improve the guarantee mechanism for special education.

The year 2024 marks the 75th anniversary of the founding of the People's Republic of China and is a critical year for achieving the goals and tasks set out in the 14th Five-Year Plan. It is essential to adhere to a people-centered approach to developing special education, continuously enhancing the inclusiveness, accessibility, and convenience of public services in special education, and steadily advancing towards the strategic goal of building China into leading country in education.

Research Report on Special Education Development of Beijing (2024-2025) adheres to the principles of academic rigor, originality, and thematic focus. It organizes professional researchers to examine the development of special education against the backdrop of the national strategy for educational strength, focusing on Beijing's experience. The report conducts in-depth research and forward-looking analysis on the history, current status, key points, challenges, and hot issues of the reform and development of special education in Beijing. It aims to provide an annual report that looks at special education from a broader perspective, considering long-term implications, and reflects the actual situation of special education reform and development in Beijing comprehensively. The blue book serves to preserve history, inform policy, promote awareness, and educate, offering intellectual support for the comprehensive advancement of high-quality special education in Beijing.

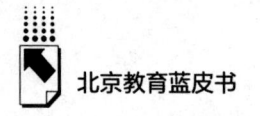

This report is divided into four sections: general report, sub-reports, special reports, and regional reports, totaling 15 reports. The general report provides a comprehensive overview of the development of special education in Beijing, showing positive progress and orderly advancement of major tasks according to the action plan for improving special education in Beijing during the 14th Five-Year Plan period. It also points out that Beijing needs to continuously improve the lifelong learning system for people with disabilities, deepen curriculum and teaching reforms in special education, enhance the support capacity of high-quality special education resources, and utilize artificial intelligence to modernize special education in Beijing, addressing the contemporary question of "What can special education in Beijing do for building China into leading country in education?" The sub-reports review the annual development overview in the fields of special education schools, inclusive education, and special education teachers. The special reports focus on different types of children with special needs, such as those with visual impairment, hearing impairment, intellectual disabilities, autism, and gifted children, as well as the application and development of medical, scientific and technology, and rehabilitation fields in special education. The regional reports take Dongcheng District, Haidian District, and Shunyi District as examples, showcasing different regional models of special education development in Beijing from various perspectives.

Keywords: Special Education; Inclusive Education; High Quality Development; Beijing

目 录

Ⅰ 总报告

B.1 北京特殊教育事业发展报告（2024~2025）
……………………………………… 杜　媛　孙　颖　史亚楠 / 001

Ⅱ 分报告

B.2 北京特殊教育学校发展报告（2024~2025）
………………………………………………… 陆　莎　朱勃霖 / 020
B.3 北京特殊教育融合教育发展报告（2024~2025）
………………………………………………… 陈瑛华　朱振云 / 035
B.4 北京特殊教育教师发展报告（2024~2025）
………………………………………………… 王善峰　张　军 / 056
B.5 北京特殊教育学校智慧校园建设发展报告（2024~2025）
………………………………………………… 杨希洁　刘洪沛 / 080

Ⅲ 专题篇

B.6 北京视力障碍儿童教育发展报告（2024~2025）
………………… 王小垂　李　元　赵　瑜　李　晶　张之宜 / 100

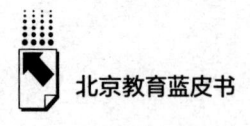

B.7　北京听力障碍儿童教育发展报告（2024~2025）
　　　　……………………………………………………李晓娟　孙　颖 / 121
B.8　北京智力障碍儿童教育发展报告（2024~2025）………傅王倩 / 138
B.9　北京孤独症儿童教育发展报告（2024~2025）…………贺荟中 / 156
B.10　北京超常儿童教育发展报告（2024~2025）
　　　　……………………………………………………程　黎　刘玉娟 / 184
B.11　北京残疾人高等教育发展报告（2024~2025）
　　　　……………………………………………徐　娟　叶　晓　耿　楠 / 209
B.12　北京重残儿童送教上门发展报告（2024~2025）
　　　　……………………………………………………史亚楠　樊沭含 / 227

Ⅳ　区域篇

B.13　北京东城区特殊教育发展报告（2024~2025）………尚省三 / 241
B.14　北京海淀区特殊教育发展报告（2024~2025）………王红霞 / 262
B.15　北京顺义区特殊教育发展报告（2024~2025）………李明伟 / 281

皮书数据库阅读使用指南

CONTENTS

I General Report

B.1 Perspectives on Special Education Development in
Beijing (2024-2025)
Du Yuan, Sun Ying and Shi Yanan / 001

II Sub-Reports

B.2 Perspectives on Special Education Schools Development in Beijing
(2024-2025) *Lu Sha, Zhu Bolin* / 020

B.3 Perspectives on Inclusive Education Development in Beijing
(2024-2025) *Chen Yinghua, Zhu Zhenyun* / 035

B.4 Perspectives on Special Education Teachers Development in Beijing
(2024-2025) *Wang Shanfeng, Zhang Jun* / 056

B.5 Research Report on Intellectual Special Education Schools in Beijing
(2024-2025) *Yang Xijie, Liu Hongpei* / 080

Ⅲ Special Reports

B.6　Perspectives on Education for Children with Visual Impairment in Beijing (2024-2025)
　　　　　　　Wang Xiaochui, Li Yuan, Zhao Yu, Li Jing and Zhang Zhiyi / 100

B.7　Perspectives on Education for Children with Hearing Impairment in Beijing (2024-2025)　　　　　　　　　　　*Li Xiaojuan, Sun Ying* / 121

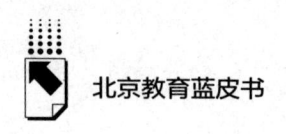

B.8　Perspectives on Education for Children with Intellectual Disabilities in Beijing (2024-2025)　　　　　　　　　　*Fu Wangqian* / 138

B.9　Perspectives on Education for Children with Autism in Beijing (2024-2025)　　　　　　　　　　　　　　　　*He Huizhong* / 156

B.10　Perspectives on Education for Gifted Children in Beijing (2024-2025)
　　　　　　　　　　　　　　　　　　　Cheng Li, Liu Yujuan / 184

B.11　Perspectives on Higher Education for People with Disabilities in Beijing (2024-2025)　　　　*Xu Juan, Ye Xiao and Geng Nan* / 209

B.12　Research Report on Home-based Education for Children with Severe Disabilities in Beijing (2024-2025)　　*Shi Yanan, Fan Shuhan* / 227

Ⅳ Regional Reports

B.13　Perspectives on Special Education Development in Dongcheng District, Beijing (2024-2025)　　　　　　*Shang Xingsan* / 241

B.14　Perspectives on Special Education Development in Haidian District, Beijing (2024-2025)　　　　　　　*Wang Hongxia* / 262

B.15　Perspectives on Special Education Development in Shunyi District, Beijing (2024-2025)　　　　　　　　　*Li Mingwei* / 281

总 报 告

B.1 北京特殊教育事业发展报告（2024~2025）

杜　媛　孙　颖　史亚楠*

摘　要： 特殊教育是加快建设高质量教育体系不可或缺的重要内容。"十四五"时期，北京市特殊教育事业聚焦党的二十大报告提出的强化特殊教育普惠发展的要求，立足首都城市功能定位，在不断健全高质量特殊教育体系、深入推进特殊教育课程教学改革、持续优化融合教育专业支持体系以及明显增强特殊教育普惠保障能力等方面取得积极成效。"十五五"时期，北京市特殊教育发展迎来新使命、新形势、新动能、新挑战，需要不断健全残疾人终身学习体系，持续深化特殊教育课程教学改革，提高优质特殊教育资源支撑能力，并以人工智能助力首都特殊教育现代化，回答

---

* 杜媛，博士，北京教育科学研究院北京市特殊教育研究指导中心副研究员，主要研究方向为特殊教育政策、特殊教育规划、特殊教育质量评价；孙颖，北京教育科学研究院北京市特殊教育研究指导中心研究员，主要研究方向为特殊教育政策、特殊教育管理、融合教育；史亚楠，北京教育科学研究院北京市特殊教育研究指导中心助理研究员，主要研究方向为特殊教育政策与质量评价。

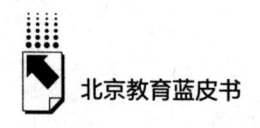

好"强国建设，首都特教何为"的时代命题。

关键词： 特殊教育 教育强国 北京

教育是国之大计，党之大计。特殊教育作为国家教育体系中的关键一环，对于加快建设高质量教育体系至关重要。它不仅关乎残疾人的受教育权利，更是推动社会公平、提升文明程度的重要途径。一个国家的特殊教育发展水平，往往被视为教育现代化进程的重要标志。

长期以来，北京市委、市政府始终高度重视特殊教育的发展，立足首都城市的战略定位，明确将特殊教育置于优先发展的战略地位，不断强化自身在特殊教育发展中的主体责任，将特殊教育的推进纳入经济和社会发展的整体规划中，多措并举统筹推进特殊教育改革发展，[1] 全面推进特殊教育高质量发展，努力让优质教育惠及每一名特殊儿童。

一 北京特殊教育总体发展情况

北京市秉承"首善"标准，持续推动特殊教育事业向高质量发展迈进，涵盖从学前教育到高等教育的完备特殊教育体系已基本形成，服务对象日益广泛，教育质量稳步提升，支持服务体系日趋完善，保障水平不断提高。

（一）学前教育

2023年，北京市已基本实现学前三年教育康复服务的全面覆盖。在学前教育阶段，特殊幼儿主要进入普通幼儿园学习。全市各区均设有普通幼儿

---

[1] 《坚持市级统筹 强化优先保障 以"首善"标准推进首都特殊教育优质均衡发展》，教育部网站，2022年2月18日，http://www.moe.gov.cn/jyb_xwfb/moe_2082/2022/2022_zl07/202202/t20220218_600460.html? eqid=b7377b24000892d30000000364263e88。

园接纳特殊儿童随园就读，确保每区至少有 1 所融合幼儿园，其中 63.6% 为公办幼儿园，36.4% 为民办幼儿园（包括普惠性幼儿园）。①

（二）义务教育

2023 年，北京市义务教育阶段的特殊教育学生人数达到 7317 人，其中小学阶段有 4626 人，初中阶段有 2691 人。近 60% 的特殊教育学生在普通中小学校就读。具体而言，有 4299 人（占 58.8%）通过随班就读的方式融入普通学校的普通班级，另有 91 人（占 1.2%）在普通学校设立的特殊教育班学习。在这些随班就读的学生中，智力障碍学生数量最多，占比高达 53.8%，精神障碍学生紧随其后，占比为 21.3%。此外，全市共有 2927 名学生（占 40.0%）在特殊教育学校接受教育，其中智力障碍学生同样占据主体，占比为 58.1%，多重残疾学生次之，占比为 20.2%。有 565 名义务教育阶段的特殊教育学生接受送教上门服务，这一服务模式覆盖了 7.7% 的特殊教育学生。②

北京市共设有 20 所特殊教育学校，其中由教育部门创办的学校有 19 所，由民政部门创办的学校有 1 所，16 个行政区每个区均至少有 1 所特殊教育学校。全市特殊教育学校共有教职工 1384 人，专任教师为 1173 人。③ 同时，全市共有 940 所普通中小学校开展融合教育。④ 各区还建有区级特殊教育中心，配备有 85 名巡回指导教师，包括 50 名专职教师和 35 名兼职教师，负责对普通学校的融合教育进行巡回指导；普通学校还配备了 528 名特殊教育资源教师。⑤

（三）高中阶段教育

在高中阶段，2023 年全市共有 827 名特殊教育学生。其中 60.0%（即

---

① 北京市教育委员会，《〈北京市"十四五"特殊教育发展提升行动计划〉专项调研报告》，2022 年 3 月。
② 北京市教育委员会，《2023-2024 学年度北京教育事业发展统计概况》，2024 年 3 月。
③ 北京市教育委员会，《2023-2024 学年度北京教育事业发展统计概况》，2024 年 3 月。
④ 北京市教育委员会，《2023-2024 学年度北京教育事业发展统计概况》，2024 年 3 月。
⑤ 北京教育科学研究院，《北京市融合教育专业支持体系发展研究报告》（内部资料），2023 年 10 月。

496人）就读于特殊教育学校，40.0%（即331人）则选择在普通高中和中等职业学校继续学业（见表1）。①

表1 2023年北京市接受普通高中教育和中等职业教育残疾在校生人数及其占比

单位：人，%

高中阶段教育形式		在校生人数	小计	占比
特殊教育学校	特殊教育学校普通高中部	98	496	60.0
	特殊教育学校职业高中部	398		
普通高中和中等职业学校	普通高中随班就读	128	331	40.0
	中等职业学校随班就读	203		
合计		827	827	100.0

北京市共有16所特殊教育学校开设了普通高中部或职业高中部，为高中阶段的特殊学生提供专业学习环境。在这些学生中，智力障碍学生数量最多，占比达到62.5%，其次是听力障碍学生，占比为19.0%。②

除了特殊教育学校，全市共有75所普通高中接纳特殊学生进行融合教育，共有128名残疾学生在普通高中随班就读。全市共有14所中等职业学校有特殊学生接受融合教育，在校残疾学生有203人。③

（四）高等教育

2023年，北京市共有1158名特殊学生接受高等教育。其中，专科教育阶段有246人，本科教育阶段有792人，研究生（包括硕士和博士）教育阶段则有120人。北京联合大学设有特殊教育学院，并建立了市级高等融合教育资源支持中心，还设立了全国首个面向残疾人招生的硕士点。此外，清华大学、北京理工大学、北京师范大学等知名高校也积极实施融合教育，对符合录取条件的各类特殊学生提供从本科到研究生阶段的

---

① 北京市教育委员会，《2023-2024学年度北京教育事业发展统计概况》，2024年3月。
② 北京市教育委员会，《2023-2024学年度北京教育事业发展统计概况》，2024年3月。
③ 北京市教育委员会，《〈北京市"十四五"特殊教育发展提升行动计划〉专项调研报告》，2022年3月。

教育机会。据统计，全市共有58所高等教育学校（机构）招收了各类特殊学生。①

二 "十四五"时期北京特殊教育发展总体成效

为深入实施《"十四五"特殊教育发展提升行动计划》、《关于构建优质均衡的基本公共教育服务体系的意见》及《关于实施新时代基础教育扩优提质行动计划的意见》，北京市教育委员会联合市发展改革委、财政局、民政局、卫健委、残联等七个部门，于2023年1月发布了《北京市"十四五"特殊教育发展提升行动计划》，旨在为"十四五"时期北京市提供更加公平和更高质量的特殊教育服务进行顶层设计。

（一）高质量特殊教育体系不断健全

1. 优化布局，推进十五年制特殊教育学校建设

为优化特殊教育学校的布局，北京市要求各区都应建立一所涵盖从学前教育到高中阶段教育的十五年制特殊教育学校。到2024年，全市共有19所由教育部门创办的特殊教育学校，其中16所具备从学前教育到高中阶段教育的十五年办学资质（占84.2%），较2021年增加了10所，占比提升了近53个百分点。从覆盖区域来看，截至2024年，全市有14个区（除密云区、丰台区外）建有十五年制特殊教育学校，较2021年增加了10个区（见表2）。

表2 2024年北京市十五年制特殊教育学校建设情况

序号	学校名称	所在区	是不是十五年制特殊教育学校	是不是2024年新增设
1	北京市盲人学校	市属	√	×
2	北京市东城区特殊教育学校	东城区	√	√
3	北京市东城区培智中心学校	东城区	×	×

① 北京市教育委员会，《2023-2024学年度北京教育事业发展统计概况》，2024年3月。

续表

序号	学校名称	所在区	是不是十五年制特殊教育学校	是不是2024年新增设
4	北京市西城区培智中心学校	西城区	√	×
5	北京启喑实验学校	西城区	√	×
6	北京市朝阳区安华学校	朝阳区	√	×
7	北京市丰台区培智中心学校	丰台区	×	×
8	北京市石景山区培智中心学校	石景山区	√	√
9	北京市健翔学校	海淀区	√	×
10	北京市门头沟区特殊教育学校	门头沟区	√	√
11	北京市房山区特殊教育学校	房山区	√	√
12	北京市通州区培智学校	通州区	√	√
13	北京市顺义区特殊教育学校	顺义区	√	√
14	北京市昌平区特殊儿童教育学校	昌平区	√	×
15	北京市大兴区特殊教育中心	大兴区	√	√
16	北京市怀柔区培智学校	怀柔区	√	√
17	北京市平谷区特殊教育中心	平谷区	√	√
18	北京市密云区特殊教育学校	密云区	×	×
19	北京市延庆区特殊教育中心	延庆区	√	√

资料来源：北京教育科学研究院北京市特殊教育研究指导中心，《北京市十五年制特殊教育学校建设进展调研报告》（内部资料），2024年。

2. 向下延伸，加强学前特殊教育体系建设

为实现国家"到2025年学前教育阶段残疾儿童入园率明显增长"的目标，北京市积极扩大学前特殊教育服务的覆盖面，确保首都有特殊教育需求的学前儿童能够获得"公平而有质量的教育"。通过在特殊教育学校附设幼儿园或增加学前部、在每个学区增设1~2所条件较好的融合幼儿园等多种方式，不断增加残疾儿童学前教育的普教和特教学位供给，全市基本实现了学前三年教育康复服务的全面覆盖，切实保障了学前特殊儿童"上好园"。

在研究层面，北京教育科学研究院组织研制学前融合教育实践指导指南，北京教育学院设立了"3~6岁特殊儿童融合教育学科创新平台"及"学前融合教育研究中心"，积极开启了集研究与培训于一体的学前融合教育理论与实践探索之路。

3. 向上拓展，增加残疾学生接受更高层次教育机会

北京市委教育工作领导小组印发了《北京市关于深化育人方式改革推进普通高中多样化特色发展的意见》，率先提出对有能力、有意愿继续就读的特殊学生，按照就近原则，根据学生申请意愿安排其进入普通高中就读。同时，稳步增加面向特殊学生的中等职业教育供给。结合各区实际，统筹建立特殊学生中等职业教育点，通过建设十五年制特殊教育学校、在特殊教育学校增设职业高中部、与普通中等职业学校联合培养、在普通中等职业学校创办特殊教育班等多种形式，实现特殊教育向高等教育阶段延伸。

在高等教育阶段，2024年，市属高校特殊教育学院残疾人单考单招报考人数创历史新高。北京市根据残疾考生情况和需要，为残疾考生参加高考提供平等机会和盲文试卷等合理便利，对符合国家录取标准的残疾考生实行"零拒绝"，帮助残疾人圆大学梦，并为残疾大学生提供适配轮椅、助行器等基本辅助器具，为残疾大学生提供学业、生活方面的支持和帮助。残疾学生受教育层次不断提高，全市在校残疾博士研究生人数从2022年的24人增加到2024年的30人，增长了25%。

（二）特殊教育课程教学改革深入推进

1. 积极提高特殊教育学校课程教学质量

全市所有特殊教育学校全面实施国家课程方案和课程标准，确保开齐开足开好国家规定课程。规范使用审定后的特殊教育学校教材，同时，市级教育行政部门加强学校自选教学材料的审核把关，避免教学的随意性和片面性，确保立德树人、德智体美劳全面育人要求落到实处。在全面实施国家课程方案和课程标准的同时，各学校还根据特殊儿童类型、程度、个性的多样性和独特性，结合学校特色，积极开设校本课程，努力使国家课程的实施和校本课程的设置更加契合特殊儿童的需求，促进他们适性发展。"十四五"时期，北京市建立了常态化的特殊教育学校教学视导机制，并形成了实证导向的特殊教育教研机制，实现了"教学—视导—分析—教研—改进"的教学改进循环，促使特殊教育学校的教学活动质量得以提升。

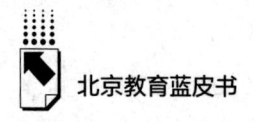

2. 不断提高重度残疾学生送教上门质量

严格控制接受送教上门服务的残疾学生占义务教育阶段特殊教育学生的比例，规范接受送教上门服务残疾学生的评估流程和标准。在市级层面，研究制定"关于进一步做好义务教育阶段适龄重度残疾儿童少年送教上门服务的指导意见"，进一步健全面向重度残疾儿童少年的科学评估认定机制、就近就便安置机制、送教上门专业支持和质量保障机制，指导各区结合实际制定送教上门实施办法，确保接受送教上门服务的残疾学生均严格符合"确实无法入校"和"确实严重"两条底线要求，最大限度保障残疾学生的平等受教育权益。"十四五"时期，全市接受送教上门服务的残疾学生占义务教育阶段特殊教育学生的比例稳步下降，从2021年的8.6%降至2023年的7.7%，减少了0.9个百分点。①

3. 整体提升融合教育有效性

调查发现，全市70%以上接收特殊学生就读的普通中小学设立了融合教育推进委员会，并以此为抓手，持续提升学校的融合教育能力，在学校整体规划中体现融合教育理念与发展策略，引导学校教职员工不断提升对融合教育理念的认识。② 同时，将特殊学生学习需求纳入普通教育教研教学指导和专业支持中，强化普通教育教研并网，协同推进、精准施策。面向融合教育学校，立足融合教育课堂主阵地，着眼特殊学生的实际获得，致力于融合教育学校中课堂教学改进、评估与干预及孤独症学生有效参与等关键问题研究。

4. 持续健全四级特殊教育教研网络

完善特殊教育教研格局，探索以市级教研为引领，围绕特殊教育学校课程实施和融合教育教学发展中的关键问题开展教研，逐步提升区级教研组织管理能力与质量，推动形成了市、区、学区、学校的四级特殊教育教研网络。基于特殊教育学校课程的教学改革热点问题和融合教育教学发展

---

① 北京市教育委员会：《2023-2024学年度北京教育事业发展统计概况》，2024年3月。
② 孙颖等：《聚焦高质量发展，办好首都人民满意的特殊教育》，《中国特殊教育》2021年第6期。

中的难点问题，北京市立足教育教学规律与特殊学生成长规律，构建了面向特殊教育学校和融合教育学校两个方向的8个市级教研组。教研模式由原有的按照盲、聋、培智教育组织开展教研活动，转变为结合不同课程（德育课程、劳动课程、体育课程、康复课程、综合课程）、不同学科、不同学段的特点，针对融合教育中特殊学生的教育评估与教育教学改进、孤独症学生的教育支持等难点问题开展研究，助力特殊学生实现最大限度的全面与多元发展。以2023年为例，北京市围绕五育并举下特殊教育学校课堂教学质量提升、特殊学生评估与干预、孤独症学生课堂参与等问题，开展市级教研工作，全年共组织市级教研活动48次，累计2210人次参加，专业辐射19所特殊教育学校、各区融合教育中心以及上百所融合教育学校，惠及上千名融合教育骨干教师，有力支撑全市特殊教育教学质量提升。

（三）融合教育专业支持体系持续优化

1. 促进五级特殊教育资源中心全覆盖

一是加强国家级和市级特殊教育资源中心建设。以北京教育科学研究院为主体，积极申报国家级特殊教育资源中心。积极发挥北京市盲人学校的专业资源优势，筹备建立北京市特殊教育资源中心。在学校内，稳步推进孤独症资源教室、数字家居教室、智慧图书馆、运动康复中心、融AI（人工智能）数字系统建设，依托资源中心为全市特殊教育领域打造集康复训练、培养培训、社会服务于一体的资源支持体系，发挥市级特殊教育优质资源示范引领作用。

二是提升区级特殊教育中心内涵发展水平。全市16个区均建立区级特殊教育中心，为本区域特殊教育提供专业支持，积极推动区特殊教育中心标准化建设，组织研制"特殊教育专业支持服务实体管理指导手册"，规范区特殊教育中心的职责、管理细则及评估标准，并定期对市级示范性特殊教育项目开展项目审计和专业评估工作。

三是夯实学区融合教育资源中心和学校资源教室支持基础。截至2023

年，全市各区共建有 76 个学区融合教育资源中心和 500 余间学校资源教室，① 学区融合教育资源中心总数量保持稳定，学校资源教室总数量较 2021 年增加了 30 间。全市已实现随班就读学生 5 人以上的普通学校均建有特殊教育资源教室，并积极推动每所融合教育学校建设特殊教育资源教室，并配有相应专业教师。

2. 提高孤独症儿童教育有效性

北京市教育委员会、市发展改革委、市财政局联合印发《北京市新时代基础教育扩优提质行动计划实施方案》，依托北京市盲人学校筹备建设北京市孤独症特殊教育学校，并指导各区科学规划、按需建设孤独症儿童特殊教育学部，采用混合编班或单独编班的形式合理安置孤独症儿童少年。不断优化孤独症儿童教育康复训练基地，自 2017 年开始，由北京市级层面统筹，在孤独症谱系儿童高发地区、全市"三城一区"（中关村科学城、怀柔科学城、未来科学城和北京经济技术开发区）等重点发展地区，选取孤独症儿童教育基础较好的特殊教育学校、特殊教育中心和普通学校，布局建设了 14 个示范性孤独症与情绪行为障碍儿童教育康复训练基地，增强专业力量配备，让学生在家门口就能接受优质的教育康复服务。② 统筹建立孤独症儿童教育市级教研组，引领全市各区加强孤独症儿童教育研究，着力加强对普通教育学校孤独症儿童通用学习设计和课堂教学参与的指导，不断提高孤独症儿童教育的有效性。

3. 优化融合教育专业支持体系

一是扩大特殊教育服务对象范围，将注意缺陷多动障碍、情绪行为障碍等特殊学生纳入特殊教育服务范围，加强对超常儿童个性化教育支持的研究。③ 特殊教育服务对象范围的扩大，推动北京市特殊教育发展由狭义的、面向残疾人的教育，拓展为广义的特殊教育，更大限度地惠及更多类型的特殊学生。

---

① 北京教育科学研究院，《北京市融合教育专业支持体系发展研究报告》（内部资料），2023 年 10 月。
② 孙颖等：《聚焦高质量发展，办好首都人民满意的特殊教育》，《中国特殊教育》2021 年第 6 期。
③ 《北京市教育委员会等七部门关于印发北京市"十四五"特殊教育发展提升行动计划的通知》，北京市教育委员会网站，2023 年 2 月 8 日，http：//jw.beijing.gov.cn/xxgk/zfxxgkml/zfgkzcwj/202302/t20230208_2913641.html。

二是优化融合教育专业师资队伍。为了匹配全市以市级特殊教育资源中心为引领、区级特殊教育中心为指导、学区融合教育资源中心为支撑和学校资源教室为主体的四级融合教育专业支持体系，推进形成多层级融合教育师资队伍。在市级层面，配备高水平、专业化教科研人员担任市级教研员及市级巡回指导教师；在区级层面，配备专职特殊教育教研员，增加巡回指导教师，选用支持教师，强化专业指导；在学区和学校层面，配备专业支持团队，并提升所有教师的融合教育专业素养，按需配备特殊教育助理人员，不断充实专业支持力量。

（四）特殊教育普惠保障能力明显增强

1. 健全特殊教育经费长效投入机制

扩大特殊教育生均公用经费标准列支范围，将特殊教育生均公用经费提升至1.2万元，学前至高中阶段按照同等标准执行。灵活增列相关购买服务支出，不断完善残疾学生资助政策，针对学前至高中阶段特殊学生，在"三免两补"的基础上，提供免费就餐及交通、特殊学习用品和校服费用补助，逐步推行"四免多补"资助政策，确保家庭经济困难残疾学生优先获得资助。持续投入专项经费，用于保障市级孤独症教育训练基地建设、市级示范性学区融合教育资源中心建设、特殊教育学校办学条件达标建设、融合教育学校无障碍环境改造等工作。

2. 建设高水平专业化创新型教师队伍

一是多渠道增加特殊教育专业教师供给。强化特殊教育专业师资培养，扩大普通高等学校特殊教育专业招生规模，推动高等学校师范类专业开设特殊教育必修课程。完善特殊教育学校教师配备，在核定的中小学教职工编制总额内，统筹调配编制资源，按照编制标准，积极增加特殊教育学校教师配备数量。全市统筹建立了以特殊教育学校教师为骨干，以资源教师、随班就读教师为主体，以巡回指导教师、特殊教育教研员为指导，以支持教师、送教上门教师为补充的特殊教育师资队伍。出台特殊教育学校教师编制标准，按照盲校1∶2、聋校1∶3、培智学校1∶2.5的师生比配备特殊教育教师。

实行巡回指导教师和资源教师持证上岗制度,建立特教学校教师驻点支持普通学校制度。

二是多路径提高教师特殊教育专业能力。开展全市特殊教育教师教学基本功展示和融合教育优秀教育教学案例遴选活动,18个区的76项优秀成果入选,形成了一批展示特殊教育教学和融合教育改革发展成果的特殊教育优质资源,充分发挥典型经验和优质资源的领航作用,进一步推动广大特殊教育教师和融合教育教师提高综合素质、专业水平和育人能力。在教育部首届全国遴选活动中,北京市共有11项成果入选,入选数量和占比在全国均位居前列,"学习强国"、今日头条、《现代教育报》等媒体予以专题报道。通过与高校、科研机构等合作培养,提升普通学校特殊教育资源教师、巡回指导教师和开展融合教育教学的学科教师的专业能力,将特殊教育纳入普通学校教师继续教育必修内容。

三是多举措积极提高特殊教育教师待遇保障水平。确保专职巡回指导教师、资源教师同标准享有特殊教育津贴。市级绩效奖励每年投入720万元向承担跨区任务的特殊教育教师倾斜,区级绩效奖励向特殊教育学校教师、资源教师、巡回指导教师、普通学校承担融合教育任务的教师倾斜。

3. 推进新技术赋能特殊教育变革

一是积极推动教育、残联系统跨部门数据的联通共享。建设北京市特殊教育数据集成平台,规范数据共享工作流程,构建特殊教育学生、教师、学校和特殊教育专业支持等基础数据信息库,不断规范面向各区、特殊教育学校的数据采集和使用范围,优先通过教育事业统计数据获取信息,避免重复采集。"十四五"时期,注重加强对教育事业统计数据、残疾人基础信息库等权威数据源的特殊教育重点数据进行集中管理,建立全市特殊教育数据目录并实施动态更新,并与区教育行政部门和学校建立定期比对的数据纠错机制,实现数据动态汇聚和定期更新。

二是不断提升特殊教育数据管理效能。充分发挥数据作用,依托数据平台搭建北京市特殊教育数据驾驶舱,初步实现全市和区域特殊教育大数据可视化分析，全面、精准地掌握特殊教育师生和学校情况，通过跨年度、跨区域、跨部门的数据共享和分析，支撑招生计划、资源布局、学生资助等教育决策，并为区域特殊教育质量评价、十五年制特殊教育学校建设等改革重点任务提供数据支撑，提高决策科学性。

三是积极推进特殊教育数字化、智能化转型发展。构建市级特殊教育支持服务平台，汇聚和整合不同年级、面向不同障碍类别学生的全学科优质数字化特殊教育课程资源，在疫情防控期间，该平台为全市特殊教育学生居家线上学习与康复提供了重要支持。推动全市各区特殊教育学校实现智慧校园普及应用工程，从智慧管理、智慧教学、智慧环境等方面努力优化学习环境，以数字化技术赋能学生全面而有个性地成长。

4. 优化特殊教育质量评价机制

一是研究制定北京市特殊教育质量评价标准。从区域特殊教育质量、学校办学质量以及特殊学生发展质量三个层面，向上对标国家特殊教育质量评价和特殊教育发展改革相关政策要求，向下着眼北京市特殊教育发展现实需要和重点任务，邀请特殊教育领域的专家学者、特殊教育学校校长和骨干教师代表，运用德尔菲法进行客观评价，从中选取核心指标，构建形成了北京市的"特殊教育学校办学质量评价指标体系""融合教育质量评价指标体系""区特殊教育中心、学区融合教育资源中心、学校资源教室评价指标体系""特殊学生个别化教育计划能力评估指标体系"等。

二是健全区域特殊教育质量专业监测机制。借助北京教育科学研究院北京市特殊教育研究指导中心这一第三方专业机构的力量，对区域特殊教育的基本保障质量，以及区域特殊教育资源中心、学区融合教育资源中心和孤独症儿童教育康复训练基地的运行质量等实施监测，每两年进行一次覆盖全市16个区的特殊教育发展质量监测，指导各区全面分析自身特殊教育发展的优势和不足，并积极采取多部门协同改进的策略，提高区域特殊教育的治理能力。

三是不断完善学校办学质量评价机制。重视评价的诊断和改进功能，在2019年、2021年和2023年，对全市特殊教育学校进行了办学质量评价，建

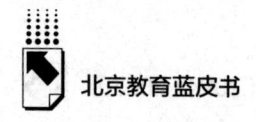

立了"自我评价—综合评价—问题分析—行动改进"的良性循环机制,既关注学校办学质量的客观水平,也注重其发展变化,以激发学校的活力。同时,依据盲、聋、培智、综合性特殊教育学校的各自独特办学特点,将基本办学行为的全面评估和特色办学行为的局部评估相结合,从而促进各方面质量的提升。

三 "十五五"时期面临的形势

(一)教育强国建设赋予首都特殊教育发展新使命

随着我国提出建设教育强国的宏伟目标,特殊教育作为整个教育体系不可或缺的重要组成部分,正迎来前所未有的关注和支持。首都北京,作为国家的政治、文化和教育中心,其特殊教育的发展水平不仅直接映射出首都的教育品质和高度,更是向世界展示中国教育成就与文明进步的重要窗口。在这一背景下,教育强国战略的实施为首都特殊教育赋予了新的历史使命,要求首都在特殊教育的征途上继续领航,不断优化和完善特殊教育服务体系,显著提升特殊教育的普及程度与教学质量,强化特殊教育师资队伍的建设,全面提升教师的专业素养与服务能力,为全国乃至全球的特殊教育发展贡献可借鉴的经验、创新的模式和典型的案例。

(二)出生人口变化带来首都特殊教育发展新形势

近年来,我国人口出生率整体呈下降趋势,残疾儿童的人口规模也受到影响。与此同时,女性生育年龄推迟和二孩、三孩政策实施,导致高龄产妇占比逐渐升高。研究发现,高龄妊娠可能通过多种机制影响后代神经发育,是后代出现智力障碍、脑瘫、孤独症等的危险因素之一。

这一变化体现在特殊教育对象上,近年来,北京市视力残疾和听力残疾学生数量持续减少、占比降低,而智力障碍、孤独症、情绪行为障碍等发展性障碍甚至多重障碍儿童的数量不断增加,成为特殊教育学生的主体。与盲、聋教育相比，我国针对这类儿童的教育发展历史较短、本土经验还不够成熟，而这类儿童身心特点的多样性进一步增加了教育的复杂性和挑战性。

人的群体差异、个体差异普遍存在，教育永远需要面对这些差异、尊重差异，以全面且最大限度地发挥人的潜能，这既是特殊教育，也是普通教育的出发点和归宿。这也要求首都特殊教育在"十五五"时期能够及时调整资源配置和服务策略，满足不同特殊儿童的特殊需求。

（三）技术快速变革为首都特殊教育发展注入新动能

在科技日新月异的时代，特殊教育的发展迎来了前所未有的变革机遇。信息技术、人工智能、大数据等前沿科技的深度融合与应用，正以革命性的姿态重塑特殊教育的面貌，可以极大地提高特殊教育的教学质量和效率，为残疾儿童提供更加个性化和精准的教育服务。特别是在"十五五"规划的关键时期，科技力量在北京市特殊教育的发展蓝图中被寄予厚望。

人工智能技术的应用价值在特殊教育领域的体现尤为显著。通过智能算法的精准分析与预测，能够深入洞察每一位特殊儿童的学习偏好、认知特点及潜在需求，进而量身定制高度个性化的教学方案。这种基于数据驱动的教育模式，不仅提升了教学的针对性和有效性，更让每个孩子都能享受到"量身定制"的学习体验，充分释放其潜能。同时，人工智能技术的应用还极大地丰富了教学资源与手段。智能化辅助教学工具的开发，如语音识别、图像处理、虚拟现实等，不仅打破了传统教学的时空限制，更以生动有趣的方式激发了学生的学习兴趣与动力。在"十五五"时期，北京市特殊教育发展可以更加紧密依托科技的力量，开发适合残疾儿童的辅助教学工具，并通过大数据分析，可以更好地了解残疾儿童的学习特点和需求，为他们提供更加科学的教育评估和干预方案。此外，技术的快速变革还可以帮助首都特殊教育实现资源共享和远程教育，缩小城乡之间、区域之间的教育差距，让更多的残疾儿童享受到高质量的特殊教育资源。

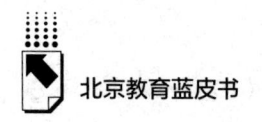

（四）首都特殊教育自身发展面临的新挑战

北京市尽管已经初步建成拥有首都特色、首善标准的高质量特殊教育体系，但是随着特殊教育改革发展进入"深水区"，北京市发展不平衡不充分的矛盾与问题仍客观存在，主要表现在以下方面。一是残疾学生学前和高中阶段普及教育基础仍较弱。学前和高中阶段特殊教育资源供给不足，特别是学前融合教育、以职业教育为主的高中阶段特殊教育发展水平，与广大特殊学生接受学前和高中阶段教育的迫切需求相比，还有相当距离。二是特殊教育学校校长和教师专业能力还有很大提升空间。特殊教育学校校长任职后接受特殊教育相关专业培训较少，学前特殊教育和中等职业特殊教育的办学经验不足。特殊教育教师的专业能力仍需进一步提升，以适应学生障碍程度加重，多重障碍、孤独症学生比例持续上升的现实需求。三是普通学校（幼儿园）教师融合教育专业能力提升需求迫切。普通幼儿园、普通中小学校和中等职业学校中具有特殊教育专业背景的教师、资源教师明显不足，普通教师希望能够获得特殊教育专业支持以提高自身融合教育的专业能力。四是区域间特殊教育优质均衡发展水平仍有待提升。调查发现，无论是特殊教育办学硬件条件，还是课程教学和专业支持服务等内涵发展水平，中心城区的区域之间、中心城区与远郊区之间，仍存在一定差距。①

四 "十五五"时期北京特殊教育改革与发展重点

党的二十届三中全会审议通过的决定强调，"健全学前教育和特殊教育、专门教育保障机制。推进教育数字化，赋能学习型社会建设，加强终身教育保障"。"十五五"时期，北京市将深入贯彻落实党的二十大精神，全面推进落实《教育强国建设规划纲要（2024—2035年）》，加快健全特殊

---

① 北京教育科学研究院北京市特殊教育研究指导中心，《北京市十五年制特殊教育学校建设进展调研报告》（内部资料），2024年。

教育体系，不断完善特殊教育保障机制，全面提高特殊教育质量，持续提升拥有首都特色、首善标准的特殊教育品质，切实保障每一个特殊儿童少年能够在公平、包容的环境中接受适宜的教育。

（一）不断健全残疾人终身学习体系

着力提高非义务教育阶段特殊教育的普及水平。一是统筹规划现有幼儿园的园舍、师资、学位资源，鼓励更多的普通幼儿园接收残疾儿童，根据新生儿疾病筛查，探索建立跨部门数据共享机制，健全招生入园联动工作机制，努力做到应收尽收、应融尽融，实现以融合教育为主体的学前教育基本普及。二是扩大高中阶段特殊教育入学机会，统筹兼顾不同区域、不同学段的特殊教育学位需求，通过内部挖潜、区域资源统筹等举措扩充高中阶段特殊教育学位供给，持续推进有能力有意愿接受普通高中教育的残疾学生可就近就便申请入学，加快发展面向残疾人的中等职业教育。三是积极推动更多的在京高校接纳特殊学生，支持有条件的高校面向残疾考生开展单考单招，努力提高残疾人受教育学历层次。

（二）持续深化特殊教育课程教学改革

一是研究制定北京市孤独症儿童教育、学前特殊教育、职业特殊教育课程实施指南，提供更符合学生个体差异的教育资源和教学方法，促进特殊教育学校课程教学多元发展。二是提高普通学校特殊儿童教育评估、课程教学、个别化训练、家校合作指导的针对性和有效性，将残疾儿童的多样性和差异性视为立德树人、提高教师育人能力、提升学校教育质量的珍贵资源。三是构建常态化特殊教育教学视导工作机制，每年开展特殊教育教学视导活动。推动各区配齐专职特殊教育教研员，每年送教研到区、到校，将教研工作重心落到课堂教学中，持续提高课程教学质量。四是建立健全科学的特殊学生评价体系，全面评估学生的学习进步和社会适应能力，定期进行教学质量评估，及时调整教学策略。

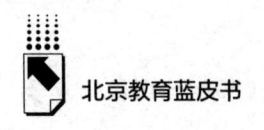

（三）提高优质特殊教育资源支撑能力

进一步加大特殊教育资源保障力度。一是完善经费投入机制，优先保障特殊教育经费投入，健全非义务教育阶段普通学校（幼儿园）特殊教育学生生均公用经费保障机制。二是适应十五年制特殊教育学校和发展性障碍儿童数量增多的要求，修订《北京市特殊教育学校办学条件标准》，逐步提高市级财政特殊教育补助经费，重点支持远郊区学校、新设十五年制特殊教育学校改善办学条件。三是完善市级特殊教育资源中心、区级特殊教育中心、孤独症儿童教育康复训练基地、学区融合资源中心和学校资源教室运行规范，提升服务质量。四是打造高素质、专业化、创新型的特殊教育教师队伍，加强特殊教育学校校长队伍建设。

（四）以人工智能助力首都特殊教育现代化

一是加大人工智能技术和数字化教育资源在特殊教育学校的应用力度。加强数字化对特殊学生成长各阶段的赋能，着重提升师生信息素养，推进特殊教育学校智慧校园、智慧课堂建设，创新信息技术赋能特殊教育场景应用，努力实现精准差异化教学。二是研制面向特殊教育教师的信息素养标准。将相关基础课程纳入特殊教育必修课程和特殊职业教育专业，让科技更好赋能特殊儿童。三是升级建设集约统一智能化的北京市特殊教育支持服务平台，努力创建国家特殊教育资源中心，并以此为契机和载体，立足北京、辐射全国，加强与国际组织和先进国家在特殊教育数字化转型应用领域的交流与合作，进一步推动全市特殊教育高质量发展。

参考文献

陈如平、安雪慧、张琨：《构建优质均等的基本公共特殊教育服务体系》，《中国特殊教育》2022年第5期。

丁勇：《强化特殊教育普惠发展　让每一个特殊儿童焕发生命精彩——学习党的二十大报告的心得体会》，《中国特殊教育》2022年第11期。

皮悦明、王庭照：《高质量推进普惠性特殊教育公共服务体系建设——贯彻党的二十大精神，夯实教育强国战略基础》，《中国特殊教育》2023年第6期。

孙颖等：《聚焦高质量发展，办好首都人民满意的特殊教育》，《中国特殊教育》2021年第6期。

孙颖等：《基于APS质量框架的孤独症儿童融合教育质量提升实践研究——以北京市为例》，《中国特殊教育》2023年第6期。

分 报 告

B.2
北京特殊教育学校发展报告
（2024~2025）

陆莎　朱勃霖*

摘　要： 回顾北京市特殊教育学校的发展历程，分析北京市特殊教育学校发展现状、发展成效和面临的挑战，展望北京市特殊教育学校的未来发展。目前，北京市特殊教育学校正积极推进向两头延伸教育、不断提高特殊教育办学质量、促进特殊教育教师队伍建设。当然，十五年制特殊教育学校建设、特殊教育教师队伍建设方面均有不足，基于此，提出积极推进十五年制特殊教育学校建设、建立特殊教育专业教师队伍建设促进机制、全面提高特殊教育学校课程教学质量三个方面的发展建议。

关键词： 特殊教育学校　教师队伍建设　北京

---

* 陆莎，博士，北京教育科学研究院北京市特殊教育研究指导中心副研究员，主要研究方向为特殊教育学校课程建设、特教教师专业发展；朱勃霖，北京教育科学研究院北京市特殊教育研究指导中心副主任，主要研究方向为特殊教育政策、比较教育、特殊教育管理。

一 发展历程

2024年，全市共有特殊教育学校20所，其中市属特殊教育学校1所。从各区情况来看，东城区、西城区和顺义区（其中有1所是民政系统的特殊教育学校）各有2所特殊教育学校，其他13个区各有1所特殊教育学校，燕山地区和北京市经开区无特殊教育学校。从类型来看，有1所盲校，1所聋校，其他为开展培智教育为主的综合性特殊教育学校。

（一）北京市培智学校的发展历程

自20世纪80年代初开始，随着社会对特殊教育需求的增长，北京市开始尝试为智力障碍儿童提供专门的教育服务。北京市各区陆续建立了培智中心学校，例如，西城区培智中心学校于1981年招收智力障碍儿童入学，这些学校成为当时全国最早为智力障碍儿童提供特殊教育的机构。该阶段的培智学校主要关注智力障碍儿童的基本生活技能和简单学习能力的培养，为他们日后融入社会打下初步基础。随着社会对培智教育的认识逐渐加深，北京市的培智学校数量不断增加，规模逐渐扩大，为更多智力障碍儿童提供了接受教育的机会。学校开始注重教学质量的提升，加强师资队伍建设，引入先进的教育理念和教学方法，提高教学效果。政府和社会各界对培智教育的关注和支持力度加大，为培智学校的发展提供了良好的政策环境和社会氛围。

进入21世纪后，北京市培智学校的教育体系逐步完善，形成了从学前教育到高中教育的完整体系，为智力障碍儿童、孤独症儿童、多重发展性障碍儿童等提供了更加全面、系统的教育服务。各培智学校积极探索适合智力障碍儿童发展的教育理念和方法，"综合课程开发""融合育人"等办学特色逐渐形成并得到推广，利用信息化手段提高教学效率和管理水平，为智力障碍儿童提供更加便捷、高效的教育服务，加强与国际特殊教育机构的交流与合作，引进国外先进的特殊教育理念和技术方法，推动北京市培智教育的国际化发展。多年来，北京市各培智学校在特殊教育领域取得了显著的教学成果和荣誉。学生们在各类比

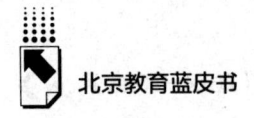

赛中屡获佳绩，展现了他们自强不息、顽强拼搏的精神风貌。同时，学校也获得了社会各界的广泛认可和赞誉，为北京市特殊教育事业的发展做出了重要贡献。

（二）北京市盲校的发展历程

北京市盲校的发展可追溯至1874年，由苏格兰人穆·威廉与两名中国友人在东城区甘雨胡同创办的"瞽叟通文馆"。该校是中国第一所特殊教育学校，是中国第一套盲字系统的诞生地，也是北京市第一批"百年学校"。1920年学校迁至海淀区西八里庄，更名为"启明瞽目院"；1954年更名为"北京市盲童学校"，由北京市人民政府接管；1985年更名为"北京市盲人学校"，直属北京市教育委员会管理；2006年北京物资储备职工中等专业学校并入北京市盲人学校；2021年增挂"北京市特殊教育学校"校牌；2024年建成北京市特殊教育资源中心。①

目前，北京市盲人学校是涵盖学前教育、义务教育、职业教育的十五年制特殊教育学校，被誉为"视障教育人才的摇篮"。学校承担全市视障学生学前教育、义务教育、高中阶段教育教学和康复训练；提供中医康复技术、乐器维修与制作、中西面点等专业的职业教育服务；负责为无法到校上学的极重度视障适龄儿童和青少年提供送教上门服务；为全市中小学随班就读的视障学生提供专业指导与资源支持；为全市视障儿童提供早期干预、康复指导；协助各级残联开展视障成年人职业培训工作。

（三）北京市聋校的发展历程

北京第一家聋哑学校即北京私立聋哑学校由杜文昌创办于1919年，校址设在东城交道口福音堂。课程设置注重全面培养，除习音、会话课为聋哑学校特色，其他课程均按照当时私立学校通用课程和课本进行教学。1935年7月，吴燕生等人创办了北平市立聋哑学校，校址在当时的西单区府右街兴平巷6号。新中国成立后，党和国家领导人很关心特殊教育的发展。1949年12月，北京市人民政府接管北平市立聋哑学校，更名为北京市第一聋人

---

① 《学校简介》，北京市盲人学校网站，2024年3月25日，http://mrxx.bjedu.cn/bnmx/gyxx/202403/t20240305_86481.html。

学校,这是北京市人民政府接管的第一所聋校。1951年,北京市人民政府接管北京私立聋哑学校,更名为北京市第二聋人学校。1958年,北京市人民政府为了贯彻向工农子弟开门的方针,在海淀区新成立寄宿制的北京市第三聋人学校,以招收远郊区县聋哑儿童。1959年,北京市第四聋人学校在西城区成立。截至1965年,北京4所聋哑学校共有教职工163人,在校学生1277人,聋哑学校在校生是1949年的4.7倍,基本满足了城郊区聋哑儿童入学的需要。改革开放后,北京的特殊教育迎来了新的发展,聋校在师资力量、教学设施、课程设置等方面得到了显著提升,学校不仅注重学生的文化教育,还加强职业技能培训,努力为学生提供更多的发展机会和出路。2002年,北京市第一聋人学校和东城培智中心学校合并为东城区特殊教育学校。2010年9月,北京市第二聋人学校、北京市第四聋人学校合并为北京启喑实验学校。2016年,北京市第三聋人学校和海淀培智中心学校合并为北京市健翔学校。① 以上几所聋校(部)遵循"以生为本"的基本理念,以教授聋生基础文化知识、补偿聋生听力和语言缺陷、发展聋生基本技能、健全聋生基本人格为根本任务,以培养聋生综合能力、提升聋生生活品质、促使聋生顺利融入社会为最终目标。在此基础上,有机整合国家课程、地方课程和校本课程,构建了具有本校特色的多元课程体系。

二 发展现状

(一)办学资质与办学条件情况

1. 办学资质

截至2024年9月,全市19所②特殊教育学校中,共有十五年制特殊教育学校16所。各区特殊教育学校办学资质情况见表1。

---

① 《北京特殊教育的历史与发展》,"北京市档案馆"微信公众号,2024年5月18日,https://mp.weixin.qq.com/s/lh_RX23R_0B7t02d4OM7mw。
② 此处仅包含由教育部门创办的学校。

表1　各区特殊教育学校办学资质情况

学校名称	区	学前教育	义务教育	高中阶段教育
北京市盲人学校	市属	√	√	√
北京市东城区特殊教育学校	东城区	√	√	√
北京市东城区培智中心学校	东城区	×	√	×
北京市西城区培智中心学校	西城区	√	√	√
北京启喑实验学校	西城区	√	√	√
北京市朝阳区安华学校	朝阳区	√	√	√
北京市丰台区培智中心学校	丰台区	×	√	×
北京市石景山区培智中心学校	石景山区	√	√	√
北京市健翔学校	海淀区	√	√	√
北京市门头沟区特殊教育学校	门头沟区	√	√	√
北京市房山区特殊教育学校	房山区	√	√	√
北京市通州区培智学校	通州区	√	√	√
北京市顺义区特殊教育学校	顺义区	√	√	√
北京市昌平区特殊儿童教育学校	昌平区	√	√	√
北京市大兴区特殊教育中心	大兴区	√	√	√
北京市怀柔区培智学校	怀柔区	√	√	√
北京市平谷区特殊教育中心	平谷区	√	√	√
北京市密云区特殊教育学校	密云区	×	√	×
北京市延庆区特殊教育中心	延庆区	√	√	√

资料来源：根据《2023年北京市十五年特殊教育学校建设进展评估和教学视导报告》及相关数据整理。

2. 办学条件

经过调研评估，截至2024年9月，全市各区特殊教育学校共有319间普通教室、437间专用教室。尚有部分学校的普通教室数量无法满足九年制或十五年制特殊教育学校的办学要求。按照《北京市特殊教育学校办学条件标准》的体育运动设施配备要求，截至2024年9月，全市19所特殊教育学校中，8所特殊教育学校没有乒乓球场地，7所特殊教育学校没有室外运动器械场地，17所特殊教育学校没有跳高跳远用沙坑，4所特殊教育学校没有体育器材室。

（二）特殊教育学校在校生情况

2023年，全市特殊教育学校义务教育阶段共有在校生2927人，较2022年减少36人。其中，小学阶段学生1881人，较2022年减少15人；初中阶段学生1046人，较2022年减少21人。2023年北京市特殊教育学校义务教育阶段在校生情况见表2。

表2 2023年北京市特殊教育学校义务教育阶段在校生情况

单位：人

学段	年级	特殊教育学校在校生数	
小学	一年级	316	1881
	二年级	292	
	三年级	287	
	四年级	340	
	五年级	317	
	六年级	329	
初中	一年级	339	1046
	二年级	288	
	三年级	419	
合计		2927	2927

资料来源：《北京市教育事业统计资料》。

按残疾类别分析，特殊教育学校在校生中，智力残疾学生有2010人（占比58.5%），多重残疾学生有620人（占比18.0%），精神残疾学生有395人（占比11.5%），听力残疾学生有170人（占比4.9%），视力残疾学生有127人（占比3.7%），肢体残疾学生有79人（占比2.3%），言语残疾学生有34人（占比1.0%）。

从招生和毕业情况来看，2023年，全市特殊教育学校招生613人，毕业603人。

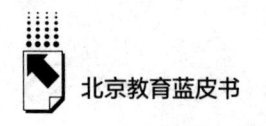

（三）特殊教育学校教师队伍情况

1.总体情况

2023年，全市特殊教育学校中共有教职工1384人，较2022年增加29人。其中，专任教师1173人（占比84.8%），较2022年增加52人；行政人员88人（占比6.4%），与2022年一样；教辅人员98人（占比7.1%），较2022年减少17人；工勤人员25人（占比1.8%），较2022年减少6人。

在编教职工有1318人，较2022年增加1人。其中，专任教师1121人（占比85.1%），较2022年增加38人；行政人员88人（占比6.7%），与2022年一样；教辅人员91人（占比6.9%），较2022年减少24人；工勤人员18人（占比1.4%），较2022年减少13人。

2.学历情况

2023年，全市特殊教育学校中具有博士研究生学历的专任教师有2人，与2022年人数持平；具有硕士研究生学历的专任教师有91人，较2022年增加19人；具有本科学历的专任教师有986人，较2022年增加143人；还有25名教师为专科学历，较2022年减少33人。

3.教师接受专业教育情况

2023年，全市特殊教育学校中接受过专业教育的教职工有1333人，较2022年增加73人，占教职工总数的96.3%，较2022年增加3.3个百分点。接受过专业教育的专任教师有1132人，较2022年增加77人，占专任教师总数的96.5%，较2022年增加2.4个百分点。

4.各类教师占比达标情况

2023年，全市特殊教育学校中共有编制内专任教师1121人，占在编教职工总数的85.1%。与2022年相比，编制内专任教师增加38人，占在编教职工总数的比例增加2.8个百分点。

2023年，全市特殊教育学校中共有编制内行政人员88人，占在编教职工总数的6.7%。全市特殊教育学校中共有编制内教辅人员和工勤人员109人，占在编教职工总数的8.3%。

三 发展成效

《北京市"十四五"特殊教育发展提升行动计划》正式印发以来，各区着力落实政策要求，在优化资源布局、坚持内涵发展、加强特教教师队伍建设等方面积极做好顶层设计，不断加大工作力度，创新体制机制，推动行动计划重点任务落实取得了积极进展。

（一）积极推进向两头延伸教育

1. 加强学前教育的布局建设

第一，加强学前特殊教育基地园建设。例如，东城区积极推动3所学前特殊教育基地园试点建设工作，不断探索有效的融合教育办园机制及体系建设，并为其他园所推进融合教育提供示范指导；海淀区依托教育部—联合国儿童基金会融合教育项目，启动学前融合教育试点研究，建设学前融合教育基地园10所，以点带面精准提升区域学前融合质量；顺义区选择特需幼儿多、园所规模适宜、具备融合教育师资条件的8所幼儿园为融合教育基地园。第二，加强幼儿园特殊教育资源教室建设。例如，密云区在小博士、溪翁庄、穆家峪3所幼儿园建立了资源教室。第三，完善学前特殊教育工作机制。例如，丰台区教委要求普通幼儿园接收服务范围内具有接受普通教育能力和意愿的残疾儿童就近入园，并将此项工作纳入每年的绩效考核；门头沟区通过区残联信息共享和属地街道协同配合机制，对3~6岁幼儿进行点对点入学联络和登记，为有需求残疾幼儿就近协调入园，全区残疾幼儿入园率达57.1%。

2. 积极发展以职业教育为主的高中阶段教育

北京市健翔学校建立听障及培智职业高中部，根据特殊学生需求设置计算机、工艺美术、烹饪、家政等专业；开设孤独症等特殊学生职业体验课程，为其升入中等及高等职业院校提供咨询指导。北京市朝阳区安华学校职业高中面向全北京市招生，实施支持式就业课程模式，开设了中餐烹任、酒店服务与管理、家政服务与管理、社区公共事务管理、计算机应用和果蔬花卉生产技术6个专业，学生毕业后可取得北京市教育委员会认可的职业高中学历证书。门头沟区在中等职业学校建成面向残疾学生的职业技能培训教室，面向残疾学生开设绘画、布艺、造型设计等10个专题领域课程。

（二）不断提高特殊教育办学质量

1. 积极落实国家课程方案和课程标准

一是育人目标彰显国家意志，鲜明具体。各特殊教育学校深刻领会国家特殊教育课程方案中的育人目标，规划具有本校特点的育人体系。例如，顺义区特殊教育学校着眼于立德树人根本任务，秉持教育全过程育德理念，探索德育课程和课程育德路径，细化各学段"五育"并举的成长目标，形成了不同学段的成长目标。二是课程结构注重系统设计，衔接有序。各特殊教育学校在九年制或十五年制办学中着眼于各学段课程的衔接、基础性课程与个性化需求的协调、三级课程整体性建设，系统构建学校课程体系。三是课程内容坚持创新导向，丰富多元。各特殊教育学校在课程标准的指引下，挖掘学校已有经验，设计和组织主题、项目或活动，丰富课程内容。四是课程实施强化过程指导，务实有效。各特殊教育学校在基于评估的目标设计、兼顾课程本位与发展需求的个别化教育方案制定、个体目标与班级目标的整合、教学材料审核管理等方面进行细化，切实提升课程实施的可操作性。

2. 努力提升教学针对性与有效性

一是综合统筹，将立德树人落实到教育教学活动中。育人为本，德育为先，各特殊教育学校在教学中注重学生的道德品质和人格发展，以此引领学生的生涯规划，促进其全面发展。二是遵循规律，精研学情以准确把握教学起点。学情分析是教师快速、深入了解学生，为后续开展有效教学做铺垫的方法路径。各特殊教育学校选取不同视角作为学情分析的切入点，建设和完善摸清学情的工具与策略。三是因材施教，优化教学过程以提升学习效益。随着特殊教育高质量发展的深入推进，分层走班、兴趣小组或活动小组等创新性、灵活性的教学形式在特殊教育学校得到有效实施。四是评价引领，促进"教—学—评"有机衔接。各学校探索多主体、内容生态化的评价体系，以促进各个类别残疾学生更好地实现学习目标，让每个学生都有学习和成功的体验。

3. 不断健全特殊教育教研机制

一是利用专业优势，推进普特协同教研。在各区的统筹和安排下，各特殊教育学校积极主动承担融合教育培训研修任务。二是规范校本教研，发挥关键支撑作用。各特殊教育学校强化对国家课程的研究，建立校本教研团队，开展课程教学重难点问题研究，以及学校校本课程、特色课程和特色教学资源的研究。三是创新教研形式，提升教研质量。在原有特殊教育学校联盟基础上，开展校际教研联盟活动，加强干部教师双向交流，组织城四区干部教师到生态涵养区学校开展教研指导工作，同时安排生态涵养区干部教师观摩和参与教研活动，共研关键环节和重点问题。

（三）促进特殊教育教师队伍建设

一是师德建设机制日益完善。各学校普遍健全相关机制，坚持党的全面领导，确保教师队伍建设正确的政治方向。例如，北京市盲人学校将研究教师队伍建设工作纳入学校党委抓党建责任清单，积极引导教师将"关心盲校、关注课堂、关爱学生"落到实处。二是教科研项目助力教师成长。学校在常规教育教学基础上普遍重视教科研工作，并将其作为促进教师专业成长的重要抓手，借助近年来教育政策的倾斜与支持，相关工作取得了良好成效。三是多措并举支持教师专业发展。例如，北京市健翔学校定期开展教师专业能力提升需求调研，构建校本教研、跨校教研、名师工作室、青蓝结对、青年沙龙、课题研究、专题培训等多样化路径，形成"菜单式""取证式"等培养模式。顺义区特殊教育学校成立市骨干教师工作室、紫禁杯班主任工作室、戏剧治疗工作坊、骨干引领研究团队、青年教师成长营等，指导教师量身定制《个人发展规划手册》，打造智慧型教师团队。

四 面临的挑战

（一）十五年制特殊教育学校建设

1. 特殊教育学校校长缺乏非义务教育阶段办学经验，管理能力不足

通过调研访谈发现，当前特殊教育学校校长缺乏学前教育、职业教育的办学经验，管理能力不足。从各校校长的教育背景和工作经历来看，目前各区特殊教育学校校长的主要工作经历为特殊教育学校管理或普通中小学校管理，多数没有从事学前教育、职业教育的工作经历和管理经验，缺乏学前教育、职业教育的办学（园）规律、课程体系建设、育人要求等办学经验，管理能力不足。

2. 特殊教育学校管理机制有待进一步理顺

目前全市各区特殊教育相关工作主要归区教育行政部门的小学教育科、中学教育科或基础教育科管理，与之相对应，十五年制特殊教育学校的规划和建设除了涉及义务教育阶段，还需要学前教育、职业教育相关科室的业务指导，需要发展规划、人事、基建等相关科室的支持。在建设过程中，部门之间协调不畅、不同主管科室之间沟通机制不完善，直接影响了十五年制特殊教育学校的建设进展。

3. 特殊教育学校课程管理制度不健全，课程规划能力较为薄弱

一是少部分学校落实国家课程方案和课程标准还不够严格。对课程设置和课程标准理解存在偏差，部分科目存在开设不齐、课时数量不足的问题。二是部分学校一体化设计课程的能力薄弱。缺乏全学段整体设计培养目标和架构课程的意识，各学段培养目标衔接不紧密。学前和高中教育阶段课程实施方案不够完善的问题突出，部分学校学前和高中教育阶段尚未形成课程系列，学习资源和教学材料不够丰富。

4. 特殊教育学校办学条件与北京市办学标准要求仍有差距

调研发现，部分学校普通教室和专用教室配备情况不达标。全市大部分学校的体育运动设施配备未达到《北京市特殊教育学校办学条件标准》要求。全市有8所特殊教育学校没有乒乓球场地、有7所特殊教育学校没有室外运动器械场地、有17所特殊教育学校没有跳高跳远用沙坑、有4所特殊教育学校没有体育器材室。全市有17所特殊教育学校的跑道长度未达标。

（二）特殊教育教师队伍建设

1. 教师对课程标准的理解和实施还不够

部分教学管理干部及老师，对特殊教育学校的课程方案、课程标准掌握不扎实，对课程教学改革的新要求了解不深，对特殊学生身心发展规律和教育规律掌握不准确，在教学设计和实施中，未能充分体现和落实特殊教育的特点与性质，致使教学成效大打折扣。

2. 教师专业能力和学生需求之间还有差距

部分学校和教师未能根据生源变化及时调整教师专业结构、丰富专业技术，未适时引导教师了解特殊教育发展带来的变化，未能及时提供相应的专业进修机会，同时缺乏激发教师主动学习积极性的有效措施。一方面，教师无法适应学生障碍程度加重，多重障碍、孤独症学生比例持续增加的现状；另一方面，教师缺乏获得有效支持的渠道，陷于个别化教育方案缺乏操作性、集体教学难以开展、个别指导方法单一的局面，学生未得到应有的成长与发展。

五　建议与展望

（一）积极推进十五年制特殊教育学校建设

1. 督促各区加快建设十五年制特殊教育学校

《"十四五"特殊教育发展提升行动计划》提出到2025年初步建立高质量的特殊教育体系，进一步明确了当下特殊教育学校的发展方向。[①] 2024年

---

① 李拉：《当前特殊教育学校面临的双重挑战与使命》，《现代特殊教育》2024年第7期。

所关注的各区十五年制特殊教育学校建设的进展情况，属于首都特殊教育高质量发展的重要问题和人民群众最关心最直接最现实的利益问题。积极落实十五年制特殊教育学校办学资质变更申请，盘活特殊教育学校现有校舍、师资、中职专业等存量资源，统筹推进办学资质变更、专业师资配备、教学条件改善、课程建设等重点任务，科学规划建设十五年制特殊教育学校。

2. 加强特殊教育学校校长能力建设

中小学校长对学校发展负有领导责任，要不断加强自身能力建设。[①] 通过研究特殊教育学校学前教育、职业教育的办学规律和管理方式，组织开展十五年制特殊教育学校建设与办学质量提升专题培训，提升特殊教育学校校长专业能力；深化联盟帮扶机制，依托现有4个特殊教育学校联盟，建立十五年制特殊教育学校联盟帮扶机制，加强联盟内十五年制特殊教育学校办学经验和办学资源统筹配置、办学条件改善、非义务教育阶段课程体系建设等方面的经验分享和专门指导，通过"以强带弱"的方式，提升所有特殊教育学校创办十五年制特殊教育学校的能力和水平。

3. 研制十五年制特殊教育学校办学质量标准

在市级层面研究制定十五年制特殊教育学校办学质量标准，涵盖学前教育、义务教育和高中教育不同学段，主要包括办学方向、办学条件、课程教学、教师发展、学校管理、学生发展等方面的重点内容，旨在促进学校落实德智体美劳全面培养要求，充分激发办学活力，不断提高办学水平和育人质量。

4. 规范特殊教育学校非义务教育阶段课程建设

加强特殊教育学校学前特殊教育课程建设，研究制定学前特殊教育教学指南，尊重残疾儿童的主体作用，关注个体差异，重视学前教育在残疾儿童早期教育康复中发挥的重要价值，参考幼儿早期学习与发展五大领域，设计与残疾儿童发展水平相匹配的发展性教学内容和教学活动。立足各区、各校实际，指导各校积极开发符合特殊教育规律的职业教育课程模式，学习和借

---

① 褚宏启：《中小学书记校长需要提升五个领导力》，《中国基础教育》2024年第4期。

鉴优秀学校的职业教育办学模式、课程开发的优秀经验，重视特殊职业教育师资队伍建设，推动特殊职业教育实现高质量发展。

（二）提升特殊教育师资队伍专业化水平

1. 持续加强特殊教育教师队伍建设

办好高质量的特殊教育离不开高素质的特殊教育师资队伍。无论是从优质均衡特殊教育服务体系的构建看，还是从特殊教育的融合发展趋势看，特殊教育的新发展阶段都对教师提出了高要求。[①] 因此，要督促各区针对特殊教育教师总量不足、结构性缺编等问题，在核定的中小学教职工编制总额内，统筹调配编制资源，按照编制标准，积极增加特殊教育学校教师数量。加强区专职教研员配备，明确划分区专职教研员和巡回指导教师的工作职责和分工，减少"一人兼数职"的情况。同时建议从市级层面拓宽特殊教育教师资格考试渠道，并通过专场招聘等形式加强区县和高校特殊教育专业的需求对接。

2. 建立特殊教育教师专业发展长效机制

融合自主学习和专家引领、校内研修和校外研训，通过特殊教育教师基本功展示、融合教育案例遴选、特殊教育教研等方式，加大不同发展阶段教师培养力度，着力塑造学校优秀教师、领军人物，聚力锻造骨干教师，努力为青年教师创造快速成长的路径，形成良性教师发展梯队，促进教师专业水平不断提升。

（三）全面提高特殊教育学校课程教学质量

1. 加强市、区对特殊教育学校课程建设的指导和监管

市级部门负责研制三类十五年一贯制特殊教育学校课程实施方案的指导意见，开展学前教育阶段活动设计和高中教育阶段课程及教材典型案例征集活动，为特殊教育各学段课程开设提供借鉴。特殊教育学校课程实施方案、

---

① 安雪慧：《特殊教育教师队伍建设的困境与突破路径》，《教师发展研究》2024年第3期。

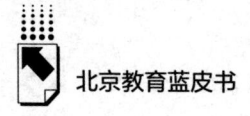

校本课程开发方案和校本课程纲要报区级教育行政部门备案。市、区严格依据国家课程标准，做好特殊教育学校课程标准解读、教材选用、教学培训等工作。

2. 强化学校党组织对学校课程的领导作用

强化学校党组织对学校课程的领导作用，把握学校正确育人方向，落实立德树人根本任务，健全课程建设与实施机制，确保特殊教育学校全面落实国家课程标准，促进学校干部教师尽快提升课程领导和实施能力。

3. 健全学校课程实施方案规划和实施保障机制

建立学校课程发展委员会，负责规划和实施学校课程实施方案，完善课程审议制度、教材和教学资源审核制度、校本课程开发和修订机制等。依据新时代党和国家对基础教育育人目标的新要求，制定学校总体和分段课程目标，在落实国家基本要求的基础上体现学校育人特色，结合学情、校情合理设置课程，开发校本课程。明确统筹协调推进教师开展教学工作的指导意见，持续探索特殊学生综合素质评价的方式和方法。

B.3 北京特殊教育融合教育发展报告（2024~2025）

陈瑛华 朱振云*

摘 要： 自20世纪80年代至今，北京市融合教育发展历经探索发展期、规范发展期、快速发展期、普惠发展期四个阶段，发展速度和质量始终处于国内领先水平。2023年，全市90%以上的普通中小学校开展融合教育，接收4299名随班就读学生，融合教育专业支持体系服务学校、学生、教师和家长的数量较2021年有大幅增长。北京融合教育的发展成效与经验主要体现在：有力保障特殊学生入学机会，引领优质普惠融合教育质量方向，强化落实融合教育支持体系关键支撑作用，创新融合教育协同支持体系新格局。当前，北京融合教育发展也面临一些关键挑战，建议加快完善融合教育质量评价制度，深化特殊学生支持体系建设，推动信息化赋能融合教育创新发展。

关键词： 特殊教育 融合教育 北京

一 发展背景

融合教育是特殊教育发展的重要组成部分。1994年，联合国教科文组织在西班牙萨拉曼卡召开世界特殊教育大会，会议发表《萨拉曼卡宣

---

* 陈瑛华，博士，北京教育科学研究院北京市特殊教育研究指导中心助理研究员，主要研究方向为特殊儿童评估与融合教育实践；朱振云，硕士，北京教育科学研究院北京市特殊教育研究指导中心副研究员，主要研究方向为融合教育实践。

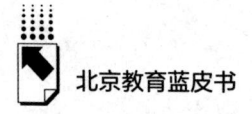

言》，标志着融合教育思想在世界范围内确立和传播，并在全世界范围内发挥着重要作用。我国和北京市融合教育的发展不可避免地受到国际融合教育思潮发展的影响，但也呈现出中国独特的发展轨迹。整体来看，新中国成立后，我国和北京市融合教育的发展可以划分为"探索发展""规范发展""快速发展""普惠发展"四个阶段。在融合教育发展的各个阶段中，北京市融合教育发展始终处于国内领先水平。

（一）北京融合教育发展的政策背景

在早期探索发展阶段，融合教育以随班就读的形式出现在我国教育政策文件中。1983年，教育部在《关于普及初等教育基本要求的暂行规定》中提及随班就读工作；1986年，国家教委在《关于实施〈义务教育法〉若干问题的意见》中提出在普通小学或初中附设特殊教育班的决定，这两份文件的颁布标志着我国开始探索随班就读工作。随后，在随班就读实验区工作经验的基础上，1988年国家明确随班就读工作地位，将其定位为与特殊教育学校并行的、促进特殊儿童少年受教育的一个重要方向。

在20世纪的最后十年和21世纪的前十年这两个"十年"中，随班就读工作得以规范开展，融合教育相关法律法规得到建立、完善，我国随班就读教育工作与世界融合教育发展逐渐接轨。1990年，我国颁布落实《残疾人保障法》，以立法形式确认普通学校有接收残疾人入学的义务。1994年，《残疾人教育条例》《关于开展残疾儿童少年随班就读工作的试行办法》等文件的颁布，对随班就读工作提出了明确依据和具体要求，也推动融合教育实质性发展。在21世纪的第一个十年里，全国人大批准通过《残疾人权利公约》等与残疾人相关的法律和政策，残疾人融合教育权利、就学机会得到明确保障。

随后，随着特殊教育被纳入国家整体教育发展改革规划与实施进程中，融合教育进入快速发展时期。2010年发布的《国家中长期教育改革和发展规划纲要（2010—2020年）》提出"不断扩大随班就读和普通学校特教班规模"，为落实规划，国家连续实施了两期特殊教育提升计划，① 推动融合教育发展，保障特殊学生融合教育的受教育权，并在经费保障、保障体系、专业师资等方面提供有力的政策支撑。同时，国家规范部署出台融合教育专项指导文件。例如，2016年出台的《普通学校特殊教育资源教室建设指南》，首次对普通中小学校建设资源教室做出了规范性指示，强调特殊教育资源教室对全面提高特殊教育普及水平具有不可替代的重要作用；2017年修订的《残疾人教育条例》以法律形式确定义务教育阶段特殊融合教育优先原则；2022年出台的《特殊教育办学质量评价指南》明确提出特殊学生发展质量标准，引导融合教育朝高质量发展方向转变。

党的二十大召开以来，特殊教育进入了普惠发展新阶段。2021年，国务院办公厅转发教育部等部门《"十四五"特殊教育发展提升行动计划》，明确特殊教育将七类残疾以外的其他有特殊需要的儿童青少年纳入服务对象，赋予融合教育新的发展内涵，彰显教育公平的时代要求。2023年，在《关于实施新时代基础教育扩优提质行动计划的意见》精神指引下，融合教育发展在我国迈向普惠发展的新阶段。

（二）北京融合教育发展的演进

在国家特殊教育和融合教育发展的各阶段中，北京市始终以办好人民满意的融合教育为根本目标，发挥引领示范作用，积极落实国家政策，主动争取试点先行，深入创新本土实践，建立起与首都经济和社会发展水平愈加适配的融合教育支持服务体系，形成了以"可进入、深参与、强支持"为显著特点的北京融合教育模式，② 为国家融合教育推进与质量提升贡献重要经验。

在融合教育探索发展时期（1983~1989年），北京市在普通学校首设特

---

① 两期特殊教育提升计划分别是《特殊教育提升计划（2014—2016年）》和《第二期特殊教育提升计划（2017—2020年）》。
② 孙颖等：《基于APS质量框架的孤独症儿童融合教育质量提升实践研究——以北京市为例》，《中国特殊教育》2023年第6期。

教班，教育主管部门通过推动试点建设、积极支持民间探索以及与科研院所合作等方式，推行盲、聋、培智学生的随班就读工作试点实验。1984年，北京市教育委员会批准朝阳区新源西里小学等学校率先建立普通学校的特教班，为1986年国家教委将"在普通小学或初中附设特殊教育班"的决定写入政策文件积累了重要经验。在北京市教育委员会的支持下，1988～1991年，房山区、海淀区参与开展盲童进入普通中小学接受教育的实验；1989年，宣武区等3区与中央教科所合作进行轻度智力障碍学生随班就读实验。①

在融合教育规范发展时期（1990～2012年），北京市融合教育发展具有以下特点。一是整体部署随班就读工作制度。1990年出台《北京市特殊教育事业发展规划（1990年至1995年）》，1998年出台《关于进一步加强九年义务教育阶段残疾儿童少年随班就读工作的意见（试行）》，实施了以课堂教学改革、推进个别化教育计划为主要内容的整体随班就读综合教育模式改革。② 在21世纪的第一个十年里，北京市发布《关于在全市各区县开展建立随班就读工作支持保障体系工作的通知》《关于贯彻落实第四次全国特殊教育工作会议精神　进一步加快首都特殊教育事业发展的意见》等重要文件，为21世纪北京市融合教育工作新局面奠定了基础。二是初步构建北京市融合教育保障体系。一方面，市、区相继成立特教中心。1991年，北京市成立市级特教中心，确立"组织在职教师开展特教教师的继续教育""开展全市普通学校随班就读的教学研究"等核心职能；③ 2002年，北京市海淀区成立区级特教中心，开展随班就读巡回指导工作。④ 另一方面，建立融合教育管理工作网络、师资培训网络、科研教研网络，由北京特教中心牵头，成立三类（盲、聋、弱）市级随班就读教学中心教研组。⑤ 三是开展融合教育专业支持服务探索。1997年，北京市在宣武区后孙公园小学建立了

---

① 北京市教育学会特殊教育研究会编著《北京特殊教育50年》，华夏出版社，1999。
② 周耿：《北京市随班就读综合教育模式的构建与实践》，《中国特殊教育》2000年第3期。
③ 周耿：《北京市随班就读综合教育模式的构建与实践》，《中国特殊教育》2000年第3期。
④ 王红霞：《探索融合教育特色发展的"海淀"实践》，《现代特殊教育》2024年第7期。
⑤ 周耿：《北京市随班就读综合教育模式的构建与实践》，《中国特殊教育》2000年第3期。

全市第一个资源教室,[1] 探索资源教室如何提供专业服务;2005年,北京市教育委员会专门发布《北京市随班就读资源教室建设与管理的基本要求（试行）》,明确规定了资源教室功能和建设标准,并设立专项经费支持建立了一批资源教室。

在融合教育快速发展时期（2013~2017年）,北京融合教育发展具有全面推进和引领示范的特点。2013年,北京市发布全国首个以融合教育命名的省级特殊教育发展行动计划,推动以融合教育为主的特殊教育发展。同年,北京市教育委员会颁布了《关于进一步加强随班就读工作的意见》《北京市残疾儿童少年随班就读工作管理办法（试行）》《北京市各类残疾类别随班就读具体标准》,明确规定"在接收5名及以上随班就读学生的学校建立资源教室,或建立区域资源中心。安排专职或兼职资源教师""建立资源教室的长效服务机制,保障资源教室的功能发挥"。在这一阶段,北京市完成了特殊教育"市—区—学区—学校"四级专业支持体系布局,建立了一批区级特殊教育资源中心和市级孤独症儿童教育基地,资源教室形成规模。扩建市级融合教育兼职教研员队伍并定期开展研修工作。普通中小学在接收特殊儿童少年接受义务教育阶段入学时,做到了"零拒绝"。特殊儿童少年"就近、就便、优先"进入普通中小学就读得到保障,特殊儿童少年义务教育阶段入学率达到了99.9%,其中,70.0%进入普通中小学就读。[2]

融合教育普惠发展时期（2018年起至今）,是北京市融合教育发展改革与创新的重要阶段。这一阶段北京融合教育具备如下特征。一是大幅拓展服务对象范围。特殊教育服务对象范围持续扩大,2018年发布的《北京市特殊教育提升计划（2017—2022年）》,率先将特殊教育服务对象范围扩大至特殊需要学生,2023年发布的《北京市"十四五"特殊教育发展提升行动计划》明确指出,特殊教育服务对象包括注意缺陷多动障碍、情绪行为障

---

[1] 孙颖:《北京市资源教室建设现状与发展对策》,《中国特殊教育》2013年第1期。
[2] 徐建姝:《聚焦学生实际获得,保障每一个残疾儿童少年能够在公平、包容的环境中接受适宜的教育——〈北京市特殊教育提升计划（2017—2020年）〉重点解读》,《北京教育》（普教版）2018年第5期。

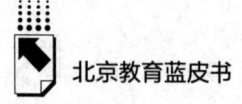

碍等儿童。按照各类特殊群体流行病发病率计算，融合教育服务对象的比例保守估计超过6%。① 二是不断强化融合教育关键支撑。率先提出发展市、区两级特殊教育专业委员会和学校融合教育推行委员会等举措，将备案特殊学生的生均公用标准提升至每生每年1.2万元，并不断扩大对特殊学生的资助范围。三是深耕融合教育关键难点。在融合教育推动的关键难点领域布局深耕，如在融合教育教研员团队中组建特殊教育评估教研组，支撑以科学评估为基础的专业服务。回应孤独症儿童教育上学难这一焦点问题，组建孤独症学生教育支持教研组，深入研究孤独症学生的课堂参与问题，着力优化教师在课堂中集体支持、集体中个别支持、集体外个性支持的策略和路径。四是加强质量建设。统筹规划建立北京市融合教育办学质量评价指南和质量监测体系。五是构建多学科多部门合作新格局。优化教育与残联、医疗单位、高等院校、康复机构合作的方法和模式，拓展融合教育领域国际交流与合作，不断优化合作路径，提升合作效率，保障特殊学生的实际获得。

二 发展现状②

（一）北京融合教育发展规模

1. 融合教育学校

北京市特殊学生在义务教育阶段按照"就近、就便、优先"原则，在居住地分散就读。开展融合教育的学校数量多，在全市普通学校总数中占比较大。根据《2023-2024学年度北京教育事业发展统计概况》，2023年，全

---

① 最新研究表明，注意缺陷多动障碍、情绪行为障碍等儿童占同龄人口比例分别为7.2%和6.26%，具体文献参考Wang T, Liu K, Li Z, Xu Y, Liu Y, Shi W, "Chen L, Prevalence of Attention Deficit/Hyperactivity Disorder Among Children and Adolescents in China: A systematic review and meta-analysis," *BMC Psychiatry* 17 (2017): 32; Zablotsky B, Bramlett MD, Blumberg SJ, "The Co-occurrence of Autism Spectrum Disorder in Children with ADHD," *Journal of Attention Disorders* 24 (2020): 94-103.

② 本部分数据除单独注明外均来自《2023-2024学年度北京教育事业发展统计概况》。

市义务教育阶段有1038所普通中小学,接收特殊学生随班就读的学校总数为940所,占比90.6%。另有数据显示,在全市区级行政单位中,接收随班就读学生的学校达到辖区普通学校总数90.0%以上的区已有9个。①

将融合教育学校与随班就读学生类型结合分析发现,2023年,在普通学校中,80.2%的普通学校有智力残疾学生在读,33.7%的普通学校有肢体残疾学生在读,27.9%的普通学校有听力残疾学生在读,27.8%的普通学校有孤独症和情绪行为障碍学生在读,23.8%的普通学校有注意缺陷多动障碍学生在读,19.3%的普通学校有特定学习障碍学生在读,18.3%的普通学校有发育迟缓学生在读。

2. 融合教育学生

(1) 在读生

"十四五"时期,全市特殊教育服务对象范围从七类残疾定义下的随班就读学生,扩大至包括注意缺陷多动障碍、情绪行为障碍等类型的特殊需要学生。②

根据《2023-2024学年度北京教育事业发展统计概况》,2023年,全市义务教育阶段向各区教委备案随班就读的特殊学生有4299人。此外,调查发现,在全市普通学校中,未持有随班就读证明但明确向学校申请融合教育服务的特殊学生与持有随班就读证明的学生比为0.84∶1。③

其中,小学阶段有随班就读学生2654人,占整体随班就读学生总数的61.7%;初中阶段有随班就读学生1645人,占整体随班就读学生总数的38.3%。2023年义务教育阶段各年级随班就读学生数和比例如表1所示。

---

① 北京教育科学研究院,《北京市融合教育专业支持体系发展研究报告》(内部资料),2023年10月。
② 《北京市教育委员会等七部门关于印发北京市"十四五"特殊教育发展提升行动计划的通知》,北京市人民政府网站,2023年1月19日,https://www.beijing.gov.cn/zhengce/gfxwj/202302/t20230208_2913298.html。
③ 北京教育科学研究院,《北京市融合教育专业支持体系发展研究报告》(内部资料),2023年10月。

表1　2023年义务教育阶段各年级随班就读学生数和比例

单位：人，%

	小学阶段					
	一年级	二年级	三年级	四年级	五年级	六年级
人数	214	290	447	595	534	574
比例	5.0	6.7	10.4	13.8	12.4	13.4
	初中阶段					
	一年级		二年级		三年级	四年级
人数	482		530		630	3
比例	11.2		12.3		14.7	0.1

资料来源：《2023-2024学年度北京教育事业发展统计概况》。

北京市随班就读学生中，智力障碍学生、肢体障碍学生比例始终较多，精神障碍（含孤独症谱系、情绪行为障碍等）学生近年来在融合教育中的比例不断增加。根据《2023-2024学年度北京教育事业发展统计概况》，2023年，全市有视力障碍学生88人，占随班就读学生整体比例为2.0%；听力障碍学生315人，占随班就读学生整体比例为7.3%；言语障碍学生60人，占随班就读学生整体比例为1.4%；肢体障碍学生394人，占随班就读学生整体比例为9.2%；智力障碍学生2313人，占随班就读学生整体比例为53.8%；精神障碍学生914人，占随班就读学生整体比例为21.3%；多重障碍学生215人，占随班就读学生整体比例为5.0%。2023年义务教育阶段各类型随班就读学生数和比例如表2所示。

表2　2023年义务教育阶段各类型随班就读学生数和比例

单位：人，%

分类	类目	视力障碍	听力障碍	言语障碍	肢体障碍	智力障碍	精神障碍	多重障碍
总数	人数	88	315	60	394	2313	914	215
	比例	2.0	7.3	1.4	9.2	53.8	21.3	5.0
小学	人数	54	203	49	260	1355	601	132
	比例	2.0	7.6	1.8	9.8	51.1	22.6	5.0
初中	人数	34	112	11	134	958	313	83
	比例	2.1	6.8	0.7	8.1	58.2	19.0	5.0

资料来源：《2023-2024学年度北京教育事业发展统计概况》。

（2）新生

2023年，全市义务教育阶段中小学新生中随班就读学生有696人，其中小学一年级新生和初中一年级新生分别为214人和482人。2021~2023年小学一年级随班就读学生占比情况如表3所示。

表3 2021~2023年小学一年级随班就读学生占比情况

单位：人，%

年份	全市小一随班就读学生	全市小一新生总数	占比
2023	214	235371	0.09
2022	173	189971	0.09
2021	217	186671	0.12

资料来源：历年《北京教育事业发展统计概况》。

（二）北京融合教育支持服务[①]

全市各区均建立区级特教中心，共有14个孤独症儿童教育康复训练基地，覆盖东城、西城、朝阳、海淀、通州、顺义、昌平、怀柔等8个区。全市共有76个学区融合教育资源中心，覆盖全市16个区。共有321所学校490多间资源教室。调查发现，在已建有资源教室的普通学校中，有41.5%的学校全天开放资源教室，30.0%的学校每周固定时间开放资源教室，18.5%的学校每天固定时间开放资源教室。

1. 服务学校

2023年1~8月，全市各区特教中心共指导服务学校590所。学区融合教育资源中心共服务全市791所普通学校，所有区的学区融合教育资源中心均面向5所以上学校提供支持服务；平均1个学区融合教育资源中心服务10所学校。孤独症儿童教育康复训练基地服务442所学校，平均1个孤独症儿童教育康复训练基地服务31所学校。每个资源教室服务本校1所学校，

[①] 北京教育科学研究院，《北京市融合教育专业支持体系发展研究报告》（内部资料），2023年10月。

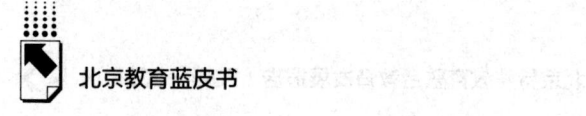

合计服务330所学校。

2.服务学生

2023年1~8月，全市各区特教中心服务学生8003人次，比2021年增加4176人次，增幅为109.12%。孤独症儿童教育康复训练基地服务学生3040人次，比2021年增加1697人次，增幅为126.36%。学区融合教育资源中心服务学生5511人次，比2021年增加3149人次，增幅为133.32%。资源教室服务本校特殊学生47577人次，比2021年增加45093人，增幅为1815.34%。分析学区融合教育资源中心和孤独症儿童教育康复训练基地服务区域内（非本校）学生情况，发现全市学区融合教育资源中心服务区域内（非本校）学生比例达到26.73%，孤独症儿童教育康复训练基地服务区域内（非本校）学生比例达到18.64%。

3.服务教师

2023年1~8月，全市各区特教中心服务教师144471人次，比2021年增加133399人次，增幅为1204.83%。孤独症儿童教育康复训练基地服务教师2016人次，比2021年增加303人次，增幅为17.69%。学区融合教育资源中心服务教师5160人次，比2021年增加356人次，增幅为7.41%。资源教室服务本校教师13595人次，比2021年增加9040人，增幅为198.46%。分析学区融合教育资源中心和孤独症儿童教育康复训练基地服务区域内（非本校）教师情况，发现全市学区融合教育资源中心服务区域内（非本校）教师比例达到46.79%，孤独症儿童教育康复训练基地服务区域内（非本校）教师比例达到40.61%。

4.服务家长

2023年1~8月，全市各区特教中心服务家长3114人次家长，比2021年减少2233人次，降幅为41.76%。孤独症儿童教育康复训练基地服务家长917人次，比2021年减少2577人次，降幅为73.76%。学区融合教育资源中心服务家长18926人次，比2021年增加10252人次，增幅为118.19%。资源教室服务本校家长13855人次，比2021年增加9300人，增幅为204.17%。分析学区融合教育资源中心和孤独症儿童教育康复训练基地服务区域内（非本校）家长情况，发现全市学区融合教育资源中心服务区域内（非本校）家长比例达到75.03%，孤独症儿童教育康复训练基地服务区域内（非本校）家长比例达到34.03%。

三 发展成效与经验

北京市坚持以"首善"标准不断提升首都特殊教育和融合教育优质均衡发展水平，按照"正向支持、精准施策、可持续发展"的原则，形成以特殊学生在普通学校实现"可进入、深参与、强支持"的优质教育局面。"十四五"期间，北京市以"保障每一个残疾儿童少年能够在公平、包容的环境中接受适宜的教育"[1]为目标，继续加大政策支持力度，引导实践规范、提升服务效率，强化政府主导责任，压实学校主体责任，全力破解"融合教育资源不足、适宜性不强"的难题。[2]通过加强入学保障、设立质量标准、支持服务体系创新等重点领域工作，推进优质普惠融合教育发展。

（一）有力保障特殊学生入学机会

1. 政策保障

在政策层面，北京市将特殊学生入学工作纳入全市招生规划中，有效解决了特殊学生"入学难"的问题。北京市教育委员会连续多年在《义务教育阶段入学工作的意见》中提出专门条款，确保每一名适龄儿童少年平等接受义务教育权利，特别是保障残疾儿童少年在同等条件下优先入学。在政策落实过程中，北京市通过新建、改建、扩建学校，调整接收小区配套学校

---

[1] 徐建姝：《聚焦学生实际获得，保障每一个残疾儿童少年能够在公平、包容的环境中接受适宜的教育——〈北京市特殊教育提升计划（2017-2020年）〉重点解读》，《北京教育》（普教版）2018年第5期。

[2] 《教育部 国家发展改革委 财政部关于实施新时代基础教育扩优提质行动计划的意见》，教育部网站，2023年8月30日，http://www.moe.gov.cn/srcsite/A06/s3321/202308/t20230830_1076888.html。

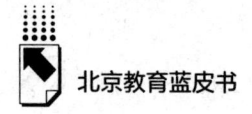

等方式，增加中小学学位数量，确保在适龄儿童入学高峰期，特殊儿童少年依然能够就近、就便、优先入学。同时，在实际招生工作中，通过市和区多部门协调，建立面向全体学生的包括特殊学生在内的入学招生联动机制，结合国家政策建立特殊教育专业委员会、学校融合教育推行委员会制度，强化普通学校保障特殊学生优质教育权益的主体责任。

2. 评估安置保障

科学评估是融合教育支持服务的基础，是北京市落实融合教育、规范落实基本公共服务和按需提供个性化服务的前提。"十四五"期间，北京市科学评估安置保障工作朝优质和均衡双增长的方向发展。为解决学校场景下评估工具不足、评估工作不规范的问题，北京教育科学研究院北京市特殊教育研究指导中心修订多年来使用的北京市特殊儿童系列评估工具，不断完善电子化评估工具系统，推动电子化评估工具全市使用。组建第二期特殊教育评估工作组，持续为各区培养懂原理强实操的评估专业人员。各区建立特殊学生评估安置工作台账，并协同残联、民政部门，借助专家委员会运行机制、巡回指导机制共同做好入学评估工作。2023年1~8月，全市各区特教中心组织和参与的入学鉴定与安置学生人数有656人。① 此外，普通学校针对就读特殊学生中非备案学生人数多、类型广、差异大的特点，积极建立学校科学评估工作机制。根据调查，截至2023年，全市约七成普通学校已建立"调研重点问题—学校调度改进支持—引入专业评估"的主动评估疑似特殊学生的工作机制，② 自下而上开创了融合教育科学评估服务工作新局面。

3. 经费落实保障

北京市统筹资源配置和经费投入，确保特殊学生的受教育权利。"十四五"期间，在继续落实全市普通学校随班就读学生每生每年1.2万元经费

---

① 北京教育科学研究院，《北京市融合教育支持体系发展研究报告》（内部资料），2023年10月。
② 北京市特殊教育研究指导中心，《北京市"健全特殊教育普惠保障机制"问卷调查研究报告》（内部资料），2023年8月。

以及免除学杂费和教科书费政策的基础上，积极为随班就读学生提供多项补助。2023年，49.2%的普通学校为随班就读学生提供生活补助，① 为全市如期达成《北京市"十四五"特殊教育发展提升行动计划》提出的"多免多补"工作目标奠定基础。财政经费是常规融合教育工作运行的重要保障。在全市区级教育行政区中，有8个区在经费预算中设置了独立巡回指导专项预算，占全市行政区的47.1%。根据调查，在学校日常融合教育工作中，79.2%的普通学校开展融合教育工作的经费主要来源于财政部门拨款。②

（二）引领优质普惠融合教育质量方向

1. 研制融合教育质量标准和评价指标

北京市在教育部《特殊教育办学质量评价指南》引领下，通过多方调研论证，研制北京市融合教育办学质量评价指标，引导区域、学校参照标准提供教育支持服务。同时，优化完善原有的融合教育学校质量标准、融合教育课程质量评价指标等多个具体标准框架，发挥其在市区融合教育教研、巡回指导等工作中的实践作用。

2. 引领指向优质关键服务的重点资源建设

"十四五"期间，北京市全面提升融合教育质量，深入推进改革，持续提升供给侧服务水平。积极构建具有北京本土特色的、指向适宜融合的教育安置流程，制定服务清单，编制"北京市融合教育工作指南""普通中小学阶段支持特殊儿童发展实用手册""学前教育阶段支持特殊儿童发展实用手册"，为融合服务中的关键内容、关键工作树立优质范例，引领普通学校优化融合教育中的集体支持、集体中个别支持、集体外个性支持三级工作，打通普特教育合作的壁垒。

---

① 北京市特殊教育研究指导中心，《北京市"健全特殊教育普惠保障机制"问卷调查研究报告》（内部资料），2023年8月。
② 北京市特殊教育研究指导中心，《北京市"健全特殊教育普惠保障机制"问卷调查研究报告》（内部资料），2023年8月。

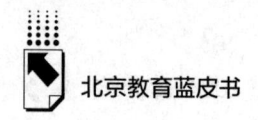

推动特殊学生融合课堂支持策略研究等工作，优化针对特殊学生的教学目标调整策略，提炼通用学习设计、分层教学、差异化教学、视觉支持等策略，以提升学生课堂学习效果，为特殊学生设计符合其学情和发展需要的作业。搭建适应当前普通学校资源水平的支持各类特殊学生的资源教室课程体系，为资源教室扩充优质资源提供标准。研制资源教室和班集体通过预防、应对联合解决儿童情绪行为问题的系统解决方案，并组织开展试点试用工作。

（三）强化落实融合教育支持体系关键支撑作用

1. 融合教育专业支持体系运行

北京市始终致力于夯实"市—区—学区—校"四级专业支持体系。市特教中心通过岗位人员调配、人才引入等方式，成立特殊儿童发展与融合教育研究室，强化对融合教育专业支持工作的引领；各区通过培训、定期研修、完善能力标准等方式，不断提升区级融合教育指导工作专业人员能力；学区内通过遴选、委派相匹配的专业人员，发挥优质融合学校牵头优势和引领作用，形成区域内联动开展融合教育工作的局面；学校强化推动资源教师队伍的专职专岗专责，赋能班主任和学科教师，统筹推动融合教育学校形成"1+N+1"的专业教师团队。[①] 2023年，全市孤独症儿童教育康复训练基地有支持教师318人，学区融合教育资源中心有支持教师318人，学校资源教师有401人。近年来，服务体系的专业团队人员数量较稳定，仅普通学校在应对义务教育学生生源激增过峰的情况下，专兼职资源教师数量比2021年有所减少，全市2023年资源教师人数约为2021年的87.5%。

在北京市支持服务体系运行中，全市整体通过树立质量标准、明确评价指标，结合常态化的业务指导和定期的专项评估工作，以研促发展、以评促

---

① 王善峰、孙颖：《北京市融合教育师资队伍建设发展历程、经验与重点任务》，《教师发展研究》2024年第3期。

建设，持续优化融合教育专业支持单位的专业服务能力。各区域推动融合教育专业服务体系发展方面特色鲜明。例如，海淀区特教中心大力推行资源教师和行为指导教师持证上岗制度，并优化专项津贴补助制度，推动海淀区资源教师能力提升，落实优质服务；西城区特教中心借助区级培训研修和巡回指导制度，面向区域内学校管理干部、班主任、学科教师、资源教师，强化学习困难学生专业支持专题的培训和相关资源建设，推动区域融合教育教师的专业能力提升，切实让学生受益。

2. 融合教育巡回指导制度运行

作为北京市四级专业支持体系中最重要的力量，全市各区特教中心均明确规定巡回指导工作的岗位职责和评价方式，建立巡回指导工作保障机制，落实巡回指导教师待遇保障。目前全市采用专职和兼职巡回指导教师相结合的工作模式，截至2023年，有13个区落实专职巡回指导教师，在全市教育行政区中占比达76.47%。[1]

2023年，全市专兼职巡回指导教师共有85人。其中，专职巡回指导教师50人，兼职巡回指导教师35人。按照《北京市"十四五"特殊教育发展提升行动计划》要求，每所学校应配备1名巡回指导教师，每名巡回指导教师最多服务10所学校。2023年，共有11个教育行政区的巡回指导教师数量达标，巡回指导教师专业配置达标率为61.11%。

2023年1~8月，全市各区巡回指导教师在鉴定与安置学生、处理申诉和争议、组织特教专家委员会会议等统筹与指导工作中，累计开展活动至少3082次，较2021年增长206.06%，推进1873名随读生个别化教育计划的制定，指导487所普通中小学校开展教学和康复指导。各区巡回指导教师直接支持学生（训练）合计8132次。其中，面向特殊学生开展个别训练/小组训练2971次，开展送教上门工作5161次。[2] 各区开展教师培训共计391

---

[1] 北京教育科学研究院，《北京市融合教育专业支持体系发展研究报告》（内部资料），2023年10月。
[2] 由于海淀区、房山区送教上门工作由区特教学校承担，不计算在区特教中心工作范围内，此次送教上门工作数据不包括海淀区。

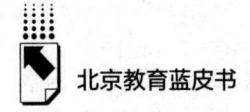

次,较2021年增长41.67%。其中,巡回指导教师主讲培训共计153次,占培训总数的四成左右。①

3. 融合教育教研制度运行

"十四五"期间,北京市不断夯实"市—区—学区—学校"四级专业支持体系,在普通教育教研部门设立特殊教育教研员专职岗位。自2017年起,市特教中心设立于北京市教育科学研究院,现有专职特殊教育教研员10人。2023年,全市有7个区的教育行政部门设置了专职特殊教育教研员岗位,并明确了岗位职责,其中东城区、西城区、朝阳区、顺义区的特殊教育教研员设立在普通教育教研部门中。②

市级融合教育兼职教研团队历经发展,团队类型不断丰富、人员专业能力日渐提高,现有3支融合教育教研团队及120余名兼职融合教育教研员。"十四五"期间,北京市继续加强市级融合教育兼职教研员队伍质量建设,搭建研究平台,提升科研促教研能力。2023年,开设了10余个北京市融合教育教研员培育课题,引领教研团队集体攻关融合教育教学中的难点问题。

2023年,全市各区共建立373个固定教研(研修)组,比2021年增加204个,增幅为120.71%。其中,区级特教中心面向融合教育教师建立的教研(研修)组共68个,孤独症儿童教育康复训练基地面向融合教育教师建立的教研(研修)组共12个,普通学校建立融合教育校本教研(研修)组共277个,学区融合教育资源中心面向融合教育教师建立的教研(研修)组共16个。据调查,2023年1~8月,24.7%的教研组每两周定期开展一次研修服务,38.1%的教研组每月定期开展一次研修服务。③

---

① 北京教育科学研究院,《北京市融合教育专业支持体系发展研究报告》(内部资料),2023年10月。
② 北京教育科学研究院,《北京市融合教育专业支持体系发展研究报告》(内部资料),2023年10月。
③ 北京教育科学研究院,《北京市融合教育专业支持体系发展研究报告》(内部资料),2023年10月。

（四）创新融合教育协同支持体系新格局

北京市在国际通用的特殊教育支持的干预反应理论和模型基础上，建立了北京市融合教育"评估—支持—干预"多层级本土化模型，并通过实践试点，不断优化北京的融合教育模式和融合教育经验。其中，推动学校融合教育支持体系和家、校、社协同共育体系发展尤为关键。

1.学校融合教育支持体系不断深入发展

融合教育的难点在于专业人员和专业资源不足。[①] 近年来，北京市在国际通用的特殊教育支持的干预反应理论和模型基础上，建立了北京市融合教育"评估—支持—干预"多层级本土化模型。[②] 市级层面，自上而下引领专业合作，组织资源与课程开发工作。强化对集体支持、集体中个别支持、集体外个性支持三个需求层级的梳理，开展服务清单研究，构建三级评估机制，编制面向融合教育学校管理者、教师和家长常见问题的支持手册，带领融合教育骨干教研团队深入研究本土融合教育学校建设、班级环境优化、课程教学调整等策略应用。学校层面，自下而上探索如何切实强化特殊教育与普通教育的协作。研究发现，现有80.1%的随班就读学校建立了有效运行的融合教育推行委员会制度，通过学校融合管理制度创设，将融合教育与心理健康教育、德育工作等具体结合，营造学校融合教育的良好生态。

2.家、校、社协同共育体系发展新局面

依靠信息时代新技术手段，家、校、社之间的协同关系更为紧密。协同共育体系深度合作在于各部门的深度参与和精准参与。北京市教育部门与医疗、儿保单位和专家等合作，利用线上线下途径开展多学科评估，打通重度特殊学生诊疗与干预治疗的"绿色通道"，拓展合作方式，与国内顶尖教育

---

① 北京市特殊教育研究指导中心，《北京市"健全特殊教育普惠保障机制"问卷调查研究报告》（内部资料），2023年8月。
② 孙颖等：《基于APS质量框架的孤独症儿童融合教育质量提升实践研究——以北京市为例》，《中国特殊教育》2023年第6期。

与脑神经科学研究团队开展以学习力为核心的合作，借助远程互动平台和大数据跟踪技术，逐步实现对特殊学生教育教学效果的跟踪。

市、区、校积极探索利用新技术、新模式，建立高效、灵活、有针对性的家长沟通合作与指导培训渠道。促进各方深入了解特殊学生成长经历、受教育经历及个性特点、能力和需求，深入挖掘家长在支持特殊学生在校学习、辅助陪读等方面的积极动机和有效资源，提升在制订个性化教育计划、就难点问题达成共识等方面的家校合作效率。区特教中心、学区融合教育资源中心和学校资源教室通过线上线下相结合的方式，显著提高家长培训和辅导的频率，延长时长，增加服务人次。

四 面临的挑战

（一）融合教育专业支持体系的发展困境

1. 融合教育专业人员数量不足、结构有待优化

北京融合教育师资队伍建设虽然取得了一定的进展，但从融合教育特殊学生疾病发生率看，专业教师的总量仍然不足。并且，当前巡回指导教师、基地和学区融合教育资源中心、学校资源教师中兼职人员占比过高。专业人员能力仍需提高，尤其是在落实特殊学生发展质量方面，能够开展学业支持、重度情绪行为支持的专业人员，其数量和结构尚无法满足实际需求。

2. 融合教育专业支持体系运行效率有待提高

融合教育的有效实施需要高效运行的专业支持体系，受专业人员数量不足、结构不合理，以及经费投入主体单一、区域经费投入不均衡等因素制约，融合教育支持体系在运行过程中效率不高，资源开放时间不足、资源分配不均、协调机制不畅、工作效率过低等问题有待深入研究并加以解决。

（二）普通教育改革发展带来的挑战

1. 融合教育学生的核心素养与评价问题亟须重视

随着教育改革的深入，学生的核心素养培养成为学校教育的重点。对于融合教育学生而言，如何评估其核心素养，如何将特殊需求学生的成长与普通学生的评价体系相融合，成为亟待解决的关键问题。

2. 融合教育课程与教学调整有效性难题亟待破解

教育改革要求课程和教学方法更加多元化、个性化。对于融合教育而言，如何调整课程内容和教学方法以适应不同学生的需求并确保课程与教学调整的有效性，需要进一步研究和实践，以提高融合教育的教学质量，确保特殊学生更高质量、更实质性地学有所获。

五 建议与展望

（一）加快完善融合教育质量评价制度

加快"北京市融合教育办学质量评价指南"出台。依照《特殊教育办学质量评价指南》基本要求，结合北京市幼儿园、义务教育、高中各阶段融合教育的实际发展水平和发展需求，出台"北京市融合教育办学质量评价指南"，引导北京市融合教育优质发展。

制定特殊学生核心素养评价标准和工具。以"北京市融合教育办学质量评价指南"为指引，制定特殊学生发展质量的相关指标和要求。以适宜发展的结果产出，促进特殊学生核心素养评价标准的落实，将其作为保障教育过程质量的关键。同时，将学段育人目标与特殊学生发展特点相结合，不断丰富评价内容和调适评价方法，形成特殊学生综合评价体系，为教育实践提供指导。

健全融合教育办学质量管理机制。建立健全市级融合教育质量提升的监控和督导系统，完善市级融合教育质量监控机制，定期评估融合教育的实施效果。并建立促进区域融合教育质量提升的相关保障机制。

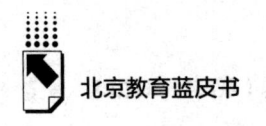

（二）深化特殊学生支持体系建设

优化特殊学生支持策略体系。加强有效支持策略体系研究，促进特殊学生学有所获。深入总结特殊学生评估、有效参与的规律，不断深化对特殊学生有效支持策略的理论研究，探索构建符合北京中小学实际的融合学校教育教学支持策略研究的应用体系，为融合教育中不同角色的教师提供本土化、便捷且实用的评估工具，以及支持策略的选择与应用依据。

健全学生学业支持体系。学业发展是特殊学生发展的重要内容，鼓励教育、医学、神经科学等开展跨学科合作，利用首都的独特资源，设立融合教育教师与心理教育专家、脑科学专家、医疗评估专家、教研专家共同参与的多学科合作研究项目和试点实践项目。应用脑科学、神经科学等领域发展最新研究进展与成果，结合不同类型学科教与学的具体规律和特殊学生的身心发展规律，构建基于评估的学业支持体系，为特殊学生学业发展提供多学科、多路径的支持方式和方法，丰富不同类型特殊学生学业发展的有效策略和资源。

（三）推动信息化赋能融合教育创新发展

在信息技术高速发展的背景下，大数据和人工智能技术为特殊学生的科学评估和支持提供了新的可能性。未来应加大对信息化赋能的研究力度，促进大数据分析模型、即时反馈等新技术手段与特殊教育相结合，提高评估精准度，落实按需支持的个性化教育干预。

优化特殊学生评估方法。将大数据、虚拟现实和人工智能等新技术应用到融合教育支持场景中，发挥智能化诊断分析、即时性精准反馈、个性化定制与推送等优势，集成特殊学生智能评估分析系统，优化特殊学生评估方法，提高评估的精准性。研发、调整适合特殊学生的评估工具，为教育决策提供支持。

优化特殊学生系统支持方案，有效落实专项课程。利用即时反馈技术为教师提供实时的学生学习情况，辅助教师精准了解特殊学生现实需求。结合融合教育支持系统，开设适合特殊学生的专项课程，精准推送个性化的教学资源和服务。推动教师及时调整教学策略，选用基于发展的个性化支持策略和资源，促进特殊学生在融合教育环境中获得适宜发展。

参考文献

孙颖等：《基于APS质量框架的孤独症儿童融合教育质量提升实践研究——以北京市为例》，《中国特殊教育》2023年第6期。

徐建姝：《聚焦学生实际获得，保障每一个残疾儿童少年能够在公平、包容的环境中接受适宜的教育——〈北京市特殊教育提升计划（2017—2020年）〉重点解读》，《北京教育》（普教版）2018年第5期。

B.4
北京特殊教育教师发展报告
（2024~2025）

王善峰 张军*

摘　要： 本报告以北京特殊教育教师队伍为研究对象，通过梳理发展背景、分析发展现状，发现北京特殊教育教师队伍建设具有加强顶层设计，完善政策制度，注重引领保障；强化需求响应，注重体系建设，持续优化结构；开展专业培训，增进研修结合，提升专业水平；研制标准规范，加强规范建设，增强工作实效；加强资源配套，注重成果推广，促进优质均衡；落实条件保障，破解发展瓶颈，支持专业发展等主要经验，但也面临特定专业类型教师缺乏、结构性不足、专职化不足、待遇保障不足等挑战。基于研究，本报告提出了持续加强政策与制度建设，做好顶层设计与政策支持；不断优化结构，充实数量，加强专职化建设，持续提升专业水平；积极探索特殊教育领域用人机制，增强市、区统筹与系统联动；进一步加强资源建设及条件改善，为高素质专业化教师队伍健康发展提供坚实保障等政策建议。

关键词： 特殊教育教师　队伍建设　北京

"教师是立教之本、兴教之源，强国必先强教，强教必先强师。"① 特殊

---

* 王善峰，博士，北京教育科学研究院北京市特殊教育研究指导中心助理研究员，主要研究方向为融合教育；张军，北京教育科学研究院北京市特殊教育研究指导中心副研究员，主要研究方向为特殊教育政策。
① 《中共中央　国务院关于弘扬教育家精神加强新时代高素质专业化教师队伍建设的意见》，教育部网站，2024年8月26日，http://www.moe.gov.cn/jyb_xxgk/moe_1777/moe_1778/202408/t20240826_1147269.html。

教育作为教育事业的重要组成部分，其教师队伍的建设直接关系到残疾学生及特殊需要学生受教育权利的实现与教育质量的提升。北京市作为首都，特殊教育教师队伍随着教育事业的发展和需求的增长而不断壮大，逐步形成与首都特殊教育发展相契合、数量较为充足、类型较为多样、专业水平较高、初步满足需求的特殊教育教师队伍，在促进教育公平、推动特殊教育高质量发展、构建和谐社会等工作中起到关键作用。

一　发展背景

（一）历史发展背景

北京特殊教育肇始于近代的"瞽叟通文馆"（北京市盲人学校的前身）。新中国成立前，北京已有聋人学校。随后智障儿童教育逐步开展，培智学校相继建设，随班就读和融合教育也得到大力推进。截至2024年，特殊教育历史已有150年，随班就读和融合教育历史已有40余年。新中国成立后，党和政府高度关注特殊教育发展，北京在特殊教育办学条件、师资配备、政策保障等方面都尽可能提供最大支持和保障。在学校发展上，截至2024年，全市有特殊教育学校20所，均为政府办学；融合教育广泛覆盖全市各级各类学校，成为残疾儿童少年接受教育的主体形式。特殊教育师资队伍建设亦与特殊教育事业发展并进，从民间私塾教师逐步发展为在编在岗教师，从单一类型的教师发展为包括特殊教育教师、融合教育教师、送教上门教师等在内的多元化师资队伍，从极少数量发展到较大体量，在党和政府多项政策文件的引领保障以及经济社会发展的推动下，特殊教育师资队伍日益成为首都教育中不可或缺的专业力量，高度回应民生关切，在推进首都教育现代化的进程中发挥着独特、关键的作用。

（二）政策背景

北京市重视发展特殊教育，重视加强师资队伍建设。在落实国家相关教育政策文件、出台北京市的教育政策文件中，特殊教育师资队伍建设一直作为重点工作，获得了有力的政策保障。2013年，北京市人民政府办公厅印发《北京市中小学融合教育行动计划》，首次设立"特殊教育教师队伍建设工程"，以"进一步加强特殊教育队伍建设，全面提升特教教师的综合素质和专业化水平"为工作目标，明确提出加强特殊教育教师队伍建设、推进巡回指导教师队伍建设、加快资源教师队伍建设、完善随班就读教师队伍建设、促进送教上门教师队伍建设等要求。2018年北京市教育委员会等八部门印发的《北京市特殊教育提升计划（2017—2020年）》、2023年印发的《北京市"十四五"特殊教育发展提升行动计划》，均将特殊教育师资队伍建设作为重要内容提出要求，后者更是将"打造高水平专业化创新型教师队伍"作为主要措施，明确提出"多渠道增加特殊教育专业教师供给""强化特殊教育师资培养培训""持续提高特殊教育教师待遇""落实相关机构特殊教育教师待遇"等具体要求，为持续推进建设高素质专业化特殊教育师资队伍提供了政策制度保障。

（三）实践背景

随着经济社会的发展以及政策的有力保障，北京特殊教育从以特殊教育学校为主，逐步向融合教育推进，建立起类型多样、朝向融合的较为完整的特殊教育体系。残疾儿童少年及其家庭的教育需求已从"有学上"向"上好学"转化发展，增强专业支持保障和推进特殊教育高质量发展成为新时期北京特殊教育发展的主基调。师资队伍作为教育发展的关键要素和第一资源，北京特殊教育师资队伍建设在发展中已有良好基础，但也面临建设新增、结构优化、专业提升、体系化运行等诸多新的需求与挑战。

二 发展现状

（一）特殊教育格局与队伍建设整体情况

1. 北京特殊教育发展格局

随着经济社会的发展和人民群众对教育需求的不断提升，北京特殊教育自新中国成立以来不断发展壮大。从最初的盲校、聋校，到20世纪80年代开始建设的培智学校，特殊教育学校的类型逐步拓展；从20世纪七八十年代开始的特教（辅读）班、随班就读，到21世纪推进的更高质量、更具专业支持保障的融合教育，逐步成为残疾儿童少年接受教育的主体形式；送教上门及远程教育的开展，使特殊教育体系更加完善；自20世纪90年代以来，市、区两级特殊教育中心的建设，更是为特殊教育的发展提供了关键的专业引领与指导。至此，北京特殊教育初步形成以教育行政管理为统领，以特殊教育中心为指导，以特殊教育学校为骨干，以融合教育为主体，以送教上门、远程教育等为补充的特殊教育发展格局。

2. 北京特殊教育队伍建设整体情况

北京特殊教育师资队伍建设伴随着特殊教育办学格局的发展不断丰富和完善。起初，师资主要为特殊教育学校教师；随着随班就读工作的推进，增加了特教（辅读）班、随班就读工作教师；随着融合教育的深入推进和专业支持保障体系的建设，逐步扩充了融合教育专业支持教师，包括普通学校特殊教育资源教师、巡回指导教师、融合教育支持教师等；送教上门工作的开展催生了送教上门教师；而特殊教育的深化发展及专业水平的提升，也催生出特殊教育（融合教育）教研员、相关专业教师（如康复师、行为矫正师、助教陪读教师等）等专业化教师。如今，北京正日益形成类型多样、需求匹配、专业度高、数量不断扩充、结构不断优化的特殊教育教师队伍。

2023年，北京有特殊教育学校20所，特殊教育学校教师1384人（其中专任教师1173人，约占84.8%）。[①] 在全市融合教育领域，各区均建有区级特殊教育中心，有教师76人、巡回指导教师100人；建成市级示范性孤独症教育康复训练基地14处，有教师314人；设有学区融合教育资源中心70余处，有教师177人；接收残疾儿童少年入学就读

[①] 《2023-2024学年度北京教育事业发展统计概况》，北京市教育委员会网站，2024年3月22日，https://jw.beijing.gov.cn/xxgk/shujufab/tongjigaikuang/202403/t20240321_3596738.html。

的普通教育学校1100余所，融合教育教师数万人。其中，普通学校特殊教育资源教师462人，送教上门教师256人，特殊教育专兼职教研员224人。① 全市特殊教育教师类型多样、体量增加、覆盖面广，是基础教育师资队伍的重要组成部分，在推进首都教育事业发展中发挥着独特而重要的作用。

（二）特殊教育学校教师队伍建设情况分析

1. 整体情况

北京特殊教育学校历经较长时间的发展与多次的调整，近十年来基本保持稳定。北京教育事业发展统计数据显示，2014年，全市有特殊教育学校22所，特殊教育班级327个，教职工1278人（其中专任教师966人，约占75.6%）；2023年，全市有特殊教育学校20所，特殊教育班级390个，教职工1384人（其中专任教师1173人，约占84.8%）。② 2014~2023年，北京特殊教育学校因新建及整合，数量由22所调整为20所；全市增加特殊教育班级63个（增幅19.3%），教职工增加106人（增幅8.3%），专任教师增加207人（增幅21.4%），专任教师所占比例提高9.2个百分点。这显示出全市特殊教育学校发展态势良好，教师队伍基本稳定，教师数量略有增长，结构不断优化。具体如表1所示。

表1 2014~2023年北京市特殊教育学校数、班数、教职工数及专任教师数

年份	校数（所）	班数（个）	教职工数（人）	专任教师数（人）
2014	22	327	1278	966
2015	22	327	1276	979
2016	22	321	1334	1036
2017	21	316	1272	993

---

① 北京市教育委员会，《〈北京市"十四五"特殊教育发展提升行动计划〉专项调研报告》，2022年3月。
② 《教育事业发展统计概况》，北京市教育委员会网站，https://jw.beijing.gov.cn/xxgk/shujufab/tongjigaikuang/。

续表

年份	校数(所)	班数(个)	教职工数(人)	专任教师数(人)
2018	21	312	1226	966
2019	20	321	1234	993
2020	20	344	1278	1044
2021	20	358	1291	1057
2022	20	362	1355	1121
2023	20	390	1384	1173

资料来源：《教育事业发展统计概况》，北京市教育委员会网站，https：//jw.beijing.gov.cn/xxgk/shujufab/tongjigaikuang/。

2. 性别比例情况

从性别情况看，全市特殊教育学校女性教职工占比较大。2014年，全市特殊教育学校教师1278人中，女性教职工为905人，[1] 占比70.8%；2023年，全市特殊教育学校教师1384人中，女性教职工为1070人，[2] 占比77.3%，十年间增长6.5个百分点。2023年，全市专任教师1173人中，女性教职工为942人，占比80.3%。具体如表2所示。

表2 2023年全市特殊教育学校教师性别比例情况

单位：人，%

总数	特殊教育教职工				专任教师			
	男性	占比	女性	占比	男性	占比	女性	占比
1384	314	22.7	1070	77.3	231	19.7	942	80.3

资料来源：《2023-2024学年度北京教育事业发展统计概况》，北京市教育委员会网站，2024年3月22日，https：//jw.beijing.gov.cn/xxgk/shujufab/tongjigaikuang/202403/t20240321_3596738.html。

---

[1] 《教育事业发展统计概况》，北京市教育委员会网站，https：//jw.beijing.gov.cn/xxgk/shujufab/tongjigaikuang/。
[2] 《2023-2024学年度北京教育事业发展统计概况》，北京市教育委员会网站，2024年3月22日，https：//jw.beijing.gov.cn/xxgk/shujufab/tongjigaikuang/202403/t20240321_3596738.html。

3. 在编情况

全市特殊教育学校以在编教师为主，少数学校通过教师人才库、临时聘用等方式聘用少量教师。2023年，全市特殊教育学校中95.2%的教师为在编人员，编外人员有66人，① 主要为部分区的教师人才库教师，具有教师资格证书，且相对稳定。具体如表3所示。

表3 2023年全市特殊教育学校教师编制情况

单位：人，%

合计	在编人员	比例	编外人员	专任教师		行政人员	教辅人员	工勤人员
				合计	在编人员			
1384	1318	95.2	66	1173	1121	88	91	18

资料来源：《2023-2024学年度北京教育事业发展统计概况》，北京市教育委员会网站，2024年3月22日，https://jw.beijing.gov.cn/xxgk/shujufab/tongjigaikuang/202403/t20240321_3596738.html。

4. 年龄结构情况

2023年，全市特殊教育学校专任教师中24岁及以下65人（占5.9%），25~29岁135人（占12.2%），30~34岁142人（占12.9%），35~39岁151人（占13.7%），40~44岁195人（占17.7%），45~49岁200人（占18.1%），50~54岁189人（占17.1%），55~59岁27人（占2.4%），60岁及以上0人。整体来看，全市特殊教育学校专任教师以中青年教师为主，各年龄段比例相对均衡。具体如表4、图1所示。

表4 2023年全市特殊教育学校专任教师年龄结构情况

单位：人

总数	24岁及以下	25~29岁	30~34岁	35~39岁	40~44岁	45~49岁	50~54岁	55~59岁	60岁及以上
1104	65	135	142	151	195	200	189	27	0

注：个别学校填报时分类不清，数据存在偏差。

资料来源：《2023-2024学年度北京教育事业发展统计概况》，北京市教育委员会网站，2024年3月22日，https://jw.beijing.gov.cn/xxgk/shujufab/tongjigaikuang/202403/t20240321_3596738.html。

---

① 《2023-2024学年度北京教育事业发展统计概况》，北京市教育委员会网站，2024年3月22日，https://jw.beijing.gov.cn/xxgk/shujufab/tongjigaikuang/202403/t20240321_3596738.html。

图中数据：

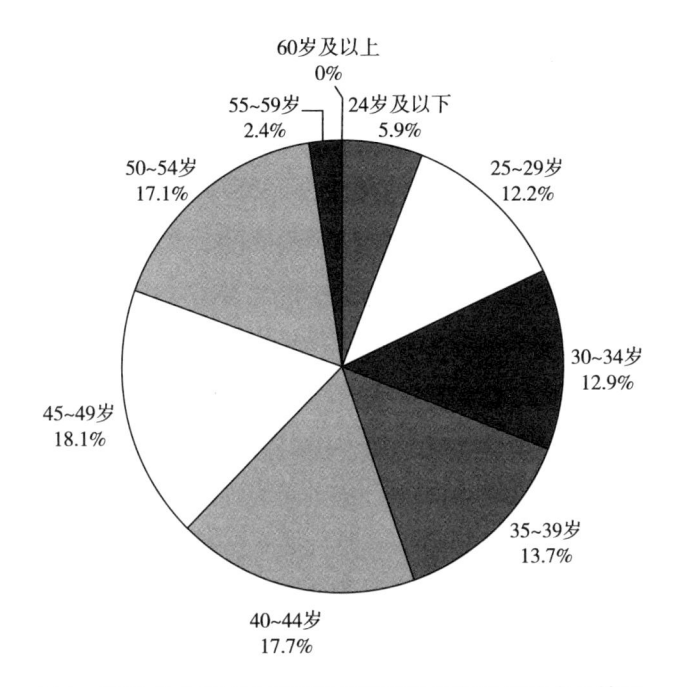

- 60岁及以上 0%
- 55~59岁 2.4%
- 50~54岁 17.1%
- 45~49岁 18.1%
- 40~44岁 17.7%
- 35~39岁 13.7%
- 30~34岁 12.9%
- 25~29岁 12.2%
- 24岁及以下 5.9%

图1　2023年全市特殊教育学校专任教师年龄结构占比情况

资料来源：《2023-2024学年度北京教育事业发展统计概况》，北京市教育委员会网站，2024年3月22日，https://jw.beijing.gov.cn/xxgk/shujufab/tongjigaikuang/202403/t20240321_3596738.html。

5. 学历结构情况

2023年，全市特殊教育学校专任教师中：博士研究生学历2人（占0.2%），硕士研究生学历91人（占8.2%），本科学历986人（占89.3%），专科学历25人（占2.3%），高中及以下0人。[①] 整体来看，全市特殊教育学校专任教师以本科学历为主，研究生学历占比接近1/10。具体如表5、图2所示。

---

① 《2023-2024学年度北京教育事业发展统计概况》，北京市教育委员会网站，2024年3月22日，https://jw.beijing.gov.cn/xxgk/shujufab/tongjigaikuang/202403/t20240321_3596738.html。

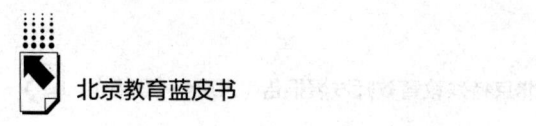

表5　2023年全市特殊教育学校专任教师学历结构情况

单位：人

总数	博士研究生	硕士研究生	本科	专科	高中及以下
1104	2	91	986	25	0

注：个别学校填报时分类不清，数据存在偏差。

资料来源：《2023-2024学年度北京教育事业发展统计概况》，北京市教育委员会网站，2024年3月22日，https：//jw.beijing.gov.cn/xxgk/shujufab/tongjigaikuang/202403/t20240321_3596738.html。

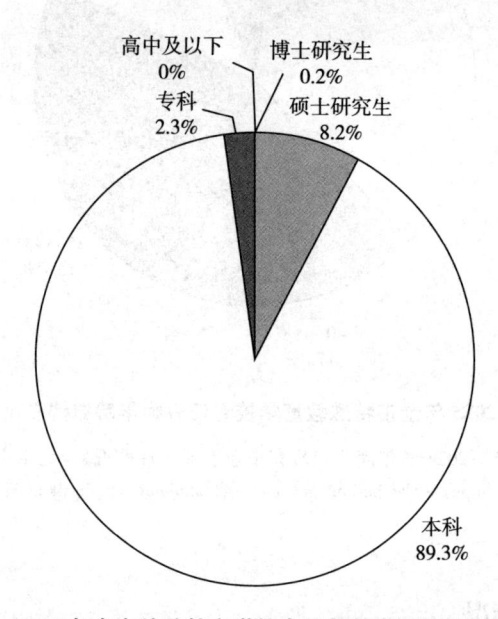

图2　2023年全市特殊教育学校专任教师学历结构占比情况

资料来源：《2023-2024学年度北京教育事业发展统计概况》，北京市教育委员会网站，2024年3月22日，https：//jw.beijing.gov.cn/xxgk/shujufab/tongjigaikuang/202403/t20240321_3596738.html。

6. 职称结构情况

2023年，全市特殊教育学校专任教师中：正高级3人（占0.3%），副高级219人（占19.8%），中级443人（占40.1%），助理级365人（占33.1%），员级12人（占1.1%），未定职称62人（占5.6%）。[①] 整体来看，

[①] 《2023-2024学年度北京教育事业发展统计概况》，北京市教育委员会网站，2024年3月22日，https：//jw.beijing.gov.cn/xxgk/shujufab/tongjigaikuang/202403/t20240321_3596738.html。

全市特殊教育学校专任教师职称结构以中级为主，高级职称占比还不算高，正高级教师数量较少，助理级和未定职称教师占比过高。具体如表6、图3所示。

表6 2023年全市特殊教育学校专任教师职称结构情况

单位：人

总数	正高级	副高级	中级	助理级	员级	未定职称
1104	3	219	443	365	12	62

注：个别学校填报时分类不清，数据存在偏差。
资料来源：《2023-2024学年度北京教育事业发展统计概况》，北京市教育委员会网站，2024年3月22日，https：//jw.beijing.gov.cn/xxgk/shujufab/tongjigaikuang/202403/t20240321_3596738.html。

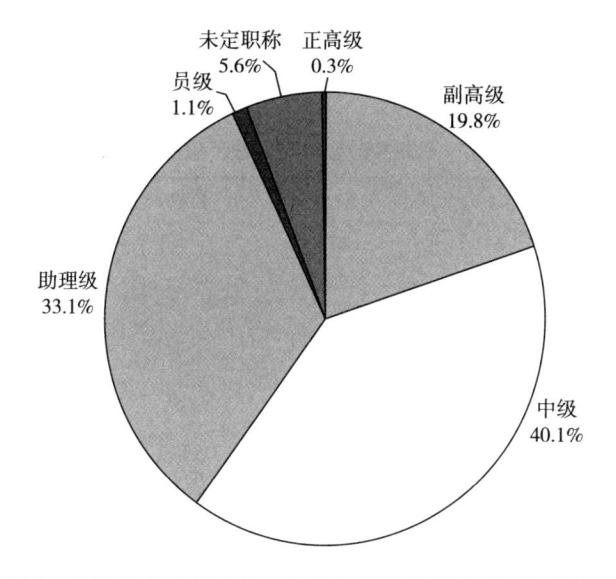

图3 2023年全市特殊教育学校专任教师职称结构占比情况

资料来源：《2023-2024学年度北京教育事业发展统计概况》，北京市教育委员会网站，2024年3月22日，https：//jw.beijing.gov.cn/xxgk/shujufab/tongjigaikuang/202403/t20240321_3596738.html。

7. 生师比情况

2023年，全市特殊教育学校教职工有1384人，在校学生有3435人，生师比为2.5∶1。其中，盲校（北京市盲人学校）生师比为1.3∶1，聋校

（北京启喑实验学校）生师比为1.0∶1，建有聋部的综合性特教学校（东城区特教学校）生师比为2.0∶1，培智学校生师比为1.6∶1~5.2∶1，各学校差别较大。

8. 各区分布情况

2023年，各区特殊教育学校因学校数量、学生数量不同，教师数量也存在差异。其中，海淀区有特殊教育学校2所（含市属学校1所），特殊教育班级90个，教职工342人（其中专任教师274人），体量位居第一；西城区有特殊教育学校2所，特殊教育班级53个，教职工249人（其中专任教师225人），体量位居第二；东城区有特殊教育学校2所，特殊教育班级31个，教职工125人（其中专任教师102人），体量位居第三。具体如表7所示。

表7　2023年全市特殊教育分区校数、班数、教师数情况

	校数（所）	班数（个）	教职工数（人）	专任教师（人）
东城区	2	31	125	102
西城区	2	53	249	225
朝阳区	1	27	86	74
海淀区	2	90	342	274
丰台区	1	13	43	41
石景山区	1	10	38	34
门头沟区	1	9	29	23
房山区	1	20	41	38
通州区	1	23	62	57
顺义区	2	27	92	68
昌平区	1	18	50	41
大兴区	1	20	34	29
怀柔区	1	11	36	35
平谷区	1	17	63	56
密云区	1	12	51	41
延庆区	1	9	43	35

资料来源：《2023-2024学年度北京教育事业发展统计概况》，北京市教育委员会网站，2024年3月22日，https://jw.beijing.gov.cn/xxgk/shujufab/tongjigaikuang/202403/t20240321_3596738.html。

总体上看，2023 年，北京市有特殊教育学校教师 1384 人，其中专任教师 1173 人，比"十三五"时期的专任教师 993 人增加 180 人（增幅 18.1%）；具有本科及以上学历的专任教师占比为 97.7%，比"十三五"时期的 95.0% 增长 2.7 个百分点，整体保持稳定及积极的发展势头。① 但在学校类型、各区分布、内部结构等方面还存在不充足、不均衡的现象。

（三）融合教育教师队伍建设的结构、类型与发展

1. 融合教育师资队伍的结构与类型

在多年随班就读工作的基础上，自 2013 年开始，北京市以《北京市中小学融合教育行动计划》为标志，全面推进融合教育的发展进程，更具保障、更具质量的融合教育发展推动首都特殊教育展现出新的发展态势和格局。随着各级融合教育专业支持服务实体的建设，北京市融合教育"初步形成了以市级特殊教育研究指导中心为引领、区级特殊教育中心为指导、市级示范性自闭症教育康复训练基地及学区特殊教育资源中心为支撑、普通学校资源教室为主体的融合教育四级专业支持体系"。②

聚焦融合教育学生需求，北京市在国内首次明确提出并推进融合教育"七支队伍"建设，构建了适应融合教育发展的专业师资队伍建设体系，开创了融合教育事业发展的人力资源新格局。③ 与融合教育事业发展及专业支持体系建设相匹配，各级不断加强融合教育师资队伍建设。市、区两级持续加强特教中心建设，配备特教教研员、巡回指导教师等，加强指导和引领作用；学区推进学区特殊教育资源中心建设，配备融合教育资源中心支持团队教师，开展专业支持和教科研工作；各学校配备资源教师；部分区、校通过

---

① 孙颖等：《北京市融合教育发展与实践》，载凌亢主编《中国残疾人事业发展报告（2020）——残疾人融合教育》，社会科学文献出版社，2020，第 230~231 页。
② 王善峰、孙颖：《北京市融合教育师资队伍建设发展历程、经验与重点任务》，《教师发展研究》2024 年第 3 期。
③ 王善峰、孙颖：《北京市融合教育师资队伍建设发展历程、经验与重点任务》，《教师发展研究》2024 年第 3 期。

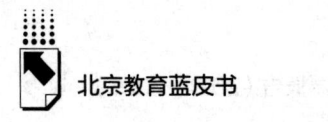

政府购买的方式引入陪读教师，补充了专业支持；市级孤独症教育康复训练基地也积极协调统筹配备相关人员，保障了基本运行及作用发挥。由此，与融合教育支持体系建设同步推进，全市逐步形成多层级、多类型、成体系的融合教育师资队伍结构。具体如图4所示。

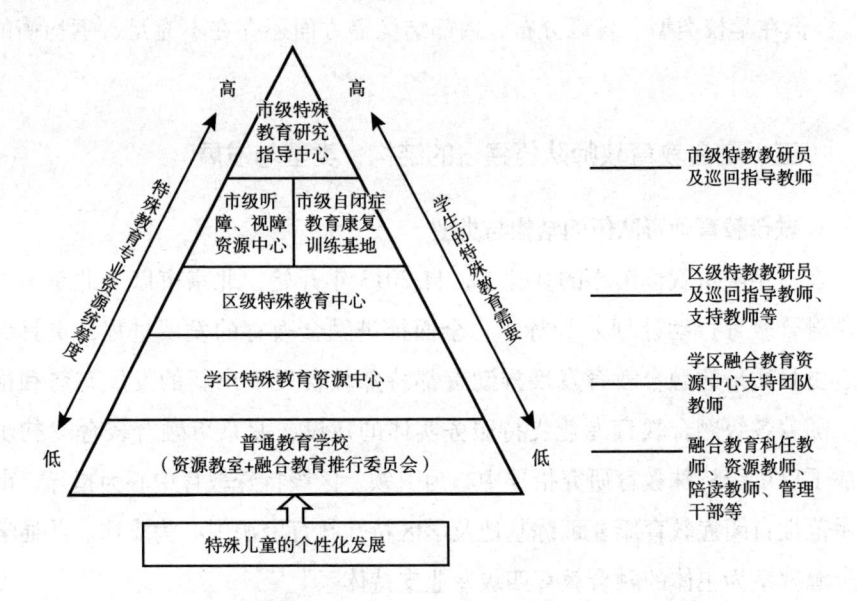

图4　北京市融合教育专业支持系统及师资队伍建设架构

资料来源：王善峰、孙颖：《北京市融合教育师资队伍建设发展历程、经验与重点任务》，《教师发展研究》2024年第3期。

2. 融合教育师资队伍建设情况

最新调查数据显示，2021年，全市融合教育领域有区级特教中心教师76人，巡回指导教师100人（其中专职53人，兼职47人），特殊教育（融合教育）教研员224人（其中专职13人，兼职211人），孤独症教育康复训练基地教师314人（其中专职0人，兼职314人），学区融合教育资源中心教师177人（其中专职9人，兼职168人），普通学校资源教师462人（其中专职68人，兼职394人）。整体来看，各级服务实体已配备相应专业人员，初步满足运行需求，但兼职比例较高，专业师资还显不足。具体如表8所示。

表8 2021年北京市融合教育各专业类型教师数量

单位：人

教师类型	分项	人数
区特教中心教师	编制数	48
	特教中心教师数	76
巡回指导教师	总数	100
	专职巡回指导教师数	53
	兼职巡回指导教师数	47
特殊教育（融合教育）教研员	总数	224
	专职教研员数	13
	兼职教研员数	211
孤独症教育康复训练基地教师	总数	314
	专职教师数	0
	兼职教师数	314
学区融合教育资源中心教师	总数	177
	专职教师数	9
	兼职教师数	168
普通学校资源教师	总数	462
	专职教师数	68
	兼职教师数	394

资料来源：北京市教育委员会，《2021-2022学年度北京教育事业发展统计概况》，2022年3月；北京市教育委员会，《〈北京市"十四五"特殊教育发展提升行动计划〉专项调研报告》，2022年3月。

与"十三五"时期相比，"十四五"时期的巡回指导教师数量相对稳定，普通学校资源教师增加95人，专职资源教师增加18人（2019年，全市有普通学校资源教师367人，专职资源教师50人），[①] 队伍专职化有所改善。

（四）送教上门教师队伍的发展情况

送教上门作为特殊教育的重要方式，对于保障重度残疾学生接受教育起到重要作用。最新调查数据显示，2021年，全市承担送教上门工作的教师

---

① 孙颖等：《北京市融合教育发展与实践》，载凌亢主编《中国残疾人事业发展报告（2020）——残疾人融合教育》，社会科学文献出版社，2020，第231页。

有286人。其中，特殊教育学校教师170人，占59.4%；普通教育学校教师86人，占30.1%；其他人员（政府购买服务的送教人员等）30人，占10.5%。① 顺义区、平谷区以普通教育学校教师送教为主；海淀区、大兴区通过政府购买服务的方式以第三方的教师送教为主；其余各区以特殊教育学校教师送教为主。整体来看，特殊教育学校教师为送教上门的主力人员，普通教育学校教师就近送教，为送教上门工作作出重要贡献。具体如图5所示。

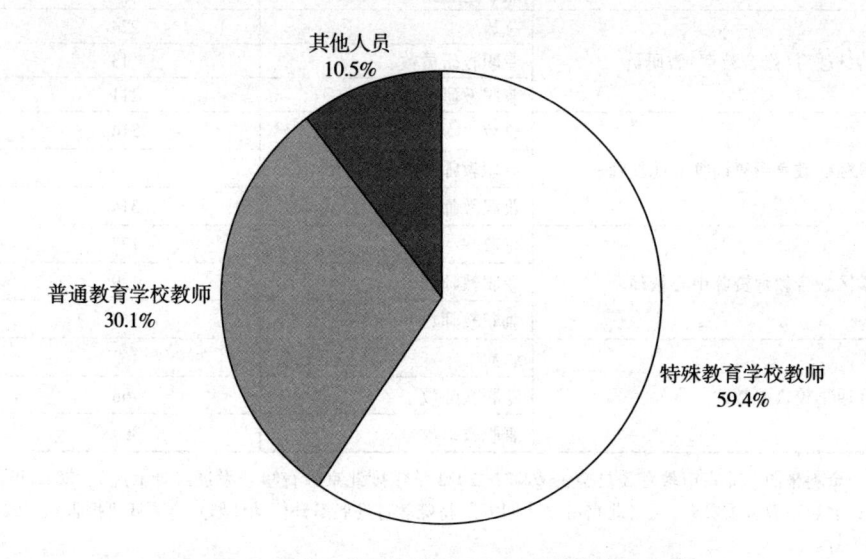

图5 2021年北京市承担送教上门工作的教师分布情况

资料来源：北京市教育委员会，《〈北京市"十四五"特殊教育发展提升行动计划〉专项调研报告》，2022年3月。

三 主要经验

（一）加强顶层设计，完善政策制度，注重引领保障

北京市"历来高度重视教师工作，始终坚持将教师队伍建设摆在突出

---

① 北京市教育委员会，《〈北京市"十四五"特殊教育发展提升行动计划〉专项调研报告》，2022年3月。

位置，不断健全完善教师队伍建设政策支持体系"，各级党委和政府坚持"从战略和全局高度充分认识教师工作的极端重要性，把全面加强教师队伍建设作为一项重大政治任务和根本性民生工程切实抓紧抓好"，① 在推进教育事业发展的进程中注重强化师资队伍建设的顶层设计，在政策文件中提出明确要求，提供实践引领和制度保障。

一是以"首善"标准贯彻落实国家政策要求，在师资队伍建设中同步推进特殊教育师资队伍建设。近年来，北京市在教师队伍建设方面，高标准贯彻落实教育部等部门联合颁布的《关于加强特殊教育教师队伍建设的意见》，教育部颁布的《特殊教育教师专业标准（试行）》，中共中央、国务院出台的《关于全面深化新时代教师队伍建设改革的意见》，教育部等八部门印发的《新时代基础教育强师计划》等文件要求，把包括特殊教育教师在内的教师队伍建设"作为教育事业发展的重中之重"② 并通过制度设计予以引领和保障。2018年9月，中共北京市委、北京市人民政府出台《关于全面深化新时代教师队伍建设改革的实施意见》；2018年10月，北京率先召开教育大会；2022年11月，中共北京市委教育工作委员会等十部门印发《北京市新时代基础教育强师计划实施方案》，明确提出"把教师队伍建设作为基础工作来抓"，分类指导，精准施策，建设高素质专业化教育人才队伍，③ 着力推动教师教育振兴发展，努力造就新时代高素质专业化创新型中小学（含幼儿园、特殊教育）教师队伍，为加快实现北京市基础教育高水平现代化提供强有力的师资保障。④

二是专门出台特殊教育政策文件，对特殊教育师资队伍建设作出规划部

---

① 《中共北京市委 北京市人民政府关于全面深化新时代教师队伍建设改革的实施意见》，北京市人民政府网站，2018年9月10日，https://www.beijing.gov.cn/zhengce/zhengcefagui/201905/t20190522_61502.html。

② 《中共北京市委 北京市人民政府关于全面深化新时代教师队伍建设改革的实施意见》，北京市人民政府网站，2018年9月10日，https://www.beijing.gov.cn/zhengce/zhengcefagui/201905/t20190522_61502.html。

③ 孙颖：《融合教育背景下特殊教育教师专业化培养》，华夏出版社，2022，第3页。

④ 《中共北京市委教育工作委员会等十部门关于印发〈北京市新时代基础教育强师计划实施方案〉的通知》，北京市人民政府网站，2022年12月3日，https://www.beijing.gov.cn/zhengce/zhengcefagui/202212/t20221203_2870774.html。

署。2013年，北京市人民政府办公厅印发《北京市中小学融合教育行动计划》，首次设立"特殊教育教师队伍建设工程"，对加强特殊教育教师队伍、巡回指导教师队伍、资源教师队伍、随班就读教师队伍、送教上门教师队伍等不同类型特殊教育师资队伍建设作出明确部署。[1] 2018年北京市教育委员会等部门印发的《北京市特殊教育提升计划（2017—2020年）》、2023年印发的《北京市"十四五"特殊教育发展提升行动计划》，均将特殊教育师资队伍建设作为重要内容提出要求，[2] 为持续推进建设高素质专业化特殊教育师资队伍提供了政策制度保障。

（二）强化需求响应，注重体系建设，持续优化结构

在推进特殊教育事业发展的过程中，北京市强调以人民为中心，以学生、教师、学校的需求为中心，积极回应各方需求，在政策制定、机制创建、平台建设、条件保障等多个方面给予响应和有针对性的建设。北京市以推进特殊教育优质均衡发展、切实保障学生的实际获得为目的，把特殊教育教师队伍建设作为重要途径和重要抓手，在积极推进特殊教育学校转型的同时，推动特殊教育教师转型及功能拓展。一方面，顺利平稳保障部分聋校（部）教师向培智教育转型，鼓励和支持部分教师向复合型教师发展，拓展补充了康复教师等专业类型教师；另一方面，培育和支持部分特殊教育学校教师走向融合教育支持，成为专职的融合教育支持教师，在推进融合教育的广阔战线上发挥了独特而关键的作用，成为融合教育专业支持中的重要力量。

为促进特殊教育优质均衡发展和教师专业发展，在特殊教育学校方面，北京市"16个区的17所特殊教育学校在2018年成立了以四所城区

---

[1] 《[已废止]北京市人民政府办公厅关于印发北京市中小学融合教育行动计划的通知（京政办函〔2013〕24号）》，北京市残疾人联合会网站，2013年4月25日，https：//www.bdpf.org.cn/n1508/n1509/n2637/c65555/content.html。

[2] 《北京市教育委员会等七部门关于印发北京市"十四五"特殊教育发展提升行动计划的通知》，北京市人民政府网站，2023年1月19日，https：//www.beijing.gov.cn/zhengce/gfxwj/202302/t20230208_2913298.html。

优质学校（东城、西城、朝阳、海淀）为引领的四个特殊教育联盟"，①通过研讨、交流、观摩、测评等方式，促进联盟学校协调、均衡发展。在教师队伍建设方面，北京市开展体验式培训，促进教师专业水平提升。在融合教育方面，北京市积极构建市、区、学区、学校四级教研体系，组建多个主题的融合教育教研组，贯通各级融合教育的教研与实践引领指导，将融合教育专业支持体系的骨干师资打造成集研、学、训、用等于一体的融合教育专业支持师资力量，并强化市级统筹，更大范围地发挥骨干力量的专业辐射作用，形成联系密切、专业互促的业务体系，有效满足了融合教育的需求。

（三）开展专业培训，增进研修结合，提升专业水平

为落实国家和北京市政策文件要求，全市对特殊教育教师持续开展专业培训，逐步形成市区校分级分类培训、多重模式协调并进的良好培训格局。市级主要开展特教教研员、巡回指导教师、专业类型教师等具有引领性的骨干师资力量培训；区、校主要开展全员培训和常规培训，以及基于特殊教育联盟的体验式培训、基于名师工作室的专业团队的培育等。例如，2022～2023年，市特教中心协同北京师范大学特殊教育学院，对北京市市级兼职特教教研员进行了110余课时专题培训，培训市级兼职特教教研员207人，覆盖全市16个区；② 2022年，面向全市特殊教育学校以线上方式组织了教育与康复专题培训，培训涵盖四大模块共13场，培训人数达3000余人次；2024年，落实市教委教师队伍建设年部署，启动特殊教育校长"引领启航工程"，对特殊教育学校书记、校长等正职干部进行专项研修培训。③ 市特教中心还协同北京语言大学、北医六院等驻京高校、科研机构开展语言康

---

① 孙颖：《融合教育背景下特殊教育教师专业化培养》，华夏出版社，2022，第213页。
② 《北京市2022年特殊教育兼职教研员及专职巡回指导教师、特教管理干部系列培训圆满结业》，北京教育科学研究院网站，2022年10月18日，https://www.bjesr.cn/ywbm/tsjy/gyzx/2022-10-18/51064.html。
③ 《北京市启动特殊教育校长"引领启航工程"》，人民网，2024年6月21日，http://edu.people.com.cn/n1/2024/0621/c1006-40261664.html。

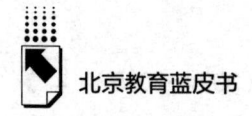

复、孤独症教育训练等专项培训。这些培训，有针对性地提升了特殊教育教师队伍的专业化程度。

市、区两级积极推进特殊教育教师与特殊教育教研、特殊教育联盟发展的协同互动，将培训、教研与实践观摩交流相结合，有力地促进了培训理念与技能的实践转化与传导。同时，注重特殊教育教师培训研修平台的搭建，充分利用信息技术，建设了北京市特殊教育研修平台，推进线上与线下相结合，极大拓展了研修的空间，扩大了培训研修辐射范围。以特殊教育学校教师为例，2022年专任教师1121人中，接受过专业教育培训的有1055人，占比为94.11%，近乎实现全覆盖。①

（四）研制标准规范，加强规范建设，增强工作实效

针对特殊教育教师类型不断拓展、工作特点及专业需求不尽相同的现状，以北京教育科学研究院北京市特殊教育研究指导中心为统领，整合相关专业研究力量，2018年研制并在市教委主管处室的指导下下发了《北京市特殊教育服务实体专业标准（试行）》，对各类专业师资的专业标准进行了规范。依托"十三五"市教育规划优先关注重点课题形成研究成果《融合教育背景下特殊教育教师专业化培养》，对特殊教育专业教师培养机制建立、多个类型特殊教育专业教师素养标准构建等做了理论探讨与研究，对特殊教育专业教师的专业素养现状、专业发展需求等做了全面而深入的调查与分析，并基于研究提出了特殊教育专业教师培养的内容、方式等，为北京市乃至全国推进特殊教育教师专业化发展提供了标准规范参考。

同时，结合政策文件的实施，适时开展检查、评估、验收工作，以评促建，开展了资源教室、特殊教育服务实体、特殊教育提升计划实施情况等多项检查、评估工作，均注重对师资队伍的评估，极大促进了相应的专业师资配备和专业水平提升。

---

① 北京市教育委员会，《2022-2023学年度北京特殊教育事业发展统计概况》，2023年2月。

（五）加强资源配套，注重成果推广，促进优质均衡

在特殊教育事业发展及师资队伍建设过程中，基于需求导向，注重资源系统建设，不断扩充师资队伍数量、优化队伍结构、提升专业水平。出台并落实特殊教育学校办学条件标准，优化师生比；政策文件允许学校通过政府购买服务的方式补充师资力量；同时大力加强师资队伍专业水平提升所需要的工具资源、数据资源、平台资源、课程资源和其他综合资源建设。例如，为融合教育教师工作研制了《北京市普通中小学特殊需要学生初筛量表》《情绪行为问题评估与正向行为支持量表》等配套工具及常模标准，研制融合教育课堂教学质量评价指标及课堂教学策略，为融合教育开展提供了科学参考；开发了北京市特殊教育教师研修系统、备案学生信息通报系统和支持服务系统，积极利用信息技术赋能师资队伍建设；提供优秀教学案例集、融合教育案例集、融合教育教学设计模板等课程教学资源，极大提高了融合教育教师工作的专业化程度。

（六）落实条件保障，破解发展瓶颈，支持专业发展

北京市注重落实特殊教育教师待遇，在政策文件中明确提出并推进落实特殊教育教师、资源教师享受特殊教育津贴，融合教育教师享受随班就读工作补助。同时，明确提出在评优、评先、奖励表彰等方面向特殊教育教师倾斜，为特殊教育教师提供了有利的条件保障。部分区还单设相关奖励机制，以鼓励和保障融合教育教师的工作，如东城区按照每生每年1.2万元的标准为融合教育教师发放融合教育补贴；丰台区设立"春晖"行动，连续多年每年投入数十万元经费，为融合教育教师提供专项补贴。市、区、校联动，支持特殊教育教师专业发展。例如，多个区支持教师考取BCBA资质，海淀区组建特殊教育名师工作室推进专业团队建设，顺义区支持教师外出接受专业培训。这些举措为特殊教育教师专业发展提供了有利保障。

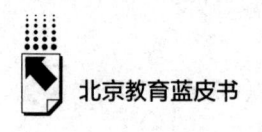

四 现实挑战

(一) 特殊教育学校发展与师资队伍建设的需求与挑战

面对新的发展形势和需求，北京特殊教育办学格局依然在急剧变化发展中。一是特殊教育学校推进十五年制建设，使特殊教育学校从提供义务教育快速拓展到同时提供学前教育、职业教育以及高中教育，这既对办学基础设施设备提出了新的需求与挑战，也对师资队伍的数量、结构及专业化程度提出了需求与挑战。二是特殊教育学校学生残疾程度日益加重，多重障碍学生数量增多，生源变化带来的专业类型师资出现缺口，如康复师、行为矫正师、重度及多重障碍学生教育的专业师资等。三是结构性不足现象突出，少数学科师资还比较缺乏。四是立足首都特殊教育高质量发展，高级职称教师所占比例还需提高，在全国发挥专业引领作用的领军型师资力量还亟待加强。

(二) 融合教育发展与师资队伍建设的需求与挑战

融合教育发展是北京特殊教育的重要方向。融合教育的发展及融合教育专业支持体系的建设目前存在以下几个方面的问题。一是特教教研员、巡回指导教师、学区融合教育资源中心支持团队教师等多个类型的师资还存在一定缺口，市、区两级特教教研员配备尚不足；二是特教教研员、巡回指导教师、资源教师、学区融合教育资源中心支持团队教师等各类型师资力量的专职化比例还不高；三是融合教育教师素养及能力还需持续提高，需要更广泛、更深入、更有质量地开展常态化研修及提升；四是融合教育师资专业发展、职业发展的途径及保障机制还亟待强化。

(三) 送教上门工作发展与师资队伍建设的需求与挑战

送教上门是北京特殊教育的重要形式之一。当前政策的整体导向是控制送教上门的规模和比例，尽量保障学生到校就读接受教育。但限于特殊教育学校建设、学生及家庭情况的多样性，短期内送教上门还会在一定比例和时间内存在。相对于需求来说，送教上门的教师数量还显不足，特殊教育能力及送教的质量还有待进一步提升。

（四）条件保障与师资专业、职业发展的需求与挑战

条件资源是师资专业、职业发展的重要保障。在新发展形势下，条件资源面临多方面的需求与挑战。一是专职化保障问题。在特教教研员、巡回指导教师、资源教师等关键岗位配备专业人员，这在整体事业发展需要控制人员数量的大背景下是一项极大的挑战。二是待遇及专业发展条件保障的进一步改善。目前，特殊教育津贴、补助等额度较低、占比较低，在职称评定、工作量核定等方面仍普遍存在薄弱环节。

五 建议与展望

教师是"教育发展的第一资源"[①]，"特教要发展，师资须先行"[②]。2024年8月，中共中央、国务院印发《关于弘扬教育家精神加强新时代高素质专业化教师队伍建设的意见》，将教师队伍建设提高到新的战略高度。推进特殊教育事业发展，同样需要高素质专业化的教师队伍建设。

（一）持续加强政策与制度建设，做好顶层设计与政策支持

2025年，是"十四五"与"十五五"衔接的关键一年，是《"十四五"特殊教育发展提升行动计划》收官、新的政策文件酝酿出台之年。在这个时间节点，基于三期"提升（行动）计划"的良好发展基础，开展全面调

[①] 《中共中央 国务院关于全面深化新时代教师队伍建设改革的意见》，教育部网站，2018年1月31日，http://www.moe.gov.cn/jyb_xwfb/moe_1946/fj_2018/201801/t20180131_326148.html。

[②] 王雁等：《中国特殊教育教师培养研究》，北京师范大学出版社，2012，第3页。

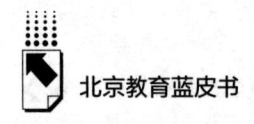

研，对特殊教育发展作出新的规划。落实中共中央、国务院相关文件精神和要求，进一步凸显师资队伍建设的战略地位，在加强师资配备、专业化培养、平台建设、条件保障等方面提出新的要求和制度保障，做好高质量发展的人力资源支撑，特别是立足首都功能定位，大力弘扬教育家精神，培育培养特殊教育的"大先生"。

（二）不断优化结构，充实数量，加强专职化建设，持续提升专业水平

相关研究指出，面对新形势发展需求，北京市优质特殊教育专业教师资源还"亟须进一步提高特殊教育专业教师的专业知识和专业能力，扩充高素质特殊教育教师队伍，提升特殊教育专业教师专业素养，促进特殊教育保障提质升级"，提出了"进一步落实特殊教育专业教师的师资配备，加大资源教师和巡回指导教师专职比例""进一步完善特殊教育专业教师培养机制""不断提升特殊教育教师专业发展活动质量""持续关注特殊教育专业教师的工作状态""关注信息技术在特殊教育专业教师培养中发挥的重要作用"。[①] 除此之外，根据特殊教育发展态势，还需要不断优化结构，增配康复师、行为矫正师、部分学科教师等专业类型教师，保障队伍建设的完备性。

（三）积极探索特殊教育领域用人机制，增强市、区统筹与系统联动

响应教育整体改革发展，积极探索特殊教育领域用人机制，盘活现有资源，根据特殊教育发展态势灵活调整教师专业类型的分布及功能发挥，增强市、区统筹与系统联动，在更大范围发挥骨干教师的专业引领作用。

（四）进一步加强资源建设及条件改善，为高素质专业化教师队伍健康发展提供坚实保障

进一步加强资源建设，特别是信息化平台、教育教学资源库、优秀教

---

① 孙颖：《融合教育背景下特殊教育教师专业化培养》，华夏出版社，2022，第284~286页。

育教学案例库等资源，为特殊教育教师提供丰富资源；加大力度支持特殊教育教师专业进修，将相关机会向非核心城区学校倾斜，进一步推进师资队伍的优质均衡发展；进一步提高特殊教育教师待遇保障，增强对特殊教育教师的人文关怀，加强榜样宣传和舆论宣导，让特殊教育教师成为拥有职业尊严和职业荣誉的教师岗位，鼓励和吸引更多优秀教师从事特殊教育。

参考文献

凌亢主编《残疾人蓝皮书：中国残疾人事业发展报告（2020）——残疾人融合教育》，社会科学文献出版社，2020。

王雁等：《中国特殊教育教师培养研究》，北京师范大学出版社，2012。

孙颖：《融合教育背景下特殊教育教师专业化培养》，华夏出版社，2022。

王善峰、孙颖：《北京市融合教育师资队伍建设发展历程、经验与重点任务》，《教师发展研究》2024年第3期。

B.5 北京特殊教育学校智慧校园建设发展报告（2024~2025）

杨希洁　刘洪沛[*]

摘　要： 为推动首都特殊教育数字化转型、探索数字教育助力特殊教育学校高质量发展，调查组编制了《北京市特殊教育学校智慧校园建设情况调查表》，并对北京市17所特殊教育学校进行调查。调查发现，这些学校的智慧校园建设呈现四大特点：一是智慧校园环境建设具备一定基础，但满足残疾学生需求的学习终端设备、智慧教室相对较少；二是为教师开展智慧教学和管理的服务较好，但为学生提供的教育资源、跨校教育资源共享不足；三是学校领导和信息管理员具备一定专业素养，但是普通教师信息化素养有待提升；四是信息安全管理意识比较强，但安全系统建设有待加强。基于此，本报告最后提出了进一步加强智慧校园基础设施建设，由特教教科研部门牵头促进教育资源共享，将教师信息化素养列为在职培训重要内容，通过督查方式加强信息安全环境建设等对策建议。

关键词： 特殊教育学校　智慧校园　北京

科技与教育的深度融合，促使教育数字化转型日益成为深入推进教育现代化与高质量发展的重要牵引力量。党的二十大报告明确要求"推进教育数字化"，昭示教育数字化转型迈上新台阶。智慧校园是教育数字化转型的

---

[*] 杨希洁，博士，中国教育科学研究院副研究员，主要研究方向为孤独症早期干预、融合教育课堂教学策略等；刘洪沛，博士，北京邮电大学人文学院讲师，主要研究方向为教育信息化、特殊教育信息化等。

重要途径之一，指以物联网、虚拟现实、大数据等信息技术为基础创建的集工作、学习和生活于一体的校园智慧环境。① 2021年，教育部在《关于推进教育新型基础设施建设构建高质量教育支撑体系的指导意见》中，将智慧校园列为教育新型基础设施建设的重要组成部分。② 2023年4月，北京市召开数字教育大会，正式发布了《北京市中小学智慧校园建设规范（试行）》（以下简称《智慧校园规范》）和《北京市高等学校智慧校园建设规范（试行）》，明确提出以这两份文件为引领，在政策供给、经费保障、标准支撑、资源共享等方面支持北京市数字教育发展，并对照文件提出的建设标准遴选出100所智慧校园建设示范校。③

北京市历来重视以新技术赋能特殊教育改革，《北京市"十四五"特殊教育发展提升行动计划》将特殊教育学校的智慧校园建设列为"促进信息技术与特殊教育深度融合创新发展"的具体举措之一。④ 为促进首都教育数字化转型、探索特殊教育数字教育新机制，调查组编制了《北京市特殊教育学校智慧校园建设情况调查表》，对北京市特殊教育学校智慧校园建设基本情况进行调查，旨在评估当前智慧校园建设的基本情况，发现存在的问题，并提出改进建议。

一 调查对象与方法

（一）调查对象

对北京全域的20所特殊教育学校发放问卷，最后收回了17所学校的答

---

① 翟小宁、刘红梅、张才明：《我国智慧教育体系及其机理研究》，《课程·教材·教法》2023年第1期。
② 《教育部等六部门关于推进教育新型基础设施建设构建高质量教育支撑体系的指导意见》，教育部网站，2021年7月20日，http://www.moe.gov.cn/srcsite/A16/s3342/202107/t20210720_545783.html。
③ 《2023北京数字教育大会召开，发布智慧校园建设规范》，中国教育在线网站，2023年4月23日，https://www.eol.cn/news/yaowen/202304/t20230423_2382900.shtml。
④ 《北京市教育委员会等七部门关于印发北京市"十四五"特殊教育发展提升行动计划的通知》，北京市人民政府网站，2023年1月19日，https://www.beijing.gov.cn/zhengce/zhengcefagui/202302/t20230208_2913298.html。

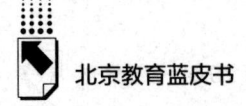

卷，特殊教育学校参与率为85.0%。参与答卷的学校分别是：北京市怀柔区培智学校、北京市房山区特殊教育学校、北京市丰台区培智中心学校、北京市顺义区特殊教育学校、北京市延庆区特殊教育中心、北京市门头沟区特殊教育学校、北京市平谷区特殊教育中心、北京市西城区培智中心学校、北京市东城区特殊教育学校、北京启喑实验学校、北京市昌平区特殊儿童教育学校、北京市盲人学校、北京市石景山区培智中心学校、北京市健翔学校、北京市密云区特殊教育学校、北京市朝阳区安华学校、北京市大兴区特殊教育中心。

（二）调查工具研制

1. 核心政策和智慧校园评价指标分析

在调查工具的研制过程中，深入开展了与信息化教育、智慧校园建设相关的政策、评价指标体系的研究。《智慧校园总体框架》为智慧校园的建设提供了基本框架和指导原则，明确了智慧校园的定义、基本功能和实施路径，为后续的调查提供了理论依据；《北京市"十四五"时期智慧城市发展行动纲要》为北京市智慧城市建设提供了战略方向和具体目标，对特殊教育学校在智慧校园建设中的角色定位有重要参考价值；《北京教育信息化"十四五"规划》明确了北京市在教育信息化方面的发展目标和实施策略，为特殊教育学校的智慧校园建设提供了政策支持。其中最重要的一份文件是《智慧校园规范》，它是针对北京市中小学智慧校园建设制定的指导性文件，对特殊教育学校智慧校园建设具有直接的指导意义，因此成为此次调查工具评价维度和具体指标设计的重要参考依据。

2. 调查表的编制

在核心政策和智慧校园评价指标分析的基础上，组织了来自教育信息化领域、特殊教育及政策研究领域的10名专家，通过多轮讨论，征集专家对智慧校园建设指标以及指标权重系数的观点，最终确定以《智慧校园规范》为基础，设计《北京市特殊教育学校智慧校园建设情况调查表》初稿。

在调查表初稿完成后，课题组选择了2所特殊教育学校进行试点调研和访谈。在试点学校中，研究团队对调查表进行了实际应用，观察学校的智慧校园建设情况，记录了具体细节，并与相关工作人员进行交流，深入了解他们在使用调查表过程中的体验和反馈，对调查表的题目进行了调整和修改，使其具体评价内容更能反映特殊教育教学的特点，更贴近特殊学生的发展需求。

根据试点调研结果对调查表进行调整之后，调查组再次组织了5名专家审读调查表，进一步提升调查表的适用性和有效性，最终形成了北京市特殊教育学校智慧校园建设的评价指标体系。该体系的9个维度和相应的权重系数分别是：智能环境（10分）、应用融合创新（20分）、学校教育数据及应用（10分）、互联网服务及应用（16分）、数字素养与技能（10分）、保障及运行服务（10分）、数字资源（10分）、信息安全与可信环境（6分）、信息化特色发展（8分）。在这9个维度之下，又设了54个反映特殊教育学校智慧校园建设特点的指标。

（三）调查方法和数据分析

通过线上方式，课题组将问卷发放给北京市特殊教育学校。从17所学校的反馈来看，问卷填写态度认真，答案有效，因此17所学校数据均纳入最终分析。在"调查结果分析"中出现的百分比数值，其分母是"17"，而不是"20"。除了问卷调查，调查组还针对某些项目的填答情况对部分学校教师进行了电话访谈，一是确认问卷的填写情况，二是进一步了解相关情况的原因。

二 北京特殊教育学校智慧校园建设现状

（一）智慧校园建设总体得分情况

从图1看，得分最高的学校获得82.0分，最低的学校仅获得15.0分，平均得分为42.8。1~8号学校属于城六区①的学校，平均得分为50.0分，

---

① 根据《北京城市总体规划（2016年—2035年）》的规定，城六区包括东城区、西城区、朝阳区、海淀区、丰台区和石景山区。此次调查将北京特殊教育学校按所在区域划分为城六区学校和非城六区学校。

得分最高的学校也出现在城六区；9~17号学校属于非城六区的学校，平均得分为36.5分，而且3所得分最低的学校均属于非城六区。这表明在智慧校园整体建设水平上，城六区学校和非城六区学校存在比较显著的差异。经访谈得知，非城六区学校智慧校园整体建设水平偏低，与当地整体经济、教育发展情况密切相关。例如10、13号学校所在区域，相关部门在推进教育信息化建设上力度相对较小，学校推进智慧校园建设缺少政策的支持和经费的保障。

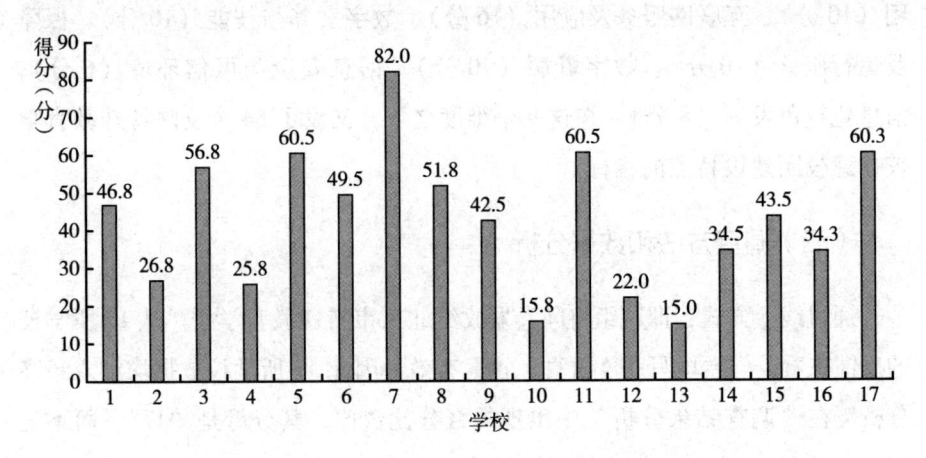

图1 北京市17所特殊教育学校智慧校园建设情况

（二）智慧校园建设分维度发展情况

1. 智能环境

（1）高性能设施建设

在《关于推进教育新型基础设施建设构建高质量教育支撑体系的指导意见》中，提出"千兆到校、百兆到班"的建设要求。数据显示，北京市特殊教育学校互联网接入率达到100.0%，且全部以光纤接入为主。其中，进校接入带宽1000兆及以下的学校占比为17.6%，最低的1所学校为200兆；进校接入带宽为1000~2000兆的学校占比为70.6%；进校接入带宽超过2000兆的学校占比为11.8%，带宽最大的学校达到4000兆。在进班接入带宽方面，16所学校的进班接入带宽超过100兆，但仍有1所学校的接入量为0，这意味着该校在教室区域未覆盖互联网服务。

校园网是指在学校校园内基于先进网络技术与设备构建的局域网络系统，旨在通过高效连接校内的计算机与子网，集成各类软件资源，全面服务于教学、科研、管理、信息共享及远程教学等领域。从有线和无线校园网覆盖的情况来看，特殊教育学校有线和无线校园网的全覆盖率仅为58.8%，未完全覆盖率为41.2%。

学校是否具有独立或共享的计算能力和存储空间，代表该校在数字化教育资源的使用和管理上是否具备基本的硬件支持。截至2023年，具有独立或共享计算能力和存储空间的学校占比为52.9%，不具备的占比为47.1%，这说明北京市部分学校在计算能力和存储空间方面未能跟上发展步伐。

（2）普适性数字终端环境建设情况

在学校为教师配备办公用计算机方面，特教学校师机比均达到1∶1及以上，这表明在教师的办公设施方面，北京市特殊教育学校基本达到了数字化办公的标准。

在学校为学生配备学习用的终端设备方面，电脑是配备覆盖率最高的设备（85.7%），随后是平板（57.1%），电子墨水屏、手写笔和其他设备的覆盖率均是21.4%。根据北京市各校学习终端的配置情况，进一步调查了学习终端配备是否满足学生的学习需求。数据表明，学习终端配备完全满足学生学习需求的学校占比为47.1%，而未能满足的学校占比为52.9%，这反映了特殊教育学校学习终端设备配置在数量、种类和适应性方面尚存在不足。

在公共服务区域（走廊、图书馆、活动室、行政楼等）为师生提供信息化公用终端，是打造普适性数字终端环境的重要组成部分。35.0%的学校在公共服务区域完全没有配备信息化公用终端，这意味着这些学校在推动信息化环境的普及和教学资源共享方面可能面临一定困难。电子屏是在已配置学校中配备率最高的设备（72.7%），随后依次是PC机（45.5%）、电子班牌（18.2%）、触控一体机（9.1%）。可以说，电子屏和PC机是学校最常用的数字化资源展示和教学支持工具。

(3) 创新体验教室环境建设情况

建设符合特殊学生发展需求的智慧教室或技术赋能新型专业教室，对于打造创新型教学环境具有重要意义。在此次调查中，智慧教室是指能够全程采集教学与学习行为数据的教室，采集数据可以反映学生的参与度、学习进展、情感状态、互动反馈等信息；技术赋能新型专业教室是指不一定能够全程采集教学和学习行为数据，但能提供多样化信息化资源，以帮助教师和学生开展学习或康复活动的教室。北京目前只有11.8%的学校建设了智慧教室，67.4%的学校建设了技术赋能新型专业教室。在已经建立技术赋能新型专业教室的学校中，促进学生动作、感知觉、认知、言语、社会交往、心理健康等身心发展的数字化干预康复教室出现的概率最高（83.3%），其次是促进学生掌握劳动技能、参与生产实践的数字化社会实践教室（66.7%），最后是数字化创作教室（50.0%）。

(4) 物联化智能新场景建设情况

校园智能卡系统作为学校物联网建设的重要组成部分，能够与校园内的其他智能设备进行互联互通，如智能门禁、监控系统、智能教具等。高达76.5%的特殊教育学校尚未使用校园智能卡系统。虽然校园智能卡系统具有多项潜在的应用优势，但在特殊教育学校的普及率依然较低。这可能是成本过高、技术支持不足，或是对新技术采纳存在犹豫所导致。使用校园智能卡系统的学校主要将其运用于基础管理功能上，如门禁和考勤。

学校配置智能化无障碍设施设备对于特殊教育学校在推动信息化、物联化和智能化环境建设方面起到了重要的作用。但目前结果显示，高达94.1%的特殊教育学校未配置智能化无障碍设施设备，仅有北京市盲人学校配置了智能化无障碍设施设备，包括文字语音转换器、智能导盲系统、无障碍自助服务机等。

(5) 智慧安全建设

学校部署综合安防平台对于特殊教育学校而言不仅是提升物理安全的手段，更是智慧校园构建中重要的一环，它涵盖了从预防、响应到事后处理的全过程，为特殊教育学校创造了一个更安全、更智能的学习和教学环境。数据显示，参与调研的学校均部署了综合安防平台。在具体使用功能上，校园视频监控的出现率达到100.0%，随后依次是紧急广播与疏散（64.7%）、消防报警（64.7%）、治安防范（58.8%）、食品安全（47.1%）、出入控制（35.3%）。这可能反映出学校对物理安全的关注更多，而在日常管理和健康安全方面的智能化投入略显不足。

智能型安防系统联动部门的配置在智慧安全建设中占据重要位置。在参与调查的17所学校中，有1所学校尚未部署智能型安防系统联动部门。在其他16所关联了其他部门的学校中，同时联动了教育行政部门和公安部门的学校所占比例最高（52.9%），其次是仅联动公安部门的学校（35.29%），而只联动了教育行政部门的学校有1所。

2. 应用融合创新

（1）智慧管理建设

学校应用好国家、地方（含省、市、县）统一建设的信息系统有助于推动特殊教育学校在教育教学中将信息和教育教学、管理等深度融合。一半左右的学校已应用了统一建设的信息系统。在已应用的学校中，应用区级系统的比例最高（23.5%），其次是国家级系统（17.7%），应用市级系统的学校仅有1所。

多系统单点登录与移动情景运用的实施情况，以及校园门户网站的配置情况，是特殊教育学校在应用现代信息技术工具方面的两个关键统计指标。在多系统单点登录方面，近1/4的学校实现了这一智慧管理运用。在校园门户网站配置方面，1/3的学校配置了校园门户网站。考虑到这两个指标对学校的资源配置、技术支持要求相对较高，可以说目前特殊教育学校已经具备了智慧管理的意识并开始应用。

（2）智慧教学建设

学校为教师提供同步课程资源、专题性素材等网络教学平台是智慧教学建设的重要组成部分。目前仍有1所学校没有为教师提供网络教学平台，在其余16所为教师提供网络教学平台的学校中，52.9%的学校使用2个平台，35.3%的学校使用3个及以上的平台，这说明学校倾向于提供多个资源以更全面地满足教学和学习需求。在学校使用的各个平台中，国家中小学智慧教育平台使用率最高，达到76.5%；其次是北京市特殊教育平台（64.7%），这两个平台是教师首选的主要平台。约35.3%的学校选择购买市场上的平台，如学习通、学科网等，而自主研发的平台使用率较低，仅有1所学校在使用。这可能反映出购买成熟的市场解决方案相比自主研发来说更为经济高效，而自主研发的平台可能需要更多的资源和技术支持。

智慧教学还包括另外两个重要指标。一是教师利用信息技术对教学对象、教学资源、教学活动、教学过程进行有效管理和评价。数据显示，3/4的学校提到教师利用信息技术进行教学管理和评价，这表明学校基本具备了运用信息技术开展教学评价的意识和能力。二是教师根据学生需求构建个性化网络教学空间，为学生提供个性化、专业化教学资源和教学应用服务。数据显示，仅1/5的学校提到教师做到了这一点，这可能与目前特殊教育学习资源建设不足有关。

（3）智慧学习建设

教师指导学生使用适合他们能力和需求的网络学习平台，有利于学生运用现代信息技术获得适宜其学习的路径和资源。数据显示，仅有2所学校的教师指导学生使用适合他们能力和需求的网络学习平台，包括自主研发的科研平台和国家智慧教学平台。47.1%的学校目前没有指导学生使用平台，此外，41.2%的学校认为本校学生不具备使用网络学习平台的能力。

信息技术课程也是智慧教学的重要组成部分。相关课程不仅为学生提供了理解和利用现代技术的基础，还能够促进他们在学习和日常生活中更有效地使用这些技术。参与调研学校的信息技术课程的开设率达到100.0%，绝大部分学校仅开设1门信息技术课程。北京启喑实验学校是唯一一所开设了多门信息技术课程的学校，包括信息技术基础、PhotoShop、会声会影、VB编程、计算机等级考试等多门课程，该校主要招收聋生，这些课程可以帮助聋生更好接受职业教育或高等教育。

（4）智慧评价建设

利用信息技术对学生开展综合素质评价是开展特殊教育信息化智慧评价

建设的关键。数据显示，29.4%的学校尚未利用信息技术开展评价。在已经利用信息技术开展学生评价的学校中，首先是"能记录和保存过程性评价和结果性评价数据"的学校，占比为100.0%；其次是"具备数据分析功能，从多个维度分析学生发展情况"的学校，占比为58.3%；最后是"以清晰、直观的图表形式呈现评价结果"的学校，占比为50%。

利用信息技术开展教师评价是智慧评价的另一重要指标。数据显示，41.2%的学校尚未开始利用信息技术开展评价。与学生评价情况相比，学校在利用信息技术开展教师评价方面更弱。在已利用信息技术开展教师评价的学校中，首先是"能记录和保存教师重要的教学行为"的学校，占比为100.0%；其次是"具备数据分析功能，从多个维度分析教师教学情况"的学校，占比为50.0%；最后是"以清晰、直观的图表形式呈现评价结果"的学校，占比为30.0%。其中，北京市大兴区特殊教育中心、北京市健翔学校、北京市丰台区培智中心学校等3所学校达到了上述3个方面的评价标准。

（5）智慧教研和科研建设

教研实效性指的是教育研究活动在提升教学质量和教育成效方面的实际成效和效率，是智慧教研和科研建设的重要组成部分。17所特殊教育学校均使用了信息技术提高教师教研的实效性。其中，利用信息技术开展教师校本教研是出现率最高的项目，占比为82.4%；随后依次是网络研修（76.5%）、网络听评课（70.6%）、跨校跨区教研交流（58.8%）、校本课题管理（41.2%）、专家引领（35.3%）、名师工作室（29.4%）。这些数据揭示了信息技术在特殊教育学校教研活动中的广泛应用和重要作用，特别是在促进教师之间的协作、提供专业发展机会和支持教研管理方面。

智慧教研的另一重要考查指标是科研支持系统的应用。数据显示，70.6%的特殊教育学校尚未使用科研支持系统。

在开展教育信息化专项科研课题方面，目前未设立课题的特殊教育学校占大部分，比例为64.7%。只有6所学校设立了科研课题，其中5所学校仅有1个课题，1所学校设立了2个课题；有5所学校设立市级课题，1所学校设立区级课题，还有1所学校设立了校级课题。北京市健翔学校特别重视

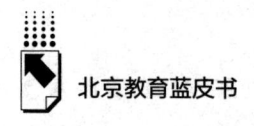

设立信息化科研课题，学校教师承担了市级、区级和校级课题。

（6）智慧文化建设

校园网络文化建设属于智慧文化建设的一部分。数据显示，47.1%的学校尚未开展任何校园网络文化建设，这可能意味着在特殊教育学校，校园网络文化的建设和发展仍然是一个挑战。在已经开展网络文化建设的学校中，66.7%的学校通过信息技术创建互动式、体验式的交互空间，55.6%的学校开展了校园数字广播活动，仅有11.1%的学校创建了数字化校史馆。

（7）社会服务建设

利用信息化支持开放性社会服务是信息化创新应用的实践方式之一。然而，在北京市的特殊教育学校中，未支持这一点的学校占据绝大部分，比例高达82.4%。仅有3所学校（北京市顺义区特殊教育学校、北京市门头沟区特殊教育学校、北京市健翔学校）开设了这一服务。其中，比较常见的建设方式有提供免费的家校互动平台服务，通过网络向社区、其他学校提供社会公益服务，每学期开展线上家长公益讲座等。这表明，虽然当前北京市特殊教育学校在利用信息化支持开放性社会服务方面的覆盖率较低，但已有实践提供了可行的模式和方向。

3. 学校教育数据及应用

（1）管理数据及应用

采集学校教育管理、行政管理、物资管理等方面数据是智慧校园建设的重要指标。70.6%的特殊教育学校尚未采集这些数据。少部分已经开始采集相关数据的学校，全部使用了实时或定期收集数据的方式。但这些数据的应用仅限于记录层面，尚未应用于分析学校综合治理情况。

（2）学校教育数据体系构建及发展

学校持续推进数据采集、分析与挖掘应用有助于分析智慧校园的建设方向、重点任务。41.1%的特殊教育学校已经开始构建学校教育数据体系，学校主要通过数据体系为各个领域提供工作进展的分析和建议，以此优化管理决策。北京市健翔学校采取了建设"数据中心"、探索建立"数据大脑"的措施，进一步拓展数据应用的深度和广度，推动学校管理朝更高效、更智能的方向发展。

4. 互联网服务及应用

（1）存储和计算能力服务

学校信息化建设、智慧校园项目存储能力是校园互联网服务及应用能力的重要评价指标之一。数据显示，41.2%的学校有能力依托渠道进行存储和计算，其中大部分依赖于单一的存储和计算渠道，主要使用区教育云资源提供的存储和计算能力服务。与此同时，28.6%的学校采取了更为稳健的双渠道策略，以实现存储和计算能力服务的多元化。具体来看，使用区教育云资源提供的存储和计算能力服务的学校占比为71.4%，而使用互联网提供的存储和计算能力服务的学校占比为57.1%。这些学校主要选择的平台包括校园媒资系统、学习通、超星学习平台等。尽管如此，仍有58.8%的学校尚未建立起自己的存储和计算能力服务，这一数据揭示了校园信息化建设在存储和计算能力服务方面仍有较大的提升空间。

（2）互联网服务应用保障机制

互联网服务经费是确保互联网服务应用保障机制顺畅运行的关键，对于提升特殊教育学校的互联网服务及应用能力至关重要。64.7%的特殊教育学校已经设立了每年针对互联网服务应用保障机制的专项经费，这些经费100.0%来源于学校的日常运行或公用经费。

（3）互联网应用

特殊教育学校通过互联网提供教育教学服务是衡量学校互联网服务建设的关键指标之一。数据显示，有16所特殊教育学校会通过互联网为本校师生提供教育教学服务，但仍有1所特殊教育学校不提供这项服务。在16所提供服务的学校中，94.1%的学校会为教师提供教学资源，64.7%的学校会为教师提供教学管理，70.6%的学校会为学生提供适宜教学内容，52.9%的学校会为学生提供练习机会，并且和学生监护人密切联系，及时了解学生整体发展情况。

5. 数字素养与技能

（1）学校信息化领导力

学校信息化领导力的体现包括学校信息化发展规划、校长信息化领导力

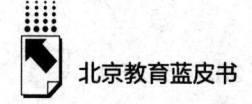

培训及承担国家教育信息化示范区项目等情况。调查显示,多数学校有清晰的学校信息化发展规划,怀柔、房山、石景山、大兴等区的特殊教育学校还没有信息化发展规划。一部分校长参与了省级以上的信息化领导力培训。

(2)专业人员素质素养

专业人员的素质素养主要考察专职管理人员持有资格证书的情况及网络管理员参与定期培训的比例。调查显示,一半左右的特殊教育学校组建了一支负责智慧校园建设与应用的专业教师队伍(8所),参与调查的全部学校的教师都通过了信息技术应用能力提升工程2.0的培训,覆盖率达到100.0%。此外,网络管理员定期参与市、区培训的比例较高。

(3)学生素质素养

5所学校的学生具备使用网络平台和教育App进行学习的能力。大部分学校的学生在网络文明礼仪和信息安全意识方面表现良好,能够遵守网络规则,抵制不良信息。但学生的数字作品创作和参与竞赛的情况较少,只有1所学校的学生参与了区级以上的数字竞赛并获奖。

6. 保障及运行服务

52.9%的学校成立了信息化工作领导小组。这些学校以校长为组长,组织信息化工作,为智慧校园建设提供了组织保障。但仍有部分学校未明确提及相关领导小组的成立情况。仅3所学校每学年开展专题研究信息化的工作,这些学校组织了专题会议,对信息化建设进行规划和总结,形成了相关计划文件。

学校整体CIO制度(即首席信息官制度)的设立情况不佳。有3所学校设有校级CIO制度,专门负责智慧校园的规划和执行。有4所学校提到了制定智慧校园发展规划,形成了可持续发展的蓝图。有3所学校建立了经费管理制度,为智慧校园的建设和运维提供了资金保障。有2所学校建立了配套制度。这些制度包括信息化建设项目管理制度、学校信息化培训制度和创新应用教师团队建设制度。这表明大多数学校在制度配套方面仍存在不足。仅有1所学校建立了创新激励制度。

7. 数字资源

(1) 基础性资源保障水平

调查显示，教师使用的数字化资源和软件覆盖多个领域，包括教学工具、评估系统、资源平台以及多媒体工具。希沃智慧平台和希沃白板是使用频次最高的教学工具，其他常见工具包括豆包AI和童梦融合教育平台。

教师使用的资源平台包括北京市特殊教育支持服务平台和北京市特殊教育资源网，学科网、百度文库等开放资源平台也为教学内容的拓展提供了补充。

学校目前使用的评估与辅助工具包括与孤独症学校教育评估密切关联的AlsoLife评估系统、与培智学校教材相关的童梦星缘电子教材，还有与特殊学生学习材料相关的学习通。此外，特殊教育学校教师使用的教育多媒体工具、在线协作与管理工具与普通学校教师使用的工具没有差异，主要包括剪映、WPS、PPT、腾讯会议、钉钉等。教师使用的数字化资源占比情况如图2所示。

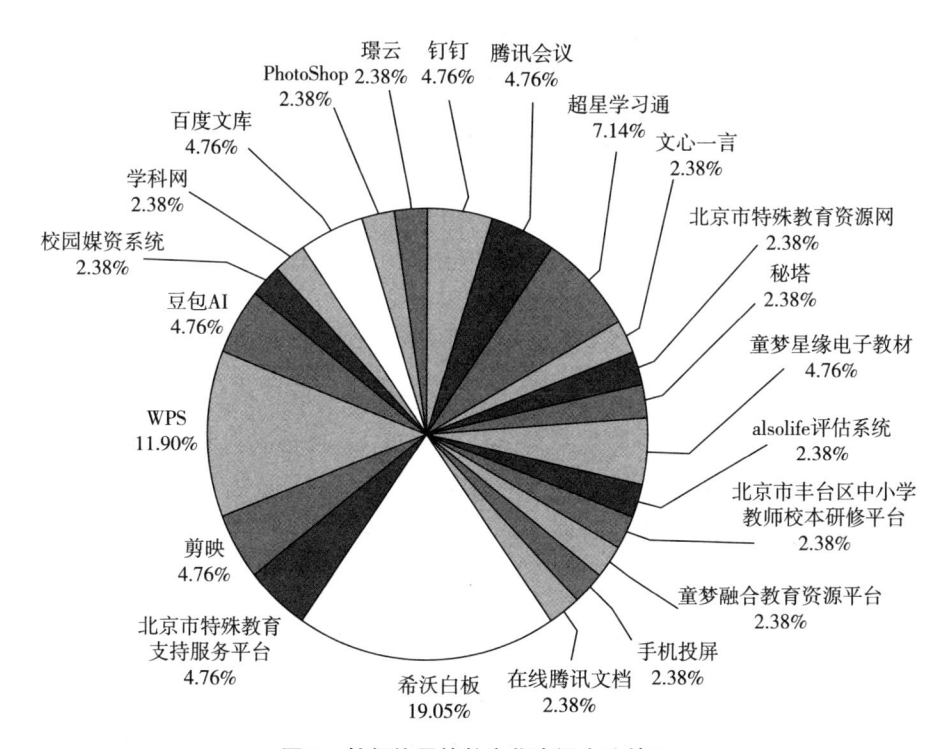

图2 教师使用的数字化资源占比情况

- 璟云 2.38%
- 钉钉 4.76%
- 腾讯会议 4.76%
- PhotoShop 2.38%
- 超星学习通 7.14%
- 文心一言 2.38%
- 百度文库 4.76%
- 北京市特殊教育资源网 2.38%
- 学科网 2.38%
- 秘塔 2.38%
- 校园媒资系统 2.38%
- 童梦星缘电子教材 4.76%
- 豆包AI 4.76%
- alsolife评估系统 2.38%
- 北京市丰台区中小学教师校本研修平台 2.38%
- WPS 11.90%
- 童梦融合教育资源平台 2.38%
- 剪映 4.76%
- 手机投屏 2.38%
- 北京市特殊教育支持服务平台 4.76%
- 希沃白板 19.05%
- 在线腾讯文档 2.38%

(2）校本资源建设情况

东城、海淀、朝阳、密云等区的学校提到已构建校本课程教学资源库，并提供了网络链接资源库页面截图。其余13所学校尚未构建校本课程教学资源库，这表明在校本资源建设方面，整体落实率较低，存在较大提升空间。

东城、海淀和密云等区的学校明确表示已建立生成性资源采集整理入库相关机制，并提供了校本资源库生成流程及制度文件。其余14所学校表示未建立此类机制，这表明大多数学校未落实该项工作，生成性资源库建设尚处于初级阶段。

在教师搜索校本数字化特色资源的方式方面，近一半学校尚未为教师提供有效的资源搜索工具，导致教师需依赖低效的翻找方式。仅有少数学校设置了搜索方式（按类别或提供者搜索），为教师高效利用资源提供了支持。

在学校定期评估数字资源使用效益方面，76.5%的学校表示未定期评估数字资源的使用效益，仅有23.5%的学校表示已经开始定期评估数字资源的使用效益，并提出改进措施。这说明学校整体缺乏评估意识和相应的评估机制，不利于学校开展数字资源管理和使用。

8. 信息安全与可信环境

（1）安全系统建设

70.6%的学校配置了网络安全软硬件，29.4%的学校未进行配置。其中使用的防火墙包括360防火墙、深信服防火墙、锐捷防火墙、奇安信防火墙、金山防火墙等；杀毒软件包括360杀毒软件、深信服杀毒软件、火绒杀毒软件、金山杀毒软件等。47.1%的学校已建设数据备份与恢复系统，52.9%的学校表示尚未建设数据备份与恢复系统。

在校园网站及信息系统安全达标情况方面，只有58.8%的学校达到了信息安全等级保护第一级或以上要求，并建有网络安全监测响应机制。

（2）安全管理制度

88.2%的学校已建立完善的网络安全管理机构和制度，并制定了具体的安全措施和应急处置方案。11.8%的学校表示尚未建立相关机构和制度，这些学校可能面临较高的安全风险，尤其在网络安全突发事件中的应急能力较为薄弱。

9. 信息化特色发展

47.1%的学校探索新技术在教育教学的应用，具体包括AI技术（人工智能技术）、AR&VR技术（增强现实与虚拟现实技术）、5G技术等。但52.9%的学校表示还未开展应用探索。

47.2%的学校在教育信息化融合实践方面取得了实效成果。其中，有1所学校提到其教育信息化融合实践成果获得了行政及相关部门的认可并被推广，有3所学校提到其教育信息化融合实践成果已在校内广泛应用。

新技术探索不足、教育信息化融合实践的效果欠佳，可能与学校资源投入不足、教育信息化规划执行力有限，以及教师培训较少等因素有关。

三 北京特殊教育学校智慧校园建设特点分析

（一）智慧校园环境建设具备一定基础，但满足残疾学生需求的学习终端设备、智慧教室相对较少

北京特殊教育学校的互联网接入率达到了100.0%，绝大多数学校的进校带宽、进班带宽都达到了标准。教师师机比达到1∶1及以上，能满足教师日常教学、办公需求。

但是在学生学习终端设备的配置方面，目前各校存在较大差异。52.9%的学校未能完全满足学生的学习需求，仅有部分学校配备了少量的学习终端设备。终端设备的不足会直接限制学生的学习方式和学习内容，尤其是在特殊教育学校中学生的个性化学习需求更加明显。部分学生因缺乏必要的学习工具而无法获得与他人同等的教育资源。另外，仅有11.8%的学校建设了智慧教室，67.4%的学校建设了技术赋能新型专业教室，大部分学校尚未开发出能够全程采集教学与学习行为数据的教室。这些可能

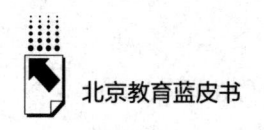

导致教师无法通过数据分析来优化教学过程，而缺少实时反馈的教学环境也可能造成教师难以监测学生的实时学习动态并及时调整课堂教学；同时，这也会限制特殊需求学生的个性化教学和康复的需求，影响学生的全面发展。

（二）为教师开展智慧教学和管理的服务较好，但为学生提供的教育资源、跨校教育资源共享不足

调研结果显示，一半左右的学校已经使用统一建设的信息系统，相当一部分学校实现了多系统单点登录与移动情景运用，并且配置了校园门户网站，这为教师高效完成行政事务提供了便利条件。绝大部分学校为教师提供同步课程资源、专题性素材等网络教学平台，这表明学校在很大程度上考虑到了教师的教学需求。与此同时，调研结果表明教师很少指导学生开展网络学习，这从侧面反映出，现有的网络教学平台可能不具备足够的适应性和易用性，或者学校在提供必要的辅助技术和支持方面存在不足。

另外，各校在信息化资源的共享与交流方面存在明显不足。许多学校在使用国家和地方统一建设的信息系统方面未能有效整合，导致教育资源的利用效率不高。尤其是在跨校、跨区的教研和科研支持系统应用上，仍有29.4%的学校未开展相关活动。教育资源的共享不足，限制了教师之间的经验交流和学习，影响了教学质量的提升。教师无法借助外部资源进行教学创新和改进，导致教育方法和内容的单一。此外，资源共享的缺乏还会造成教育资源的浪费，特别是在特殊教育领域，难以实现资源的最优配置，影响学生的全面发展。

（三）学校领导和信息管理员具备一定专业素养，但是普通教师信息化素养有待提升

多数学校能提供清晰的学校信息化发展规划、组建专门负责智慧校园建设的信息化工作领导小组和专业教师队伍，校长还参与了省级以上的信息化领导力培训。这些说明学校管理者充分意识到智慧校园建设的重要

性，并提供了一定的支持与保障。学校网络管理员全部参与了信息技术应用能力提升工程2.0的培训，定期参与市、区培训，这些也确保了学校在推进智慧校园建设过程中有专业队伍支撑，减少资源浪费、方向偏离的现象。

但相对而言，普通教师信息化素养相对较低。例如，仅有23.5%的教师能够有效利用信息技术进行教学管理，而根据学生需求构建个性化网络教学空间的教师比例更低，仅为17.7%。这表明教师在信息化教学方法的应用上仍存在较大不足。教师的信息化素养不足，限制了现代教育技术在课堂教学中的有效应用，无法充分发挥信息技术在提升教学质量和学习效果方面的作用。教师若未能掌握信息技术工具，难以为学生提供个性化的学习支持，进而影响学生的学习积极性和学习成果。此外，教师对信息技术的抵触或不适应，可能导致信息化教学改革的推进困难。

（四）信息安全管理意识比较强，但安全系统建设有待加强

绝大部分学校建立了完善的网络安全管理机构和制度，制定了安全措施和应急处置方案，这表明学校具备较强的网络安全意识，做好了应对网络安全突发事件的准备。但是，在学校网络安全软硬件配置上，仍有1/3的学校没有使用防火墙；一半以上的学校未建设数据备份与恢复系统，这将造成学校在数据丢失或系统中断后无法快速恢复。更为重要的是，还有近一半的学校未达到信息安全等级保护的相关要求，或未建有网络安全监测响应机制，这些学校可能面临更高的学校师生信息、政府相关信息被泄露、篡改、恶意使用的风险。确保信息安全是智慧校园建设的关键，信息安全的意识必须切实体现在具体的系统建设事项中，才能发挥其功效。

四 对策建议

（一）进一步加强智慧校园基础设施建设

政府适当加大对特殊教育学校网络基础设施的投入力度，推动光纤宽带

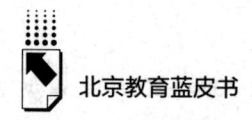

和高速互联网的全面覆盖，特别是在教室和公共区域，确保每个班级都能享受到稳定的网络服务。建立定期评估机制，实时监控网络使用情况和带宽需求，及时调整和优化网络配置，确保网络服务满足实际教学需要。教育行政部门和学校应确保每位学生都至少获得1台适合他们学习的终端设备，如平板、电脑等。在设备配置时，优先考虑满足特殊需求学生的要求，配备适合不同学习方式的辅助设备，例如电子阅读器、语音识别设备等。同时，可以与当地企业、社会组织合作，争取捐赠或赞助数字终端设备，增加学校的设备数量和种类。

（二）由特教教科研部门牵头促进教育资源共享

充分利用现有的市级、区级特教教科研平台，搭建学校间的在线资源共享平台，教师可以上传和下载教学资源、教案、课件等，实现资源的互通有无。鼓励学校之间开展合作项目，共同开展教研活动，分享教学经验和资源，提高整体教学质量。定期组织跨校教研活动，让不同学校的教师交流教学经验，探讨教学方法，共同提升教育质量。邀请教育专家对教师进行指导和培训，帮助教师掌握先进的教育理念和教学方法，提高教育资源的使用效率。鼓励学校使用多种教学平台，针对不同平台的使用，进行专门的培训，帮助教师熟悉各类教学工具，提高教学效果。提供必要的技术支持，确保教师和管理人员能够顺利使用这些系统，减少技术障碍的干扰。

（三）将教师信息化素养列为在职培训重要内容

制定系统化的教师信息技术培训计划，定期组织培训课程，提升教师使用信息技术进行教学的能力，内容包括信息技术基础、在线教学平台使用、数据分析等。建立师徒制度，鼓励信息化素养较高的教师指导其他教师，通过一对一的辅导方式提升整体教师队伍的技术水平。同时，将教师的信息技术应用纳入考核体系，对积极参与信息化教学的教师给予奖励，鼓励教师主动学习和应用新技术。此外，还可以定期举办信息化教学成果的展示活动，鼓励教师分享他们的成功经验和应用案例，以激励其他教师加入信息化教学的行列。另外，还应加大学校内部对网络管理技术人员的专业培训力度，提高学校自主管理和应对技术问题的能力。

（四）通过督查方式加强信息安全环境建设

定期通过督查，对学校信息安全管理政策、措施进行评价，发现并解决潜在的安全隐患，确保学生和教师的信息安全，同时增强学校各级人员的信息安全责任意识。对尚未达到信息安全等级保护基本要求的学校，应责令其在规定时间内完成等级保护。相关部门应定期检查学校信息防火墙、数据备份与恢复系统的建设情况。同时开展全员培训，对全体教职员工进行信息安全知识的培训，提升他们的安全意识和应对能力，确保在信息使用过程中遵循安全规范。

通过此次调查发现，北京特殊教育学校的智慧校园建设虽然取得了一定的成绩，但仍需在设备配置、网络覆盖及教师素养等方面进行改进，以推动教育信息化的进一步发展。

专题篇

B.6 北京视力障碍儿童教育发展报告（2024~2025）

王小垂 李元 赵瑜 李晶 张之宜*

摘　要： 通过回顾北京视力障碍儿童教育的发展历程，分析北京视力障碍儿童教育的发展现状，剖析北京视力障碍儿童教育发展中面临的现实挑战，进而提出增强视力障碍儿童教育教学有效性，提升高质量发展水平；加大视力障碍儿童教育中数字技术的研究与应用力度；立足能力提升，构建专业化教师队伍；汇集共享优质资源，为视力障碍儿童提供专业精准支持；加大视力障碍儿童学前教育和高等教育支持力度等对策建议。

关键词： 视力障碍儿童　融合教育　优质资源　北京

---

* 王小垂，北京市盲人学校党委书记，主要研究方向为特殊教育政策；李元，北京市盲人学校副校长，正高级教师，主要研究方向为视力障碍儿童教育教学；赵瑜，北京市盲人学校高级教师，主要研究方向为视力障碍儿童教育教学；李晶，北京市盲人学校高级教师，主要研究方向为视力障碍儿童教育教学；张之宜，硕士，北京市盲人学校教师，主要研究方向为视力障碍儿童教育教学。

一　发展历程

（一）缘起阶段（1874~1948年）

谈及北京视力障碍儿童教育的发展，最早可追溯至19世纪中期。1874年，苏格兰人穆·威廉在北京市东城区甘雨胡同创办的"瞽叟通文馆"，是我国现代意义上历史最早的盲人学校。穆·威廉借鉴欧洲的盲人教育经验，从思想上认识到盲人同样有受教育权等诸多权益，希望改变我国社会对盲人群体的消极观念。基于上述理念，他引进了法国人路易·布莱尔发明的盲文符号体系，针对性地为我国盲人设计点字字母，创立了中国最早的盲字系统——"康熙盲字"，帮助视力障碍儿童逐步获得学习和生存技能。同时，他还依据盲人对声音的特殊感知能力，制定盲文音乐符号体系，对学生进行音乐教育。"瞽叟通文馆"的建立是我国早期视障教育的初步尝试，也为首都视障教育的发展奠定了实践基础。虽然"瞽叟通文馆"规模较小，但它将教育的理念带入了原本被忽视的盲人群体中，为盲人提供识字、学习的机会，提高他们的文化水平，同时还教授他们编织、缝纫和制鞋等实用技能，让盲人在毕业后能够自力更生，积极融入社会经济生活。

1919年，由于国外的捐款经费来源断绝，"瞽叟通文馆"停办。1920年，学校迁至现址，更名为"启明瞽目院"。随着办学的不断推进，学生人数达到二三十人，同时学校大力推动教育理念改革，进一步拓展盲人教育的内容和形式，除教授道德、卫生、普通知识等常规课程，更注重职业教育技能培养，于1923年创办女班工厂，1924年设立男班工厂。工厂内，男童学习织布、制鞋、编藤以及木工，女童学习织绒、纺纱、缝纫、烹饪。与此同时，学校还重视音乐教育，设有专门的中乐与西乐课程，盲童们可以学习传统的中国乐器和西洋乐器，这在一定程度上既增强了学生的自信心、提高了他们的社交能力，也为他们拓展了未来的职业选择。"数年间成绩卓著，卒业生徒由残废而为有用之人。各教会荐引工作，各工商愿予安置。咸自食其

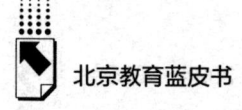

力，知闻之人无不称许。"① "启明瞽目院"推行的"残而不废"的理念得到了社会的广泛认同。

1874~1948年，北京视力障碍儿童的教育经历了从无到有的过程，这一阶段的视力障碍儿童教育虽然带有浓厚的宗教色彩和慈善事业的性质，但是也在早期探索中逐渐形成了视力障碍儿童教育的育人理念、教育体系、发展目标等。由于历史时代的局限，北京视力障碍儿童教育发展举步维艰、进展缓慢，但是，其前进的脚步从未停止，如星星之火，点燃了近代中国特殊教育发展的燎原之势。

（二）发展阶段（1949~2011年）

新中国成立后，北京视力障碍儿童教育也结束了风雨飘摇的缘起阶段，涅槃重生。特别是1954年，北京市人民政府接管了"启明瞽目院"，并正式更名为"北京市盲童学校"，自此，北京视力障碍儿童教育开始接受市人民政府统筹管理。当时，学校有学生70人，教职工约10人（多数教师为盲人），设有6个教学班。②

1956年，教育部发布的《关于盲童学校、聋哑学校经费问题的通知》指出"盲童学校和聋哑学校是一种特殊学校，应当规定适合于特殊学校需要的经费标准"，并要求"各省、市教育厅根据当地情况定出盲童学校和聋哑学校的经费标准，并报部备案"。1957年，教育部发布的《关于办好盲童学校、聋哑学校的几点指示》指出"盲、聋哑教育是国家整个教育事业的一个组成部分，随着我国社会主义建设的发展，今后必须有计划地发展起来"，并就学校基本任务、教学主要特点、学制改革、人员编制等做出具体说明。教育部的一系列文件明确提出特殊教育的工作方针，在一定程度上满

---

① 《全国助残日｜北京最早的盲人学校—启明瞽目院》，"北京市档案馆"微信公众号，2020年5月15日，https://mp.weixin.qq.com/s?__biz=MzU1MjA4NDM0Nw==&mid=2247487891&idx=1&sn=3b1d7fd96bec5f20d3c9239d0bebff2d&chksm=fb862787ccf1ae91c2dde2ea38c78f0352f22548a4414a0f67fe32031e7a582b3bc5280d4a25&scene=27。

② 顾定倩、朴永馨、刘艳虹主编《中国特殊教育史资料选》（下卷），北京师范大学出版社，2010，第21~23页。

足了广大残疾儿童日益迫切的入学要求，为特殊教育的发展提供了保障。从此，北京视力障碍儿童的教育进入了快速发展时期。1955年，北京市盲童学校实行与普通小学相同的学制；1963年，学校成立初中部；1985年，为了适应社会发展需要，"北京市盲童学校"更名为"北京市盲人学校"，直属北京市教育委员会管理；1988年，学校成立三年制按摩中专班；2003年，学校开办普通高中班；2006年，在市委、市政府的关怀下，北京市盲人学校与原北京物资储备职工中等专业学校合并，组建新北京市盲人学校。截至2011年9月，学校在校学生总数达到290人。

此阶段，北京视力障碍儿童接受义务教育的途径得到拓展，他们不仅可以在专门的特殊教育学校学习，还出现了在普通学校随班就读的情况。1987年，徐白仑先生与地方政府部门合作，推行"金钥匙盲童教育计划"，其主要内容就是开展盲童随班就读工作。1988年，在北京市教育局汤世雄、李慧聆等领导的支持下，以房山区为试点启动了"金钥匙盲童教育计划"，当时房山区筛选出2名盲童进行随班就读。[①] 在推行盲童随班就读实验的过程中，徐白仑先生也关注到低视力儿童的教育问题，1994年4月，金钥匙中心向北京市教育局发函，申请合作开展"低视力儿童随班就读"课题研究项目。1994年6月，北京市教育局印发了《〈"低视力儿童随班就读"项目实施计划〉的通知》，并在北京市4个城区20所小学进行实验，实验周期为1年。[②]

2007年，党的十七大在北京胜利召开，首次明确提出"关心特殊教育"。2010年，《国家中长期教育改革和发展规划纲要（2010—2020年）》颁布，将特殊教育作为教育改革发展的八大任务之一，要求各级政府关心和支持特殊教育，完善特殊教育体系，健全特殊教育保障机制。各类特殊儿童随班就读的数量开始增加，特殊儿童义务教育阶段的入学率有所提高。

[①] 吕雯慧：《金钥匙视障儿童随班就读实践的历史考察（1987—2010）》，博士学位论文，华东师范大学，2012。

[②] 北京市教育学会特殊教育研究会编著《北京市特殊教育50年（1949—1999）》，华夏出版社，1999，第7页。

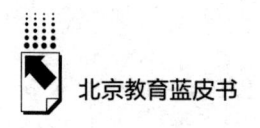

（三）提质阶段（2012年至今）

党和国家高度重视特殊教育。特别是党的十八大报告提出"支持特殊教育"、党的十九大报告提出"办好特殊教育"、党的二十大报告提出"特殊教育普惠发展"，特殊教育在国家事业发展中的战略部署位置更加凸显。国家组织修订了《残疾人教育条例》，连续实施了两期特殊教育提升计划；先后出台三类特殊教育学校义务教育课程标准、《特殊教育办学质量评价指标指南》等多项国家标准规范；2021年颁布《"十四五"特殊教育发展提升行动计划》，持续加强特殊教育支持保障，推动特殊教育实现跨越式快速发展，特殊教育发生格局性变化。

为全面贯彻落实党和国家各项关于特殊教育的政策要求和文件精神，结合北京市特殊教育发展情况，自2013年起，先后出台《关于进一步加强随班就读工作的意见》《北京市中小学融合教育行动计划》《北京市特殊教育学校办学条件标准》《北京市"十四五"特殊教育发展提升行动计划》《北京市新时代基础教育扩优提质行动计划实施方案》等文件。北京市特殊教育的工作重点聚焦到特殊教育质量提升上，从特殊教育学校标准化建设、特殊教育体系完善、课程教学改革、教师队伍建设、新技术赋能特殊教育变革等方面，进一步构建服务全体特殊学生终身学习的特殊教育体系，让优质教育惠及每一名特殊学生，推动全市特殊教育高质量发展迈上新台阶。全市视力障碍儿童的教育也随之实现了质的飞跃，实现了从学前教育、义务教育到职业高中教育十五年学制贯通，学校课程体系日趋完善，教师的数量不断增加、素质持续提高，让每一位视力障碍学生都绽放出独特的精彩！

二 发展现状

（一）北京视力障碍儿童群体特征及教育需求

北京视力障碍儿童群体呈现多样化的特征，其教育需求也日益复杂和个性化。根据《残疾人蓝皮书：中国残疾人事业发展报告（2020）——残疾人融合教育》及多项研究数据，可以更详细地描绘这一群体的特征及其教育需求。

1. 群体特征

（1）以视力障碍为主的类型呈现多样性表现

北京视力障碍儿童群体包括全盲儿童、低视力儿童，以及伴有听力障碍、智力障碍、言语障碍、行为障碍等的视多障儿童。《北京特殊教育普惠发展研究报告》显示，近年来，低视力儿童的比例有所增加，他们对教育的需求也更加多样化。

（2）义务教育阶段，普通学校和特殊教育学校分布基本均衡

北京市在普通学校和特殊教育学校就读的视力障碍学生人数分布如图1所示。其中，在义务教育阶段，普通学校和特殊教育学校分布基本均衡；在学前教育、高中（职高）教育阶段，视力障碍学生仍以在特殊教育学校就读为主。

（3）认知特点具有特殊性

感知觉特点。由于视觉通道的缺失或受损，视力障碍儿童更依赖于听觉、触觉等其他感官进行信息获取和处理，对声音、气味和振动等信息保持高度的警觉性和专注力。

运动与平衡特点。在爬、走、跑、抓握等动作发展上较为迟缓，其无法或者很难通过视觉（残留）信息矫正身体动作，平衡能力较差，精细动作的发展水平也可能低于普通儿童。一般会存在一定"盲态"，如点头、转圈、跳跃等动作，还可能伴有一些重复的非正常性动作。

认知特点。在注意力方面，视力障碍儿童较其他障碍类型更难过滤掉无关信息，容易受到外界干扰。在记忆方面，更倾向于使用机械记忆，较多采用更多的形象记忆和联想记忆。在思维方面，更偏向于具象思维，对于抽象思维理解较差。

语言与交流特点。视力障碍儿童可能更早地依赖口语表达和触觉语言（如盲文）进行交流。由于视力的缺失，他们的语言功能表现出发音不清、说话晚、词汇量少等问题。

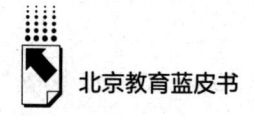

心理与情绪特点。视力障碍儿童表现得比较敏感、情绪波动大，部分视力障碍学生存在自卑的心理特点。由于自身的障碍，他们在集体生活中（特别是在融合教育环境中），会更加关注别人对自己的态度，容易出现焦躁不安的情绪。

社会适应能力特点。视力障碍儿童对周围环境的适应能力较差，如空间位置辨别能力弱、缺乏对距离的准确判断，在陌生环境中可能感到恐惧和不知所措。

2. 教育需求

早期干预需求缺口较大。发展心理学的研究表明，婴幼儿时期的发展对个体之后的发展具有重大影响。0~6岁是儿童发展的关键期，其中2~3岁是语言习得的关键期，5~6岁是个体心理与智力发展的关键期。如果忽视了视力障碍儿童的早期教育，很可能会导致语言、心理、智力等方面发展的不足，从而对后续的发展造成难以弥补的不利影响。对视力障碍儿童进行早期干预可以显著促进其身体、智力和人格的发展，通过触觉、听觉等感官刺激可以帮助视力障碍儿童更好、更快地感知和理解周围世界，为其顺利入学奠定基础。一份来自16个省（市）的25所开设盲教育的学前和义务教育阶段的特殊教育学校的调查结果显示，在有效的660份答卷中，仅有35.9%的父母接受过教育指导，说明大多数视力障碍儿童的父母需要最基本的教育对策支持。①

个性化学习材料和辅助设备的支持。视力障碍儿童在学习过程中普遍存在阅读障碍、信息获取困难等问题。据《中国义务教育阶段融合教育发展报告（2020）》统计，超过60%的视力障碍儿童需要个性化的学习支持，如适合视力障碍学生使用的大字教材或练习册、试卷等，适合视力障碍学生使用的放大镜、电子助视器、屏幕阅读软件等。

社交与情感发展指导的支持。视力障碍儿童在社交技能上相对较弱，容

---

① 《视力残疾儿童父母教育支持的需求研究》，"北京山丹丹教育"微信公众号，2022年2月10日，https://mp.weixin.qq.com/s/6Sh8_k1jVFjGiq1k7h40lg。

易在人际交往中感到孤立。研究显示，北京市义务教育阶段融合教育视力障碍学生的心理健康问题较严重，集中表现为学习焦虑、对人焦虑和孤独倾向。①

数字化教育资源的支持。随着信息技术的发展，视力障碍儿童对数字化教育资源的需求日益增长。北京市盲人学校内部统计数据显示，约70%的视力障碍儿童家长表示希望学校能提供更多数字化教育资源，以提高孩子的学习效果。

融合教育需求较高。视力障碍儿童及其家庭普遍倾向于融合教育环境，希望孩子能在普通学校中学习，与普通学生共同成长。据《北京特殊教育普惠发展研究报告》统计，2018～2022年，选择融合教育的视力障碍儿童家庭比例逐年上升，目前已超过50%。②

家庭教育指导的支持。家庭对视力障碍儿童的影响是深远的，目前仍然有较多视力障碍儿童的家庭教育还停留在解决孩子的吃饭、穿衣或者忙于为孩子治疗眼疾方面。即使有些父母有意识地想为自己的孩子开展家庭教育，也往往因为缺少正确恰当的指导，教育效果大打折扣。为视力障碍儿童的家长提供相关的教育和培训，帮助他们了解如何正确地抚养和教育孩子，是众多视力障碍儿童家庭面临的主要困扰。

（二）政策保障力度

北京市政府积极响应国家关于特殊教育的政策导向，结合本市实际情况，制定并完善了一系列政策法规，以加强视力障碍儿童的教育保障。例如，2023年出台的《北京市"十四五"特殊教育发展提升行动计划》明确提出，要推动特殊教育向更高质量发展，加强融合教育，确保视力障碍儿童能够在普通学校获得平等的教育机会。

---

① 李晶、黄晓敏：《双减背景下北京市融合教育视障学生心理健康状况研究》，载赖伟、沃淑萍主编《国际视障教育研讨会论文集》，中国盲文出版社，2023。
② 杜媛、孙颖、史亚楠：《北京特殊教育普惠发展研究报告》，载冯洪荣主编《北京教育蓝皮书：北京教育发展研究报告（2023）》，社会科学文献出版社，2023。

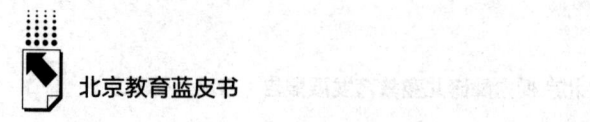

2018年,由北京市残疾人联合会印发的《北京市残疾人康复服务办法（试行）》,将北京市残疾人以全覆盖的方式纳入专项康复保障范围,推动北京市的残疾人康复工作构建分类保障、全人群覆盖的精准服务保障机制。

（三）经费投入力度

财政部门拨出专款,以保证每一名视力障碍学生都能享有平等受教育的权利。截至2024年,在普通学校就读的视力障碍学生,生均经费为1.1万元;在盲人学校就读的视力障碍学生,生均经费为1.9万元。同时,《北京市教育委员会 北京市财政局关于调整基础教育学校生活补助标准等政策的通知》提出,一是进一步提高基础教育相关学生生活补助标准,在特殊教育学校就读的具有本市户籍的普通高中、职业高中残疾寄宿学生生活补助标准由原来每人每月240元提高至小学每人每月300元、初中及以上每人每月360元,每年按10个月计发,同时免收住宿费。二是进一步扩大助学补助范围,将助学补助范围调整为具有本市学籍、在本市义务教育学校就读的残疾学生（含随班就读学生）,按照每人每年300元的标准给予助学补助。在本市特殊教育学校就读的具有本市户籍的普通高中、职业高中残疾学生免收学费和教科书费,寄宿生免收寄宿费,同时每人每年发放300元助学补助。

各级财政均增加特殊教育专项经费,用于改善特殊教育学校设施。2024年,北京市教育委员会拨付专项经费用于支持北京市盲人学校筹建北京市特殊教育资源中心,以期能够更好地发挥资源支持和服务作用。

全力保障视力障碍残疾人（家庭）购买辅助器具。据报道,截至2023年年底,对于北京市户籍0~15岁残疾儿童来说,不论残疾类别、经济水平、残疾等级,也不论是否持有残疾人证,只要残疾儿童到定点机构进行康复训练,经申请审批后,每人每年均可享受最高3.6万元的补贴。目前,该标准在全国省级保障水平中处于最高行列。

（四）教育普及水平

1. 在政策和经费的双重保障下，北京视力障碍儿童的教育普及水平显著提升

越来越多的视力障碍儿童得以接受适合自身需求的教育服务，这不仅体现在特殊教育学校，还涵盖了普通学校的融合教育。同时，北京市还积极推进学前教育阶段的视力障碍儿童教育，为这些儿童提供更加全面、连续的教育支持。

2023年，在北京市盲人学校就读的视力障碍学生有142人，其中视力障碍学前阶段就读人数为9人（见图1）。

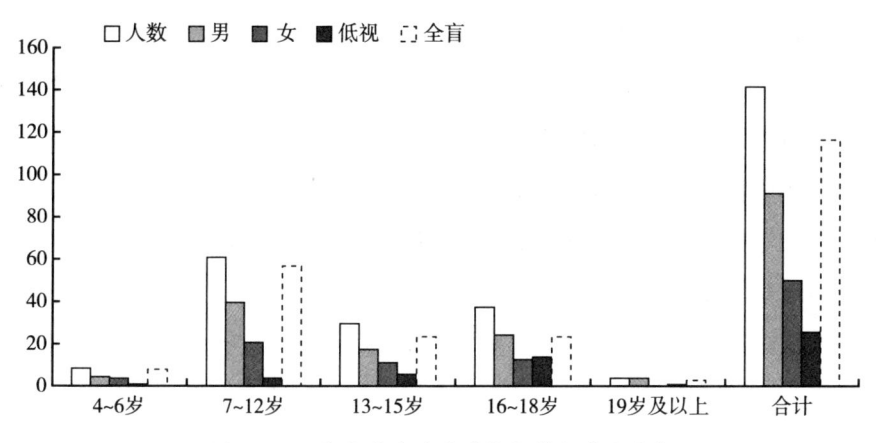

图1　2023年北京市盲人学校各学段学生分布

资料来源：2023-2024学年度北京市盲人学校在籍登记数据。

2."督""导"并举，促进教学水平不断提升

为确保政策的有效执行和落地，北京市建立了完善的监督评估机制。通过定期对各区、各学校进行专项检查和评估，及时发现和解决政策执行过程中存在的问题和不足。同时，鼓励社会力量参与监督评估工作，形成政府主导、社会参与的多元化监督评估体系。2023年10~11月，为全面贯彻党的二十大关于强化特殊教育普惠发展的决策部署，落实《北京市"十四五"特殊教育发展提升行动计划》的相关要求，市教委基教二处、北京市教育

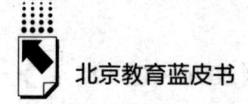

科学研究院以及各区指导中心一起对东城、西城、海淀、丰台、平谷等区的特殊教育学校、特教中心进行了视导评估，评估分为听取报告、走进课堂、查阅资料、参观学校等环节，通过此次视导评估工作，进一步促进各区、各特殊教育学校深入落实《北京市"十四五"特殊教育发展提升行动计划》中的各项内容，朝着扩优、普惠、提质和赋能方向不断努力，促进特殊教育学校内涵式发展，提升办学质量。

（五）教育教学质量

1. 课程设置规范，满足个性化需求

随着特殊教育理念的深入和实践的推进，北京市各区的特殊教育学校和普通学校在视力障碍儿童课程设置上更加规范。课程不仅涵盖了国家课程标准要求的所有学科，还根据视力障碍儿童的特殊需求进行了适应性调整。

以北京市盲人学校为例，在国家课程方面，学校开设了语文、数学、英语、道德与法治、科学等基础学科，确保学生获得扎实的学科知识。学校积极落实教育部关于义务教育阶段的课程设置要求，从小学一年级开始开设科学课，这对于视力障碍学生来说至关重要。科学课不仅有助于培养他们的逻辑思维能力、锻炼和提升视力障碍学生多感官认知能力，更重要的是，通过学习科学知识，他们可以更好地理解和掌握自然现象，从而拓宽视野，提升认知能力。同时，学校开设劳动课，通过系统地设计课程内容，锻炼学生的动手能力，培养他们的劳动意识。学生通过参与各种劳动活动，可以学会自理和自立，提升生活技能，为将来的独立生活打下坚实的基础。在学校课程方面，则更加注重学生的个性化发展，如乐高课程可以培养学生的动手能力和创新思维，家庭急救课程则可以提高学生的安全意识和自救能力。同时，学校尤为重视视力障碍学生的特殊教育需求，专门开设了康复课程，如定向行走、综合康复等。这些课程对学生的成长至关重要，它们旨在提升学生的独立生活能力，增强他们的身体协调性，减少因视力障碍带来的生活不便，帮助他们更好地适应学习和社会生活。

2. 聚焦核心素养，教学形式（活动）更加多样

在融合教育背景下，北京视力障碍儿童的教学形式日益多样化。除了传统的课堂教学，还广泛采用了项目式学习、合作学习、角色扮演、游戏化教学以及个别辅导等多种教学模式。如在五年级语文《军神》一课的学习中，老师通过分析课文后，让学生聚焦问诊和手术两个典型镜头，以课本剧的形式进行演绎，这些教学形式更加注重学生的主体性和参与性，鼓励视力障碍儿童积极参与学习过程并发挥自身优势。此外，很多社区机构也非常关注视力障碍儿童的身心健康成长，如在昌平区图书馆举办的"关爱视障儿童 照亮文化盲道"活动中，通过体验制扇技艺等活动形式激发了视力障碍儿童的学习兴趣和创造力。

3. 整合运用各类资源，教学内容更加丰富充实

（1）开发教学资源，提升教学质量，更好地满足学生的学习需求

积极使用数字资源成为一种趋势。北京市各区、各学校充分利用网络平台和数字化工具，为学生提供丰富多样的在线学习资源。通过视频教学、在线互动、电子图书等形式，学生们可以随时随地获取所需的知识和信息。这不仅拓宽了学生的学习渠道，还激发了他们的学习兴趣和积极性。同时，数字资源的引入也优化了传统的教学模式，如AI对话已经在视力障碍领域进行了积极尝试，这使教学效果更加生动、直观和高效。

（2）开展盲用教具学具的研发工作，点亮视力障碍儿童知识之光

在盲用教具学具的研发方面，北京市盲人学校已经连续开展了11年的制作活动。从最初的应用直观教具、立体发声教具，到如今的基于"五感"体验的多感官教具、启智类教具，北京市盲人学校的教具研发工作不断取得新的突破。这些教具充分考虑了视力障碍儿童的感知方式和认知特点，通过触觉、听觉、嗅觉等多种感官的刺激，帮助他们更好地理解和掌握知识。例如，通过立体且发声的各类科技知识、基于五感设计的康复训练筒、基于大单元和微单元结合的立体美工书、基于具身认知制作的大脑认知教具等，视力障碍儿童可以更加直观地感知和理解语文、英语、科学、医学等学科的知识。

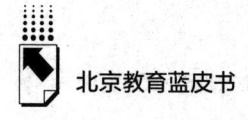

（3）科技赋能激活教育新生态，课前课中课后效果显著提升

科技赋能课堂也成为提升教学质量的重要手段。北京市各学校积极引入先进的教学技术和设备，如智能黑板、班级优化大师、每日交作业等智能设备或者小程序已经深入课堂，为课堂教学注入了新的活力。这些技术的应用不仅丰富了教学手段和形式，还提高了教学的互动性和趣味性。在科技赋能下，学生们能够更加直观地理解知识，更加积极地参与课堂活动，从而取得更好的学习效果。

4. 教学评价更加多元，以评促学，促进学生全面发展

教育评价事关教育发展方向，《深化新时代教育评价改革总体方案》要求"系统推进教育评价改革"，"充分利用信息技术，提高教育评价的科学性、专业性、客观性"。2022年版义务教育新课标在各学科的"课堂教学评价建议"中，明确提出了"教学评一体化"要求，并予以了细致指导。以学业质量标准为核心，"教学评一体化"成为中小学校教学改革的重点，对一线教师也提出了新要求和新挑战。在教学评价手段方面，除了传统的考试成绩，还引入了观察记录、作品展示、同伴评价等多种评价方式。在使用信息技术促进"教学评一体化"方面，教师也进行了积极尝试。如利用"每日交作业"小程序，通过周评、月评、优秀作业海报等呈现方式，可以实现对学生上交作业的过程性评价和阶段性评价相结合，及时掌握学生在每节课后的生成性教学资源，对学生实行一对一的评价，让评价成为教学中的一部分，达到以评促学目标。

（六）师资队伍水平

教师是提升教育教学质量的关键因素。近年来，北京市在加强特殊教育师资队伍建设方面取得了显著成效。一方面通过加大培训力度提升教师的专业素养和教育教学能力，另一方面通过政策引导和措施激励吸引更多优秀人才投身特殊教育事业。

1. 精准培训赋能，加强新时代高素质专业化队伍建设

北京市高度重视特殊教育教师的专业培训工作，定期组织教师参加各类专业技能培训，提升其在视力障碍儿童教育和融合教育方面的专业能力，这些培训不仅包括特殊教育理论的学习，还涵盖教学实践、心理辅导、个别化教育计划制定等多个方面。

(1) 多级专家引领，建立教师发展共同体

依靠国家级、市级、区级、校级骨干等多级专家引领，以市级精品课、世纪杯、创新杯等教学竞赛为契机，开展"聚焦核心素养提高，提升教学研究质量"系列教研活动，全方位提升教师教学设计和课堂实施能力。通过线上与线下相结合的混合式培训模式，确保每位教师都能获得充分的学习和发展机会。

(2) 聚焦学校资源，多措并举，提升教师专业水平

为了进一步提升特殊教育教学质量，北京市各学校充分利用工作坊、学术周、研讨会等多种活动形式，为教师们搭建起一个共同探讨教学实践的平台。在这些活动中，教师们积极分享自己在教学实践中的经验智慧，同时也勇于提出所面临的困难与挑战。通过深入地交流和讨论，教师们不仅增进了彼此之间的了解与合作，还形成了对特殊教育教学的深入认识和理解。这些活动不仅激发了教师们的教学热情和创新思维，还促进了教学经验的传承和发展，为特殊教育事业的持续发展注入了新的活力和动力。通过不断地交流和学习，教师们不断提升自己的专业素养和教学能力，为学生提供更加优质的教育服务。

(3) 教师职业发展路径明确

为促进特殊教育教师的专业成长，北京市建立了明确的教师职业发展路径。通过设立骨干教师、学科带头人等荣誉称号，激励教师不断提升自身教育教学水平。鼓励和支持教师参与课题研究、论文发表等活动，增强其科研能力和创新意识。开展针对远郊区特教中心的师徒结对研修活动，通过线上一对一研修指导、开放性授课和线下交流等活动，提升北京市特殊教育教学质量。各个特殊教育学校分别推行教师提升计划、青蓝工程等教师培养机制，共同致力于提升特殊教育教师的专业素养和教学能力。

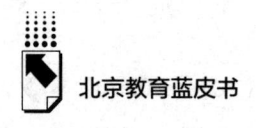

2. 北京视力障碍儿童融合教育师资水平显著提升

北京在提升视力障碍儿童教育，特别是融合教育方面，师资队伍水平显著提高，为视力障碍儿童提供了更加专业、全面的教育支持，目前北京已经建立了一支结构合理、素质优良的随班就读指导队伍，能够为在京普通学校就读的视力障碍儿童提供高质量的教育支持和服务。在融合教育背景下，普通学校也配备了专业的资源教师或特殊教育助理，协助普通教师开展针对视力障碍儿童的教学工作。

2023年，依托北京市盲人学校的北京市视障教育资源中心，围绕加强融合教育师资队伍建设、建立融合教育视障学生支持体系等方面开展了涵盖下校指导、师资培训、评估验配等多个方面的工作。其中，服务北京融合教育视力障碍学生超过200人次，开展家长培训讲座12场，听课人数近千人，制作放大教材102本，验配辅具30件。

（七）多元主体参与

在北京视力障碍儿童教育，特别是在融合教育的推进过程中，多元主体的积极参与构成了重要的支持体系，共同促进了视力障碍教育质量和效果的双提升。

1. 学校、机构、医院、残联等多主体联合，为视力障碍家庭提供一站式服务

在关爱视力障碍群体的道路上，学校、机构、医院、残联等多主体的联合行动显得尤为重要。这种跨领域的合作模式，能够整合各方资源，为视力障碍家庭提供更为全面、专业的一站式服务，从而有效解决他们的实际困难。以北京市盲人学校举办的"冬日暖阳"融合教育视力障碍学生咨询服务周活动为例，该校与北京市视障教育资源中心、中国康复研究中心、中国中医科学院眼科医院等多家医院、北京市残联康复部等机构共同开展活动。此次活动不仅为视力障碍学生及家长提供了医学检查、评估与咨询，还涵盖了教育方面的专业指导和建议。这种一站式服务模式，让视力障碍家庭在短时间内就能获得多方面的帮助，极大地提升了服务的效率和质量。此次活动的成功举办，充分展示了多主体联合服务的优势，也为未来类似活动的开展提供了有益的借鉴和参考。

2. 多形式融合教育活动助力视力障碍儿童成长

在推动融合教育的道路上，多种形式活动的积极探索和实践，为融合教育的开展、视力障碍儿童的成长和发展提供了有力支持。截至2024年，北京市盲人学校、北京市视障教育资源中心举办的"护航计划"，已经开展至第三期，活动通过线上家长培训和亲子互动音乐游戏，让家长们认识到了艺术教育对于视力障碍儿童的重要性，也帮助他们找到了适合孩子的艺术培养方法。"视障儿童家长工作坊"通过专业的培训和互动，提升了家长们的育儿能力，还为视力障碍儿童带来了更加丰富多彩的家庭生活。家长们在这里学会了制作故事盒，通过不同的故事激发孩子们的想象力和创造力。艺术教育培训则为视力障碍儿童的音乐启蒙和艺术发展搭建了平台，如"乐动身心"亲子工作坊通过音乐、形体亲子活动课和家庭亲子音乐会等形式，促进了视力障碍儿童及其家庭的共同成长。社区作为视力障碍儿童生活的重要场所，其融合氛围对儿童的成长和发展具有重要影响。北京市许多社区通过举办各类融合教育活动、建立志愿服务队伍等形式，努力营造包容、接纳、支持视力障碍儿童的良好氛围。如定期开展视力障碍儿童亲子活动、文化体验活动等，让视力障碍儿童有机会与普通儿童一起参与社区生活和社会实践。

3. 利用高校资源，开展"融合讲堂"活动，为视力障碍学生的成长和发展提供更加全面和专业的支持和服务

各特殊教育学校积极利用高校优质资源，创新性地开展"融合讲堂"活动，为视力障碍学生的成长和发展提供更加全面和专业的支持和服务。这一举措不仅促进了特殊教育质量的提升，还为视力障碍学生融入社会搭建了坚实的桥梁。其中，北京市盲人学校、北京师范大学心理系刘朝莹博士团队联合举办"北京市视障融合教育自主学习力训练营"。在该训练营中，家长们通过4次线上理论课程和15天的线下实操训练，系统学习了如何提升亲子沟通能力、孩子的时间管理能力以及培养孩子的自主学习能力。

4. 社会组织的协同助力视力障碍儿童融合教育发展

社会组织在北京视力障碍儿童融合教育中发挥了重要的协同作用。许多

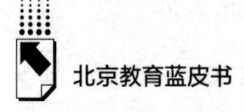

非营利组织、公益基金会等积极参与视力障碍儿童教育事业，通过捐赠资金、物资、技术以及开展活动等多种形式为特殊教育学校提供支持和帮助。如一些社会组织为视力障碍儿童提供辅助器具、康复训练服务等；另一些则通过举办各类活动和项目，提升社会对视力障碍儿童的关注和认识。如腾讯志愿者与北京市快乐小陶子社会工作服务中心联合举办的视障儿童"听音识北海 触摸中轴线"的研学活动，通过触摸阅读和无障碍研学等形式帮助视力障碍儿童更好地融入社会。这些社会组织的参与不仅丰富了教育资源，也促进了社会各界的共同参与和支持视力障碍儿童教育事业发展。

三 现实挑战

（一）视力障碍儿童教育教学面临新的考验

随着特殊教育普惠发展的深入推进，越来越多的视力障碍儿童进入普通学校随班就读，对普通学校教学管理、教师素养、资源设施等方面的考验加剧。盲校的生源结构也随之发生变化，近年来视力障碍儿童共病其他发育性障碍的比例逐年上升，由此形成的复合型障碍特征导致视力障碍儿童在认知、表达、沟通和适应等方面能力不足，复杂的教育对象对盲校教育工作者的考验加剧。

（二）教师队伍建设尚不完全适应首都视障教育高质量发展需求

北京市具备视障教育专业背景的教师数量不足，教师培训体系尚不完善，绝大部分普通学校教师在教授视力障碍儿童前没有接受过系统的视障教育培训，往往摸着石头过河，难以保障视力障碍儿童的教学质量。盲校教师不仅要承担重度或多重障碍儿童的教育与支持服务，还要作为视障教育巡回指导教师，为普通学校提供专业咨询、指导、支持和服务，师资队伍正面临着转型发展的挑战。

（三）数字技术赋能视力障碍儿童教育教学还处于起步阶段

视障教育数字化进程仍需得到更多关注与支持。一方面，科技对视力障碍儿童的辅助还不足，缺少实用性的辅具设备；另一方面，视障教育数字化平台系统仍需完善，智慧校园、智慧课堂建设有待进一步加强，全市视障教育优质课程资源和示范性教学案例资源仍不充足，数字化教育范例、教科研创新成果还需积极宣传推广。

（四）资源支持力度仍需加大

北京市优质视障资源整合利用不够充分，学校、医院、社区、康复机构等单位之间的相互支持与协作有待加强，与高校和科研机构之间的交流合作仍需加深，社会组织的参与积极性不高，视力障碍儿童在筛查评估、入学指导、康复训练、就业培训等环节衔接不足，康教结合、科教结合、社教结合的协同育人机制尚未有效建立。

四 对策建议

（一）增强视力障碍儿童教育教学有效性，提升高质量发展水平

如今北京视力障碍儿童的教育正从"基本普及"迈向"优质普惠"的发展阶段，按照"随班就读为主体，特殊学校为骨干，送教上门为补充"的教育安置原则，北京视力障碍儿童的教育普及程度不断提高，但教育质量暂未满足现代化发展的需要。接下来，北京视力障碍儿童的教育要在"重普惠"的基础上"提内涵"，提升课程规划和教学实施质量，全面落实课程方案和课程标准，遴选基础教育精品课，推进教学方式方法创新，加强个别化教育康复支持，实现对特殊学生的差异化教学，高质量满足学生多样化学习需求，促进学生全面而有个性的发展，提升视障教育育人质量，加快推进优质特殊教育惠及每一名视力障碍儿童。

（二）加大视力障碍儿童教育中数字技术的研究与应用力度

随着人工智能、云计算、大数据、物联网等新一代数字技术的发展与应用，教育数字化转型已成为实现特殊教育高质量发展的必经之路。一是视觉

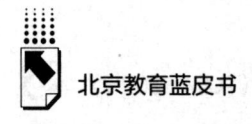

辅助技术仍需升级完善，以便更好地满足视力障碍儿童的日常需求，如电子助视器对低视力儿童的辅助阅读、智能导盲系统的精准服务等相关支持仍需更加贴合视力障碍儿童的日常生活。二是视觉补偿性教学资源有着至关重要的作用，结合视障教学需求，研发具有多感知通道、交互特色的教学用具与学习辅助资源，提高其交互性、实效性、智能化、产业化。三是传统视障教育模式无法满足儿童个性化发展需求，利用信息技术提升教学方法的科学性，如通过学生各阶段成长数据分析学生的认知水平和发展需求，为制定个性化教学计划提供依据，精准绘制视力障碍儿童成长画像。四是无障碍智慧教育生态系统需更好助力视力障碍学生学习，建设"全市视障教育智能服务系统"，扩大优质资源覆盖面，形成具有标准服务能力的融合教育管理和服务支持系统，推动特殊教育服务朝个性化、智能化方向发展。

（三）立足能力提升，构建专业化教师队伍

教师是实现特殊教育高质量发展的根本，特殊教育改革对视障教育教师提出了新挑战。一是健全教师培养机制，加大培训力度，为其搭建跟岗学习和交流的平台，分层分类开展盲校教师与从事融合教育的教师轮训工作，加强专兼职资源型教师队伍建设，形成普特教师合作共同体。二是提升盲校教师教学水平，适应教学改革需求，了解多重及中重度残疾儿童特点，鼓励教师转型发展，配备康复医生、康复治疗师、康复训练人员、巡回指导教师等专业技术人员。三是充分发挥优秀教师的专业辐射及业务引领作用，通过送教到校、不同区域学校"同上一节课"等形式，促进视力障碍教育师资队伍专业水平和能力整体提升。四是与相关媒体、学术机构合作，设立"特教专栏"，加强视力障碍儿童教育相关知识普及，通过多种形式分享视障教育、视障融合教育的经验与成果。

（四）汇集共享优质资源，为视力障碍儿童提供专业精准支持

优质教育资源共建共享是保障教育公平、促进教育均衡发展的有效途径。一方面，通过市级统筹和群策群力的方式，努力打造纵向贯通、横向融

通的视障教育资源体系，形成"1+18+N"的强联动管理模式，即1个市级、18个区级和N个校级资源中心，最大限度覆盖北京市视障教育全部范围，为视力障碍儿童提供优质、专业、个性化的支持服务。另一方面，整合"家—校—医—社—科—工—康"多方资源，凝聚多方力量，发挥各方优势，推动组织联建、资源联享、活动联办、服务联动、发展联抓，形成"共建、共创、共享、共赢"的首都视障教育发展合力。

（五）加大视力障碍儿童学前教育和高等教育支持力度

实现视力障碍儿童基础教育全学段衔接，为终身学习奠定坚实基础，视障教育应向两头延伸。首先，学前教育阶段是发展的关键期和敏感期，注重为视力障碍儿童提供适宜的保育、教育、康复、干预等综合性服务，制定视力障碍儿童学前教育教学大纲，开发针对视力障碍儿童学前教育和康复的教材教法，努力构建幼小一体化学前教育体系，助力视力障碍儿童享受专业的学前教育。其次，满足视力障碍学生高等教育和成人继续教育需求，支持有条件的高校增设适合视力障碍学生就读的相关专业，为视力障碍学生参加国家教育考试和部分职业考试提供合理便利，鼓励更多的高校对视力障碍学生实行单招单考，并为视力障碍大学生开设硕士、博士点。进一步在高校推进融合教育，完善视力障碍学生就读普通高校的措施和政策，加强无障碍环境建设，积极为视力障碍大学生学习提供必要的专业支持和服务。面向视力障碍学生开展继续教育，加强对视障人群的职业技能培训和成人再就业培训，畅通并完善视障人群学习通道和教育体系，逐步构建具有中国特色的、完备的、高水平的特殊教育人才培养体系。

参考文献

顾定倩、朴永馨、刘艳虹主编《中国特殊教育史资料选》（下卷），北京师范大学出版社，2010。

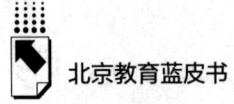

北京市教育学会特殊教育研究会编著《北京市特殊教育50年（1949—1999）》，华夏出版社，1999。

吕雯慧：《金钥匙视障儿童随班就读实践的历史考察（1987—2010）》，博士学位论文，华东师范大学，2012。

凌亢主编《残疾人蓝皮书：中国残疾人事业发展报告（2020）——残疾人融合教育》，社会科学文献出版社，2020。

冯洪荣主编《北京教育蓝皮书：北京教育发展研究报告（2023）》，社会科学文献出版社，2023。

李晶、黄晓敏：《双减背景下北京市融合教育视障学生心理健康状况研究》，载赖伟、沃淑萍主编《国际视障教育研讨会论文集》，中国盲文出版社，2023。

刘洪沛、肖玉贤、熊瑶：《面向普惠发展的特殊教育数字化治理：内涵、体系框架及推进路径》，《中国特殊教育》2023年第10期。

熊密密：《我国特殊教育数字化研究现状探析——基于CiteSpace的可视化分析》，《科教文汇》2023年第16期。

张悦歆、邓羽洋、刘一帆：《循证实践与视障教育：现状与未来》，《中国特殊教育》2021年第8期。

曹正礼：《从筚路蓝缕到蓬勃奋进：回望新中国视障教育七十年》，《现代特殊教育》2020年第3期。

B.7 北京听力障碍儿童教育发展报告（2024~2025）

李晓娟 孙颖*

摘　要： 本报告以北京听障儿童教育发展历程与现状为主要研究对象，通过文献研究、访谈、实地调研和数据分析等方法，归纳了北京听障儿童教育各个阶段的推进特点，深入剖析了北京听障儿童教育政策支持、教育资源配置、教育教学手段运用等方面的现状。调研中发现，北京听障儿童教育在听障儿童安置与教育上两头延伸，突出融合教育主体作用；在师资培养与课程体系建设上创新个性化教学模式；在环境建设与专业资源供给上构建全方位支持网络。但同时北京听障儿童教育也面临艰巨的挑战，如"三全育人"机制亟待健全，融合教育专业化发展亟待提升，听障儿童教育体系亟待改革，资源支持和保障能力亟待加强。本报告在保障支持与体系建设、师资队伍建设与专业发展及课程与教学方法创新方面提出了进一步提升北京听障儿童教育质量的对策建议，旨在为我国听障儿童教育事业的发展提供有益参考，营造更加公平、包容的教育环境。

关键词： 听障儿童　教育发展历程　北京

听力障碍儿童（以下简称"听障儿童"）教育是针对听力受损或听力丧失儿童开展的特殊教育，旨在通过专门的教学方法、支持手段帮助他们获

---

* 李晓娟，北京教育科学研究院北京市特殊教育研究指导中心副研究员，主要研究方向为融合教育；孙颖，北京教育科学研究院北京市特殊教育研究指导中心研究员，主要研究方向为特殊教育政策、特殊教育管理、融合教育。

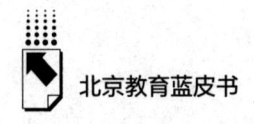

得沟通能力，实现认知发展，并拥有社会参与的机会，是特殊教育体系中不可或缺的组成部分。北京市是全国最早开展听障儿童教育的地区之一，无论是特殊教育学校建设还是听障儿童的融合教育都在以听障儿童实际获得为本，致力于探索符合其更好发展的有效经验。

一　发展历程

（一）萌芽与规范建设阶段（1919~1953年）

北京是我国华北地区近代聋教育的发祥地。1919年，杜文昌在东城区交道口设立了北京私立聋哑学校，它是我国第一所完全由中国人自办、自管、自教的聋哑学校。抗战胜利后，1946年该校易名为华北聋哑学校。1951年，学校被北京市人民政府接管，更名为"北京市第二聋哑学校"。自创办以来，学校的教育事业从未中断，是中国聋教育发展的缩影。北京公立聋校始于1935年吴燕生创办的北平市聋哑学校。[①] 1949年，新中国成立后，该校由北京市人民政府接管，更名为"北京市第一聋哑学校"，是北京市人民政府接管的第一所聋校。这一时期的北京聋教育（听障儿童教育）处在萌芽与规范建设阶段。这一阶段，听障儿童的教育主要在聋校中开展。

（二）改革与创新发展阶段（1954~2012年）

1954年，教育部确定北京市第一、第二聋哑学校，上海市第四聋哑学校，以及哈尔滨市盲聋哑学校为全国进行口语教学实验的学校。此后不久，北京市人民政府又着手新建聋哑学校，以满足全市聋童的入学需求。1958年，北京市人民政府为了贯彻面向工农子弟开门的方针，新建寄宿制的北京市第三聋哑学校，主要招收远郊县聋生。1959年，又建立了北京市第四聋哑学校。1975年以后，为满足北京市远郊县边远山区聋童入学要求，北京

---

① 顾定倩：《吴燕生的聋教育实践与聋教育思想》，《中国特殊教育》2022年第1期。

市分别在怀柔、密云、平谷、延庆等远郊县开办聋哑班，基本满足了全市聋童的入学需求。

1990年，北京市人民政府批转市计委、市教育局等部门制定的《北京市特殊教育事业发展规划（1990年至1995年）》，提出"1992年，在全市的盲儿童、少年和城镇地区的聋儿童、少年中普及九年义务教育，农村地区的聋儿童、少年入学率达到70%"。1992年，北京市人民政府批转《北京市残疾人事业"八五"发展计划（1991年—1995年）》，提出"1993年底以前，各区、县都要有特殊教育学校""视力、听力、语言残疾儿童、少年的义务教育得到普及，入学率达到90%以上"。1997年，北京市人民政府办公厅转发《北京市特殊教育事业"九五"发展规划》，提出到2000年，视力、听力言语、智力残疾儿童、少年的九年义务教育阶段入学率达到97%以上，视力、听力言语残疾学生80%以上要接受中等职业技术教育或普通高中教育。

从1988年开始，北京市在有关专家的指导帮助下，相继开展了盲、聋、低视力、听力言语、轻度智力残疾学生随班就读实验与推广工作。1992年11月，国家教委基础教育司确定在北京市开展听力语言残疾儿童少年随班就读实验，并委托编写《听力残疾儿童随班就读工作手册》。同年，全市在16个区开展了听力语言残疾儿童少年随班就读实验。1996年，成立了视力、听力和智力残疾儿童随班就读中心教研组。

这一阶段，北京市聋校数量增多，听障儿童的教育仍主要由聋校（特殊教育学校）承担，但听障儿童在普通学校中接受随班就读的形式开始出现，政府开始引导聋教育探索新的变革与创新，更加重视听障儿童在各级各类教育中的入学率，保障听障儿童接受教育的权利与实现教育公平。

（三）优化体系推进融合教育阶段（2013年至今）

进入21世纪，根据北京市特殊教育发展需求，北京市四所主要招收听障儿童的特殊教育学校进行了改组与合并。2002年，北京市第一聋人学校和东城区培智中心学校合并为东城区特殊教育学校。2010年，北京市第二聋人学校和北京市第四聋人学校合并为北京启喑实验学校。2016年，北京

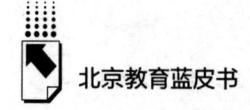

市第三聋人学校和海淀区培智中心学校合并为北京市健翔学校。

北京市听障儿童的教育体系在发展中逐渐完善。2000年9月，北京联合大学特殊教育学院成立，设置了专门招收听力障碍大学生的专业。自此，北京市形成了从学前到高等教育的特殊教育体系，为包括听障儿童在内的残疾儿童青少年提供更多学段、更高层次的教育机会。

2013年，北京市人民政府办公厅发布了《北京市中小学融合教育行动计划》，从制度层面明确以融合教育为主体推进特殊教育发展。同时，随着科技的进步，特别是助听器、人工耳蜗等辅助设备的发展，听力障碍人士能够更好地融入普通环境。这一阶段，北京市听障儿童融合教育比例已经达到70%。

总之，北京市听障儿童教育已形成了较为完善的体系。一是教育资源更加丰富，不仅有专门的特殊教育学校，还有越来越多的普通学校具备了接纳听障儿童随班就读的条件。二是师资力量得到加强，通过专业培训与教研，听力障碍教育教师队伍的专业素养和特殊教育能力不断提升。三是教学内容和方法不断创新，注重听障儿童的全面发展，强调个性化教学，利用多媒体、互联网等现代技术手段提高教学效果。四是社会融合度提高，通过组织各类社会活动，促进听障儿童与普通儿童之间的交流与合作，增强其社会适应能力。

二　发展现状

（一）北京市听障儿童接受教育的基本情况

1. 不同安置方式下听障儿童在读情况

2021~2023年，听障儿童教育安置方式分为普通学校随班就读和特殊教育学校就读两种。其中，普通学校随班就读为主要方式，如2021年采用普通学校随班就读模式的听障儿童数量占全部在读听障儿童数量的72.5%，2022年这一比例为68.0%，2023年为64.9%（见表1）。这一趋势反映了北京市对融合教育发展的持续推动，旨在鼓励普通学校（幼儿园）接纳听障儿童，并为他们提供个性化的教育支持与服务，在此政策导向下，听障儿童在普通学校随班就读的比例已超过半数。

表1　2021~2023年北京市听障儿童在不同安置形式中的人数分布情况

单位：人，%

	随班就读	特殊教育学校	特殊教育班	送教上门	合计
2021年	311	113	0	5	429
占比	72.5	26.3	0.0	1.2	100.0
2022年	319	146	0	4	469
占比	68.0	31.1	0.0	0.9	100.0
2023年	315	170	0	0	485
占比	64.9	35.1	0.0	0.0	100.0

资料来源：根据以下数据，由笔者整理计算所得。北京市教育委员会规划处数据（义务教育阶段数据），2022年3月；北京市"十四五"特殊教育事业发展专项调研数据（非义务教育阶段数据），2022年3月；北京市"健全特殊教育普惠保障机制"调查数据，2023年6月；历年《北京教育事业发展统计概况》。

2.不同教育阶段听障儿童分布情况

2021~2023年，北京市义务教育和高中阶段教育中听障儿童的总数呈现先减少后增加的趋势。具体而言，义务教育和高中阶段教育的听障儿童在所有特殊教育儿童中所占比例在2022年达到最低点，为4.5%；在2023年上升至最高点，占比为6.2%（见表2）。尽管存在年度波动，但总体上，听障儿童在特殊教育儿童群体中的比例仍然相对较低。

表2　2021~2023年北京市学前教育、义务教育和高中阶段教育听障儿童数量

单位：人，%

年度	义务教育	高中阶段教育（职业教育）	合计（义务教育+高中阶段教育）	当年特殊教育儿童总数	听障儿童占比
2021	429	57	486	8901	5.5
2022	415	50	465	10298	4.5
2023	391	94	485	7825	6.2

资料来源：根据以下数据，由笔者整理计算所得。北京市教育委员会规划处数据（义务教育阶段数据），2022年3月；北京市"十四五"特殊教育事业发展专项调研数据（非义务教育阶段数据），2022年3月；北京市"健全特殊教育普惠保障机制"调查数据，2023年6月；历年《北京教育事业发展统计概况》。

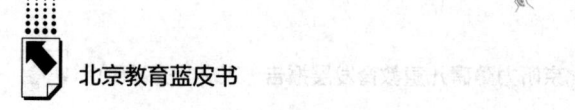

3. 接收听障儿童的特殊教育学校和班级情况

2021年和2023年，北京市接收听障儿童的特殊教育学校分别为4所和3所，分布在东城、西城、海淀和平谷4个区，分别占当年所有特殊教育学校数量的20.0%和15.0%；听障儿童所在班级数量分别为28个和31个，分别占当年特殊教育学校班级数量的8.1%和9.0%（见表3）。无论是学校数还是班级数在总体中都占比较小。目前北京市只有北京启喑实验学校专门接收听障儿童，其他均为综合性特殊教育学校，这些学校在接收听障儿童的同时，还接收智力障碍、孤独症谱系障碍等特殊儿童。

表3 2021年和2023年北京市有听障儿童就读的特殊教育学校数和班级数

		东城	西城	海淀	平谷	合计	总数	占比（%）
2021	学校（所）	1	1	1	1	4	20	20.0
	班级（个）	4	20	3	1	28	344	8.1
2023	学校（所）	1	1	1	0	3	20	15.0
	班级（个）	6	18	7	0	31	345	9.0

资料来源：根据以下数据，由作者整理计算所得。北京市教育委员会，《2021-2022学年度北京教育事业发展统计概况》，2022年3月；北京市教育委员会，《2023-2024学年度北京教育事业发展统计概况》，2024年3月。

（二）北京市听障儿童教育师资情况

北京市接收听障儿童的特殊教育学校主要集中在东城区、西城区、海淀区和平谷区。2021年和2023年，接收听障儿童的特殊教育学校教师人数分别约为268人和339人。2021年，各类在编专任教师总数为2644人，听障教师人数占比10.1%。已有数据显示，在学历结构方面，本科及以上学历教师占主体。2021年本科学历、硕士和博士研究生学历教师总数为264人，占比98.5%，2023年这个数据上升为335人，占比98.8%，高学历教师占显著多数。在职称结构方面，2021年中级及以上教师共179人，占比66.8%，2023年中级及以上教师共141人，数量下降，占比41.6%，所占比重也有所下降（见表4）。2021～2023年，在特殊教育学校听障儿童师资队伍中，中级及以上职称、经验丰富的教师部分退休，新教师大量补充，正处在新旧交替的阶段。

表4 2021年和2023年北京市特殊教育学校中听障儿童师资情况（估算）

单位：人，%

师资情况		2021年	占比	2023年	占比
学历结构	博士	0	0.0	1	0.3
	硕士	30	11.2	50	14.7
	本科	234	87.3	284	83.8
	专科	4	1.5	4	1.2
职称结构	正高级	1	0.4	0	0.0
	副高级	47	17.5	45	13.3
	中级	131	48.9	96	28.3
	助理及以下级别	89	33.2	198	58.4
听障教师人数（估算）		268	10.1	339	—
听障生师比		2.4	—	2.0	—
在编专任教师总数		2644	—	—	—
整体生师比		2.7	—	—	—

资料来源：根据以下数据，由作者整理计算所得。北京市教育委员会，《2021-2022学年度北京教育事业发展统计概况》，2021年3月；北京市教育委员会，《2023-2024学年度北京教育事业发展统计概况》，2024年3月。

三 发展经验

（一）听障儿童安置与教育：两头延伸，突出融合教育主体作用

北京市在听障儿童教育方面，积极响应国家政策，致力于营造更加公平、包容和高质量的教育环境。在听障儿童安置与教育过程中，强调两头延伸，突出融合教育主体作用。"两头延伸"是指在听障儿童的安置与教育过程中，既注重学前阶段的早期干预与康复，又强化义务教育后的高中阶段教育。"突出融合教育主体作用"则强调在听障儿童的安置与教育过

程中，充分发挥融合教育的优势，让听障儿童在与普通儿童的共同学习中，相互促进、共同成长。在北京市听障儿童安置与教育过程中，普通学校随班就读已经成为占比最大的形式，融合教育专业委员会在普通学校中广泛建立并发挥重要作用。

学前阶段是听障儿童语言发展的关键期，学前康复与融合教育为其日后的学习和生活打下坚实基础。2018年，北京市教育委员会印发《北京市特殊教育提升计划（2017—2020年）》，要求全面开展学前三年基本教育康复服务。① 到2020年，学前三年基本教育康复服务覆盖了全市所有3~6岁残疾儿童。具体措施包括三个方面。一是丰富教育资源，在特殊教育学校附设幼儿园或增加学前部，每个学区至少要有1~2所幼儿园拿出部分学位接收残疾儿童。二是提供免费筛查与诊断，新生儿及0~6岁儿童可免费接受听力筛查，确保早期发现听力障碍。三是提供专业康复服务，如北京市聋儿康复中心提供专业化的听力检测和听力语言康复训练，为听障儿童提供科学、系统的早期干预。②

在义务教育中，北京市优先保障义务教育阶段残疾儿童就近入学，对符合入学条件的听障儿童按照就近就便原则进行优先安置。对于距离特教学校较远且到校就读困难的残疾学生集中区域，提倡就近在普通中小学布点建设特教班就读。在高中阶段教育中，普通高中教育是帮助听障学生平等接受高等教育的途径。北京市听障学生可以选择参加普通高考或者通过"单考单招"的方式参加高考。北京市属公办全日制普通高校——北京联合大学特殊教育学院招收听障学生，并为其提供专门的本科专业和硕士点。高中阶段教育的职业教育，则是帮助听障学生掌握一技之能、顺利融入社会、实现自我价值的重要环节。

为满足听障儿童全学段教育需求，北京市积极推进十五年制特殊教育学

---

① 《北京市特殊教育提升计划（2017—2020年）》，北京教育科学研究院网站，2018年7月19日，https://www.bjesr.cn/ywbm/tsjy/zyxz/2018-07-19/45066.html。
② 《北京市残疾人康复服务指导中心》，北京市残疾人联合会网站，2017年5月5日，https://www.bdpf.org.cn/n1508/n1524/n1532/n1619/c32738/content.html。

校建设，确保各区均建有1所此类学校，目前各区已基本完成建设。同时不断提高普通幼儿园、中小学在学区资源中心、资源教室、融合教育专家委员会和融合教育推进委员会等方面的专业资源建设水平，加强专项经费保障，通过全面优化教育资源配置，实现听障儿童教育的无缝衔接与高效融合。

（二）师资培养与课程体系建设：创新个性化教学模式

高素质师资是保障教育质量的基础。北京市听障儿童教育师资整体上学历和职称较高，本科及以上学历的教师占比超98%，中级及以上职称的教师占比近70%。北京市历来注重特殊教育师资的培养和引进工作，通过建立严格的教师资格认证制度，开展职后分层分类培训，打通教师职业发展通道。普通学校中从事特殊教育工作的教师在职称评定和评优评先时可以选择"特殊教育"序列，增强教师专业发展的内生动力。同时，鼓励和支持教师参与特殊教育相关的科研项目，创设多平台展示教师教育教学成果，促进国内外交流。

在高质量教师队伍的保障下，北京市听障儿童课程教学逐渐形成个性化特色。一是构建个性化课程体系，[①] 结合听障儿童的实际需要，构建以社会情感、家国素养、健康生活等不同主题为核心的综合课程体系，逐渐形成个性化校本课程。二是创新个性化教学模式，采用生活化、情景化教学，如利用真实的场景（如超市、饭店等）帮助听障儿童快速习得生活语言。采用线上线下混合式教学提升听障学生的关键能力和学习效果。三是构建多元化评价体系，注重多方参与、多元评价，以及过程性和增值性评价，加强对听障儿童学习过程、学习方式、学习策略等方面的评价，同时关注其在情绪保持、活动参与度、班级归属感等方面的增值性评价。

（三）环境建设与专业资源供给：构建全方位支持网络

北京市在听障儿童教育的环境建设与专业资源供给方面，逐渐构建起全

[①] 材料来源为北京市接收听力障碍儿童就读的特殊教育学校和普通学校工作总结与案例，北京市特殊教育研究与指导中心内部资料。

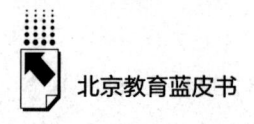

方位支持网络，通过优化校园环境、组建专业师资团队、配置先进康复设备、整合社会资源等手段，为听障儿童提供了全方位的支持和服务。

首先，在环境建设方面，进行了无障碍校园环境改造。一是修建无障碍坡道、安装低位服务设施、设置无障碍卫生间等，确保听障儿童能够自由、安全地在校园内学习和活动。二是进行声学环境优化，针对听障儿童的特点，学校对教室、图书馆、会议室等公共区域进行声学环境优化，减少噪音干扰，提高声音的清晰度和辨识度。三是提供视觉辅助系统，如LED显示屏、手语翻译设备等，帮助听障儿童更好地获取信息和参与课堂活动。

其次，在融合文化环境营造方面，学校积极倡导融合教育理念，鼓励师生共同营造包容、接纳、尊重听障儿童的校园文化氛围。开展融合教育活动，定期举办融合教育主题活动、文化节、运动会等。建立互助小组，鼓励普通学生与听障儿童结对帮扶，共同学习、生活，促进彼此的成长和进步。

再次，在专业资源供给方面，除构建起资源中心、资源教室、康复与辅助设备等硬件资源，更强调专家委员会和学校融合教育推行委员会等"软件"的建设，将包括听障儿童在内的特殊学生教育与学校整体工作融为一体。

最后，在支持网络建设方面，逐步建立了信息服务平台，提供学习资源、康复指导等服务。倡导智能辅助技术的使用，如语音识别软件、手语翻译App等，帮助听障儿童更好地融入数字化时代。同时加强家校与社区合作，形成教育合力，为听障儿童提供更多社会实践的机会，丰富其生活经验和社交圈。

（四）典型案例

1. 北京启喑实验学校：聋校综合实践课程的建构与实践案例

北京启喑实验学校前身为北京市第二聋人学校、北京市第四聋人学校。学校设有学前部、小学部、初中部、普高部和职高部。近年来，学校根据聋生的真实生活和发展需要，通过探究、制作、服务、体验等方式，建设基于聋生社会适应能力发展的综合实践课程，主要包括三种方式。一是以社会参与为导向，设计小学阶段综合实践课程。学校根据小学阶段聋生特点设计了"民族文化"综合实践课程，重点突出参与性。课程主要分为"认识民族文化""体验探究民族文化""代言民族文化"三个模块，其中，"认识民族文化"模块，从聋生的优势能力——视觉入手，组织学生欣赏民族服饰、民居，试穿民族服装，并通过查阅资料自主设计（画）一套民族服装，设计一种民族建筑，增强学生对民族文化的基础认知。"体验探究民族文化"模块，以体验探究为主，包括民族美食品尝课，体验民族习俗；民族舞蹈课、民族休闲活动课，体验各民族多样的艺体形式。"代言民族文化"模块，以课外展示表达为主，包括制作民族文化大海报活动、展演民族歌舞（六一儿童节主题展示）活动。整个课程有机结合课堂学习、实地考察、调查研究、表演展示等多种形式，激发学生主动学习知识、认识社会、联结社会的能动性，促使他们积极向外生长。二是以问题解决为导向，设计初中阶段综合实践课程。根据初中聋生认知和经验特点，学校设计了"竹文化"综合实践课程，课程以学校的小竹林为初始素材，抓住竹笋破土而出、蓬勃生长的时节，以"为什么我们中国人对其貌不扬的竹子情有独钟？"为问题，带领学生通过观竹、疑竹、剥竹、测竹、寻竹、食竹等17个实践环节，经历发现问题、分析问题、解决问题的真实过程，带领学生从校园小竹林拓展到公园、工艺场馆等更广阔的空间，接触更多元的竹元素。开展了测量观察、实地观赏、探寻发现、网上学习、现场教学、实物演示等实践活动，让学生在对竹子进行连续观察记录、数据整理分析、合作与探究的过程中，领悟竹的精神品质。三是以多元发展为导向，设计高中阶段综合实践课程。根据高中聋生学习特点，基于培养学生的创新性思维和批判性思维，学校设计"中轴线文化"综合实践课程。课程鼓励家长参与设计及评价，积极争取社区资源，设计了"打卡"中轴线、"记录"中轴线、"彩绘"中轴线、"品评"中轴线四个模块。"中轴线文化"综合实践课

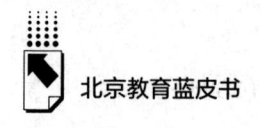

程有利于学生学习中国传统文化，增强民族自豪感和文化认同感，还能促使其学会非言语沟通技巧，提升跨越交流障碍的信心和能力。

2. 北京市东城区西总布小学："双学籍"听障儿童教育实践案例

北京市东城区西总布小学（以下简称"西总布小学"）是一所具有百年历史的普通学校。学校以"适合教育"为办学理念，注重全面发展，以"融合教育"为特色，是北京市资源教室示范学校，北京市随班就读工作先进单位。

西总布小学与北京市东城区特殊教育学校（以下简称"特教学校"）合作，探索包括听障儿童在内的特殊学生"双学籍"教育模式。"双学籍"即特殊学生同时拥有特教学校和普通学校的学籍，可以视情况在两所学校进行学习。西总布小学在接收特教学校听力障碍儿童入校学习后，从人力资源、物质资源、语言环境三个方面提供全方位资源支持。在人力资源方面，学校为听障学生配备了解其学习特点的任课教师；邀请特教学校资深手语教师，与本校的资源教师携手，为学生提供定制化的手语与口型相结合的语言训练课程；配备全时段、全学科的助学伙伴；在组织社会活动时聘请志愿者或活动场景中的工作人员，与听障学生进行沟通交流；邀请家长参与活动，设计家庭交流沟通任务等。在物质资源方面，允许学生采取多元化沟通方式，除传统书写交流，还为学生配备先进的无线调频助听设备，帮助其更好地捕捉课堂声音；选择图书、绘本并制定相应要求；为学生制作教学卡片，绘制图片和看图说话的连环画；使用多媒体进行教学，复盘活动场景来指导复述和写作，自制活动或实验的小视频，用自己的话进行叙述描绘，请同学老师评价等。在语言环境方面，学校致力于为听障学生营造信息无障碍环境，开展多种形式的活动，促进听障学生参与，如升旗活动时的旗前讲话、体育活动时的领队带操、外出参观时的导游、购物场景中的导购（协同完成）、学校班级活动的主持人（协同完成）等。在教学支持层面，教师团队根据学生学习特点，实施了一系列的教学调整举措，如优化教学语言，采用简洁明了、易于理解的方式授课；放慢语速，确保学生能够跟上课堂节奏；教师还利用课余时间对学生进行补救性个别辅导等。

四 现实挑战

（一）听障儿童教育与发展："三全育人"机制亟待健全

北京市作为首都，汇聚了丰富的教育资源，肩负着重大的责任。北京市听障儿童教育与发展工作整体上取得了显著的成果，形成了自身的特色，但是仍面临诸多挑战。例如，从学前教育到高等教育的完整教育体系仍需不断完善，确保听障儿童在不同阶段都能得到适合的教育支持；现有的学前教育和高中阶段教育质量亟待加强；专业师资的培养与衔接需要持续深化；听障儿童课程教学改革发展与不同学科课程的整合实践模式需要不断探索；特教学校与普通学校融合教育环境中，听障儿童教育教学的合作需要加强。总之，全学段育人、全过程育人、全方位育人的"三全育人"机制亟待健全。在优化教育资源配置、提升师资队伍素质、完善课程教学改革等方面，需不断调整与改进，以有效促进听障儿童全面发展，实现教育公平与质量提升的双重目标。

（二）师资队伍建设与专业发展：融合教育专业化发展亟待提升

北京市听障儿童教育师资存在"新老"交替的情况，大量新入职或经验不足的教师需要接受职后培训和实践指导。老教师在面对数智化时代的到来，以及听障儿童合并孤独症、多动症等多重问题的挑战时，需要提升其专业化水平。"新老"师资队伍建设与专业发展，面临融合教育专业化发展亟待提升的问题。一方面，融合教育安置方式成为主体，意味着更多的听障儿童将走进普通学校就读，普通学校教师需要具备与听力障碍相关的专业背景或融合教育经验，并熟练掌握融合教育的方法和策略。另一方面，特教学校教师，尤其是同时承担区域融合教育巡回指导的特教教师，也需要具备指导普通学校听障儿童及多重障碍儿童教育教学的能力，如了解普通教育的课程教学特点，协助解决学生和教师面临的各类挑战等。

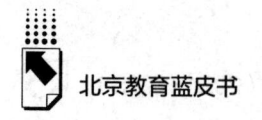

(三)课程体系与教学方法创新：听障儿童教育体系亟待改革

听障儿童的课程教学与普通课程教学有相同之处，但同时又有自身特殊之处，它突出以人为本的理念，将发展潜能和补偿缺陷辩证统一，重视课程的综合性，强调学科知识、社会知识和学生经验的整合。① 随着教育理念的更新和科技的进步，针对听障儿童的课程体系与教学方法也需要不断创新以适应新时代的需求。一是学前教育、义务教育、高中阶段教育课程教学体系需要完善，特别是不同学段之间、不同安置方式（如随班就读、特教学校等）之间的顺畅转衔。同时，聋人高等教育与终身教育体系的构建亦不容忽视。二是随着融合教育的推进，教育环境日益多元化，学校所面对的学生群体呈现残疾类别多样化、残疾程度加重及聋校学生常伴有其他障碍的新特征，这对传统教学方法提出了严峻挑战，要求教育者必须创新教学策略，以满足个体差异化的学习需求。三是特教学校中的职业教育课程设置成为另一大关注点。如何精准对接不同残疾类别学生的职业发展需求，设计既符合市场趋势又兼顾学生特殊性的课程内容，成为亟待深入研究的课题。这不仅关乎学生未来的就业竞争力，更是实现教育公平与社会融合的重要途径。

(四)资源供给与分布不均：资源支持和保障能力亟待加强

北京市听障儿童资源支持和保障能力在不断增强，但仍面临一系列挑战。一是经费投入方面，经费分配不均、使用效率低下的问题依然存在。同时，如何进一步优化经费分配机制，确保资源能够精准对接不同儿童的需求，以及如何加强社会参与，形成多元化的经费筹措与使用模式，也是当前亟待解决的问题。二是专业资源建设方面，整体上"软件资源"建设仍需加强。如目前仍有两个区尚未建立专家委员会，学区资源中心、融合教育推进委员会和专家委员会等专业资源建设后，如何有效发挥实效需要在实践中不断研究、总结、调整，逐渐形成长效机制。三是资源配置方面，北京

---

① 顾定倩编著《聋校课程与教学》，北京师范大学出版社，2011，第38~39页。

市听障儿童教育资源配置仍存在一定程度的不均衡现象。尽管政府已积极加大对特殊教育领域的投入，努力满足特殊学生日益增长的教育需求，但资源的供给仍未能完全匹配上这些需求，且区域具体情况不同，在不同区域间存在较为明显的差异。

五 对策建议

（一）保障支持与体系建设

北京市听障儿童教育需要依托现有发展成果，不断完善保障支持，加强体系建设。

首先，保障支持是确保特殊教育资源充足与均衡分配，促进教育公平与质量双重提升的基础。面对听障儿童教育领域的诸多挑战，在未来的政策制定与资源配置过程中，建议秉持效率与公平并重的原则，在追求教育资源高效利用的同时，确保每位听障儿童都能根据自身的特殊需求，获得恰当且充足的支持与服务。通过不断优化资源配置策略，加强政策引导与监管，构建一个更加公平、包容、高效的听障教育保障体系。

其次，需在环境建设、设备更新等硬件设施与师资培养、课程教学质量提升等软件资源两大维度上实现全程、终身关怀。不仅要在事业全阶段对听障儿童教育的各个环节给予充分关注，更要特别聚焦于那些教育资源相对薄弱、发展滞后的阶段与环节。特别是加大对北京市远郊区听障教育资源的补充力度，提升义务教育阶段教育质量，完善学前、高中阶段教育。通过加大投入力度，缩小差距，促进教育均衡发展。对于听障儿童不同的教育安置形式，如普通学校随班就读、特殊教育学校就读、普通学校附设特教班就读等，要发挥不同安置形式的优势，提高安置的精准度。对于安置占比最高的普通学校，通过市级、区级、学区、学校等不同层次的资源中心联动机制以及培训、教研、项目合作和课题推进等方式，为其提供切实有效、适配度高的策略建议。

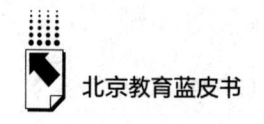

（二）师资队伍建设与专业发展

为全面提升听障儿童教育师资质量，构建高质量的特殊教育师资队伍，建议不断提高师资结构的合理性与科学性。包括优化师资配置，确保特教学校及融合教育资源中心拥有足够数量的专兼职专业教师，以满足听障儿童多样化的教育需求。同时，倡导通过实施定期培训计划与继续教育项目，系统性地提升特殊教育教师的专业素养和教学实践能力，使他们能够更好地适应听障儿童教育的特殊要求，实现教育质量的持续提高。

此外，为激发特殊教育教师的职业发展动力，需要不断明确教师专业发展路径，建立科学的评价体系，根据教师的教学成果、专业素养及学生满意度等多维度指标，为教师提供公正的晋升机会。同时，鼓励加强特殊教育教师之间的交流与合作，通过组织研讨会、工作坊等形式，促进教师间的经验分享与共同进步，营造积极向上的教育氛围。

面对当今社会日新月异的发展变化，还需要帮助教师应对新挑战和数智化时代的要求。一方面，加强教师专业培训，特别是在识别与干预多重障碍学生方面，提升教师的专业技能与应对策略。另一方面，在数智化时代背景下，倡导利用现代信息技术手段，如人工智能、大数据等，创新教师培训模式，提高培训的针对性和实效性，使教师能更好地适应教育技术的发展趋势，为听障学生提供更加优质、个性化的教育服务。

（三）课程与教学方法创新

在我国教育改革持续推进的背景下，听障儿童课程体系也需要持续优化。在国家听障课程标准和统编教材的基础上，需结合学生发展需要、区域特点和学校情况等综合因素，开发个性化校本课程，或进行课程整合与综合实践活动探索，全面培养听障学生的语言能力、认知能力、职业技能和社会适应能力等多维度素质。课程内容注重科学性与实用性，确保听障学生能够掌握必要的知识与技能，为其未来生活与职业发展奠定坚实基础。

同时，鉴于听障学生个体间存在的显著差异，倡导根据学生的个体差异和需求，制定个性化的教学计划，鼓励教师采用多样化的教学方法和手段（如直观教学、情境教学、个别化教学等）进行教学，激发学生的学习动力和潜能。

此外，随着信息技术的飞速发展，应积极引入现代化教学手段和技术，如数字化教学资源、智能辅助工具等，实现数字化赋能，不断提高教学效果，同时帮助听障学生更好地适应信息化社会，提升其信息素养与创新能力。

B.8
北京智力障碍儿童教育发展报告（2024～2025）

傅王倩*

摘　要： 本报告探讨了北京市智力障碍儿童教育的发展历程，主要经历了以特殊教育学校为主、融合教育大力发展、融合教育内涵式发展三个阶段。当前，北京市智力障碍儿童教育实现了跨越式发展，无论是不同学段在校（园）人数，还是教育资源分配、师资队伍建设、经费保障等情况均取得了显著成效。与此同时，北京市智力障碍儿童教育面临优质教育资源分配不均、教师队伍专业化水平仍需提升、家庭支持和社会包容度有待提高等挑战。对此，建议从优化特殊教育资源配置、完善融合教育支持体系、建立完善的评估和监测体系、赋能家长教育角色等方面综合施策，共同促进北京市智力障碍儿童教育事业的高质量发展。

关键词： 智力障碍儿童　融合教育　高质量发展　北京

智力障碍（Intellectual Disability，ID），作为一种影响儿童神经发育的常见障碍，指的是在18岁前个体认知功能显著低于同龄人平均水平，并且在日常生活和社会适应上存在显著困难。[①][②] 依据智力水平和社会适应能力的综合评估，智力障碍可被细分为轻度、中度、重度及极重度四个层次。智

---

* 傅王倩，博士，北京师范大学教育学部副教授，硕士研究生导师，主要研究方向为特殊教育政策、发展障碍儿童心理与教育。
① 王辉主编《特殊儿童教育诊断与评估》（第三版），南京大学出版社，2018，第22~29页。
② 傅王倩、郭媛媛：《论智力障碍定义演变及其实践影响》，《中国特殊教育》2021年第12期。

力障碍在全球范围内普遍存在,在我国,0~14岁儿童的智力障碍患病率约为1.20%。[1] 2006年全国残疾人第二次抽样调查数据显示,我国各类残疾人总数共8296.0万人。其中,智力障碍群体为984.0万人,占残疾人总数的11.86%;智力障碍儿童为173.9万人,占智力障碍群体的17.67%,在各类残疾儿童中占比最高。[2] 随着《"十四五"特殊教育发展提升行动计划》的深入实施,提升教育质量、建设高质量教育体系成为特殊教育发展的核心议题,特别是对于智力障碍儿童这一特殊群体来说,其教育质量的高低更是直接关系到整个特殊教育的发展。本报告深入追溯了北京市智力障碍儿童教育的发展历程,系统总结了该领域所取得的显著成就,同时剖析了当前面临的主要挑战,并提出相应的建议与展望,旨在提升北京市智力障碍儿童的教育质量,建立具有首都特色的高质量特殊教育体系。

一 发展历程

随着社会对多样性和包容性认识的深化,智力障碍儿童教育问题日益受到关注。北京市智力障碍儿童教育的发展历程,主要经历了以特殊教育学校为主、融合教育大力发展、融合教育内涵式发展三个阶段,形成一条从隔离到融合、从基础到内涵式发展的脉络。

(一)以特殊教育学校为主(培智学校的发展)

改革开放初期,随着社会对特殊教育重视程度的提高,针对智力障碍儿童的教育需求日益增加。这一时期,北京市智力障碍儿童的教育主要集中在特殊教育学校,特别是培智学校,为智力障碍儿童提供了专门的教育环境和资源。1981年,北京市创办第一所培智学校——西城区培智中心学校,该校以中度智力障碍儿童为招收对象,致力于对智力障碍儿童进行教育、教学

---

[1] 邹小兵、静进主编《发育行为儿科学》,人民卫生出版社,2005,第331~337页。
[2] 刘国艳等:《我国智障儿童研究的热点领域及前沿趋势——基于CiteSpace的可视化分析》,《中国特殊教育》2021年第9期。

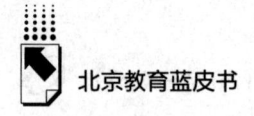

和训练,以提高他们的学习能力、劳动能力和适应生活的能力;1987年,北京市创办了崇文区培智中心学校,该校成为全市首批创建实施义务教育的智力障碍教育学校。这些学校积极探索和实践特殊教育的方法和途径,为智力障碍儿童提供了专门的学习环境,配备了无障碍设施,对教室进行了适合特殊需求的布置,以满足他们的学习需求。随着时间的推移,北京市特殊教育事业不断发展,特殊教育学校的数量和班级数显著增加。特殊教育学校,尤其是培智学校,不断完善其教育体系和教学方法,初步构建起从学前教育到职业教育的体系,以便更好地满足不同程度智力障碍儿童的发展需求。

(二)融合教育大力发展

随着社会对特殊教育认识的深入,融合教育理念兴起。融合教育,又被称为全纳教育,指的是在教育环境中同时容纳各种不同需求的儿童,包括普通儿童和特殊儿童,让他们能够共同学习、共同生活,享受平等的教育机会。在我国,融合教育成为智力障碍儿童教育发展的主要方向。20世纪90年代以来,国家出台一系列法律法规,旨在为融合教育发展提供法律保障,如1990年出台的《残疾人保障法》、2006年修订的《义务教育法》均明确规定残疾学生有权在普通学校就读、接受义务教育。进入21世纪,政府加大对融合教育的支持力度,出台《国家中长期教育改革和发展规划纲要(2010—2020年)》《关于加强残疾儿童少年义务教育阶段随班就读工作的指导意见》等配套政策,为融合教育的顺利实施提供指导。北京市也积极响应国家特殊教育政策号召,颁布《北京市"十四五"特殊教育发展提升行动计划》等政策文件,旨在促进融合教育大力发展。

在上述政策法律的指引下,北京市积极开展随班就读试点工作,保障智力障碍儿童有机会进入普通学校学习。全市多区(县)尝试将智力障碍儿童安置到普通学校进行随班就读,通过制订个别化教育计划、建设资源教室、开展巡回指导等措施,确保智力障碍儿童在普通学校中得到适当的教育支持。如东城区分司厅幼儿园,自2002年开始接收特殊儿童,并积极开展在普通幼儿园特殊儿童随班就读的工作探索。该园坚持教育公平和融合教育理念，构建完全随班就读、生活和活动随班就读、资源教室随班就读等多种随班就读模式。再如海淀区积极推进普通学校融合教育的特色建设，构建了"政策支持、经费保障、资源体系、督导评价"四位一体的特殊教育普惠性保障体系，为特殊儿童提供就近就便的高质量教育服务。

（三）融合教育内涵式发展

近年来，在融合教育大力发展的基础上，人们更加关注其内涵式发展。所谓内涵式发展，是指在融合教育现有发展的基础上，更加注重教育质量的提升，通过加强师资队伍建设、加强教科研引领、组建特殊教育发展联盟等方式促进特殊儿童在普通教育环境中全面、深入、个性化的发展。北京市积极进行融合教育探索实践，稳步推进智力障碍儿童融合教育的内涵式发展。

首先，加强师资队伍建设。拓展特殊教育师资类型，加大专业培训力度，培养了一大批多类型、专业化的特殊教育教师。这些教师不仅具备扎实的专业知识，还具备丰富的实践经验，能够为智力障碍儿童提供个性化的教育支持。其次，加强教育科研引领。市级业务指导部门创设了多个市级教研组，如盲聋教育教研组、培智教育教研组等，深入开展专题教研，有效推进了特殊教育及融合教育理念的宣导和专业引领工作。各区也积极行动，构建相应的教研组教研网络，推动特殊教育及融合教育质量的不断提升。最后，组建特殊教育发展联盟。以核心城区（如东城区、西城区、海淀区、朝阳区）的优质特殊教育学校为"盟主"，牵头组建城乡、区域特殊教育发展联盟，通过相互帮扶、相互带动的方式，促进全市特殊教育的优质均衡发展。

二 发展现状

近年来，北京市立足于首都城市的功能定位，坚持"首善"标准，以推进教育公平、加快实现教育现代化为价值引领，以"保障每一个残疾儿童少年能够在公平、包容的环境中接受适宜的教育"为目标，多措并举推

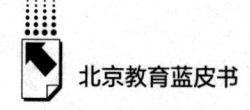

进特殊教育优质均衡发展。无论是从教育普及的广度到融合教育的深度，还是从教育资源的优化配置到教师专业能力的不断提升，再到学前教育、义务教育、高中教育的发展，北京市正以前所未有的决心，着力推动智力障碍儿童教育发展，彰显了教育公平与对特殊儿童成长的关怀。

（一）北京市智力障碍儿童的教育现状分析

1. 学前教育阶段

北京市积极推动学前特殊教育的发展，确保残疾儿童能够就近入园接受学前教育。根据《北京市"十四五"特殊教育发展提升行动计划》，学前教育阶段残疾儿童的入园率明显增长，更多智力障碍儿童得以在早期接受适宜的教育。在教育安置方面，普通幼儿园被鼓励接收具有接受普通教育能力和意愿的残疾儿童就近入园；对于不具备接纳条件的幼儿园，当地教育部门根据残疾儿童及其家庭的实际情况，合理地将其安置到特殊教育学校学前部、设有特殊教育资源教室的幼儿园或残疾儿童康复机构附设幼儿园，确保每一个智力障碍儿童都能拥有适宜的教育环境。

据统计，2021年，北京市学前教育阶段共有智力障碍在校（园）儿童136人。其中，普通幼儿园智力障碍在校（园）儿童113人，约占总数的83.09%；特殊教育学校智力障碍在校（园）儿童23人，约占总数的16.91%。2022年，北京市学前教育阶段共有智力障碍在校（园）儿童3人，全部安置在特殊教育学校。2023年，北京市学前教育阶段没有智力障碍在校（园）儿童。①

2. 义务教育阶段

北京市高度重视残疾儿童的义务教育，在保持高水平入学率的同时积极推进融合教育发展。《北京市"十四五"特殊教育发展提升行动计划》明确提出了提高特殊教育质量的目标和措施，这为智力障碍儿童在义务教育阶段的教育提供了政策保障。当前，北京市残疾儿童义务教育实现了就近就便优

---

① 北京市教育委员会，历年《北京教育事业发展统计概况》。

先入学，义务教育阶段的入学率达到了99.90%，这显示了北京市在保障智力障碍儿童接受义务教育方面的坚实努力。此外，全市六成以上的普通中小学建立了融合教育推行委员会制度，特殊需要学生融合教育比例达到70%以上。这种融合教育模式使得智力障碍儿童能够在普通班级中接受教育，与普通学生一起学习和生活，促进了他们的社会融入。此外，东城区培智中心学校等特殊教育学校实施了个别化教育计划，即"一生一案"的学生档案制度。这一制度根据学生的身心特征和实际需求，为每一个学生量身定制教育方案，确保了教育的针对性和有效性。

据统计，2021年，北京市义务教育阶段共有智力障碍在校学生4439人。其中，在特殊教育学校就读的有1515人，约占总数的34.13%；随班就读的有2834人，约占总数的63.84%；在特殊教育班就读的有90人，约占总数的2.03%。2022年，北京市义务教育阶段共有智力障碍在校学生4406人。其中，在特殊教育学校就读的有1599人，约占总数的36.29%；随班就读的有2546人，约占总数的57.78%；送教上门的有261人，约占总数的5.92%。2023年，北京市义务教育阶段共有智力障碍在校学生4357人。其中，在特殊教育学校就读的有1700人，约占总数的39.02%；随班就读的有2313人，约占总数的53.09%；在特殊教育班就读的有89人，约占总数的2.04%；送教上门的有255人，约占总数的5.85%。[1]

3. 高中教育阶段

北京市对智力障碍儿童高中教育阶段的支持力度不断加大，持续增加其入学机会。北京市支持有能力、有意愿接受普通高中教育的残疾学生就近就便申请入学，并参照高考有关规定积极为残疾学生参加初中和高中学业水平考试提供合理便利。相对于典型发育儿童而言，智力障碍儿童进入高中学习的机会相对较少，但一些特殊教育学校或高中、中职的特殊教育班级仍然为他们提供了继续学习的机会。[2]《北京市"十四五"特殊教育发展提升行动

---

[1] 北京市教育委员会，历年《北京教育事业发展统计概况》。
[2] 徐冉、傅王倩、肖非：《培智学校校企合作模式的动力、特征及挑战——基于H学校的个案研究》，《中国特殊教育》2022年第1期。

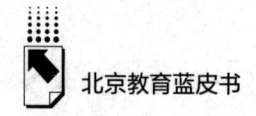

计划》明确，到2025年，北京市特殊教育体系进一步完善，各区均要建有1所从幼儿园到高中全学段衔接的十五年制特殊教育学校。包含残疾儿童青少年的中等职业教育阶段，帮助智力障碍儿童掌握一技之长，更好地融入社会，这种教育模式为智力障碍儿童的未来发展提供了更多的选择和可能性。

据统计，2021年，北京市高中教育阶段共有智力障碍在校学生211人。其中，在特殊教育学校就读的有147人，约占总数的69.67%；在普通高中就读的有3人，约占总数的1.42%；在普通中等职业学校就读的有61人，约占总数的28.91%。①

（二）北京市智力障碍儿童的教育资源现状分析

1. 学校、机构和资源中心的分布及利用情况

北京市积极推进特殊教育学校、机构和资源中心建设，形成了较为完善的特殊教育网络体系。全市以特教中心为指导、以特教学校为骨干、以融合教育为主体、以送教上门等多种形式为补充的特殊教育格局不断完善，招收包括智力障碍在内的有特殊需要的学生。② 根据《北京市"十四五"特殊教育发展提升行动计划》，各区要建有1所从幼儿园到高中全学段衔接的十五年制特殊教育学校，以满足不同年龄段智力障碍儿童的教育需求。③ 各区通过改扩建、开设新校区、学段贯通、集团化办学等方式为智力障碍儿童提供从学前教育到高中教育的全程教育服务。

截至2023年，北京市共有特殊教育学校20所。其中，有13所特殊教育学校仅开设智力残疾班，专门以智力障碍儿童为招生对象（见表1）。

---

① 北京市教育委员会，《2021-2022学年度北京教育事业发展统计概况》，2022年3月。
② 孙颖等：《聚焦高质量发展，办好首都人民满意的特殊教育》，《中国特殊教育》2021年第6期。
③ 《北京市教育委员会等七部门关于印发北京市"十四五"特殊教育发展提升行动计划的通知》，北京市人民政府网站，2023年1月19日，https://www.beijing.gov.cn/zhengce/gfxwj/sj/202302/t20230208_2913298.html。

表1 2023年北京市各区特殊教育学校残疾儿童班级数

单位：个

区域	学校名称	智力残疾班	其他类型残疾班	合计
东城区	北京市东城区特殊教育学校	17	6	23
东城区	北京市东城区培智中心学校	8	0	8
西城区	北京市西城区培智中心学校（北京市西城区展览路幼儿园）	35	0	35
西城区	北京启喑实验学校	0	18	18
朝阳区	北京市朝阳区安华学校	27	0	27
丰台区	北京市丰台区培智中心学校	2	11	13
石景山区	北京市石景山区培智中心学校	10	0	10
海淀区	北京市盲人学校	0	21	21
海淀区	北京市健翔学校	30	39	69
门头沟区	北京市门头沟区特殊教育学校	9	0	9
房山区	北京市房山区特殊教育学校	5	15	20
通州区	北京市通州区培智学校	23	0	23
顺义区	北京市第二儿童福利院自强学校	0	0	0
顺义区	北京市顺义区特殊教育学校	27	0	27
昌平区	北京市昌平区特殊儿童教育学校	18	0	18
大兴区	北京市大兴区特殊教育中心	20	0	20
怀柔区	北京市怀柔区培智学校	11	0	11
平谷区	北京市平谷区特教中心	17	0	17
密云区	北京市密云区特殊教育学校	12	0	12
延庆区	北京市延庆区特殊教育中心	9	0	9
总计	—	280	110	390

资料来源：《2023年北京市教育事业统计资料》。

在资源中心与专业服务基地分布上，海淀区走在全市前列，其特殊教育种类齐全，融合教育先试先行，并构建了"1+2+3+4+N"的特殊教育布局。其中，"1"是指1个特教中心、"2"是指2所特教学校、"3"是指3级专业支持体系、"4"是指4个专业服务基地。目前全区共有98所融合教育学校，这为智力障碍儿童提供了包括教学、科研、教师培训、资源开发和康复训练在内的全方位支持。

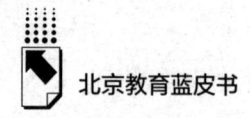

同时，北京市特殊教育学校和资源中心还能够积极利用现有资源，开展各类教学活动和康复训练，通过"手拉手"帮扶等方式，优化资源配置，提升教育质量。如核心区特殊教育学校与城市发展新区和生态涵养区特殊教育学校开展合作，共同提升特殊教育水平。再如结合高校资源，在东城区特殊教育学校开展北京市特殊教育学校"引领启航工程"，为全国特殊教育改革发展做出更多积极示范与重要贡献，共同推进特殊教育高质量发展。

总的来说，随着特殊教育体系的不断完善，北京市智力障碍儿童教育资源得到了有效利用，为智力障碍儿童提供了良好的教育环境和康复服务。特殊教育学校和资源中心通过开设各种兴趣班、潜能课，充分挖掘儿童的各项潜能，不断提高其生活自理和社会适应能力。同时，融合教育的推进也使得越来越多智力障碍儿童能够在普通学校就读，享受与同龄儿童相同的教育。

2.师资队伍建设情况

北京市特殊教育学校师资队伍建设方面取得了显著成效。截至2023年，全市特殊教育学校共有教师1384人。其中，专任教师1173人，约占总数的84.75%；行政人员88人，约占总数的6.36%；教辅人员98人，约占总数的7.08%；工勤人员25人，约占总数的1.81%。根据《北京市"十四五"特殊教育发展提升行动计划》的相关政策要求，到2025年，要根据不同学段、不同专业配足配齐特殊教育教师，这为特殊教育教师队伍建设指明方向。

在特殊教育学校教师配备方面，当前北京市建立了以特殊教育学校教师为骨干，以资源教师、随班就读教师为主体，以巡回指导教师为指导，以送教上门教师为补充的多层次特殊教育师资队伍，[①] 这种配备方式确保了特殊教育学校能够拥有足够数量的专业教师，以满足不同类型和程度的特殊教育需求。

在招聘与引进方面，通过公开招聘和人才引进等方式，积极吸引优秀的特殊教育专业人才加入教师队伍。在中小学和幼儿园教师岗位中，增设了特

---

① 孙颖等：《聚焦高质量发展，办好首都人民满意的特殊教育》，《中国特殊教育》2021年第6期。

殊教育教师岗，以扩大特殊教育教师的来源渠道。

在待遇保障方面，持续提高特殊教育教师的待遇水平，绩效工资分配向特殊教育教师倾斜。这种政策导向不仅体现了对特殊教育教师的尊重和关爱，也激发了他们的工作积极性和创造力。

在职称晋升方面，加大对特殊教育学校教师职称评审工作的支持力度，不断完善相关政策措施和配套制度。截至2023年，北京市特殊教育学校专任教师中助理级职称占比为33.06%，中级占比为40.13%，高级占比为20.11%。

在专业发展方面，通过定期组织教师培训、交流研讨等活动，不断提升特殊教育教师的专业素养和教育教学能力，完善融合教育"市—区—学区—学校"四级教研体系。如海淀区创新了资源教师资格认证制度，推进"分类培训、分层培养"，不断优化培训课程体系，实现了融合教育教师的全员培训。

3. 经费保障情况

北京市坚决贯彻党中央、国务院及教育部关于"办好特殊教育"的要求，加大财政投入力度，通过设立专项资金、争取社会捐赠等方式，多渠道筹集特殊教育经费，确保特殊教育经费实现稳步增长。

在教育资助方面，学前教育阶段，北京市对幼儿园中的智力障碍儿童提供资助，资助对象包括持有"残疾人证"的残疾儿童等。资助标准通常包括免除保教费，具体标准依据不同区域和幼儿园的政策而定。例如，海淀区在对特殊儿童教育基地的支持项目中，设有针对智力障碍儿童的专项补助，补助标准会因幼儿园和具体政策而异。义务教育阶段，北京市对残疾学生（包括智力障碍学生）实行"三免"政策，即免除学杂费、免费提供教科书，并免除义务教育借读费。参照教育部颁布的《"十四五"特殊教育发展提升行动计划》，到2025年将义务教育阶段特殊教育生均公用经费标准提高至每生每年7000元以上。① 当前，北京市义务教育阶段生均公用经费标准

---

① 《国务院办公厅关于转发教育部等部门"十四五"特殊教育发展提升行动计划的通知》，教育部网站，2022年1月25日，http://www.moe.gov.cn/jyb_xxgk/moe_1777/moe_1778/202201/t20220125_596312.html。

已显著高于其他省（市），特殊学校学生以及普通学校随班就读学生标准达到每生每年1.2万元。对于家庭经济困难的残疾学生，还给予生活补助，补助标准和方式由各区根据实际情况制定。此外，北京市特殊教育学校也享有政府的专项经费支持，用于改善办学条件、提高教育质量、加强师资培训。

在康复补助方面，北京市为具有本市户籍、年龄不满16周岁且持有"残疾人证"的智力障碍儿童提供康复训练与服务补助。① 补助标准根据残疾类型不同而有所差异，但均设有最高限额，这些补助资金主要用于支持智力障碍儿童的康复训练和日常照护。例如，肢体、智力、听力言语残疾儿童少年每月最高补助不超过1500元。在保障辅助器具配发上，智力障碍儿童如有辅助器具需求，可在市残联公布的《北京市残疾儿童少年辅助器具免费配发目录》范围内申请免费配发。这些辅助器具有助于改善他们的生活和学习条件。

三 现实挑战

北京市智力障碍儿童教育发展在取得显著成效的同时，与实现教育高质量发展的目标仍然存在差距，亟须关注优质教育资源分配、教师队伍专业化水平、家庭支持和社会包容度等方面的问题，有效应对挑战。

（一）优质教育资源分配不均

尽管北京市坚持以市级统筹为主要手段，不断推动首都特殊教育的优质均衡发展，但仍然存在优质教育资源分配不均的问题。

一方面，不同区域的培智学校建设与发展存在差异。北京市各区之间的经济发展水平、财政投入及教育资源分配存在显著差异，导致培智学校的建设标准、硬件设施、师资力量等存在不均衡现象。例如，丰台区培智中心学校为全额拨款事业单位，隶属于丰台区教育委员会。2024年，丰台区培智

---

① 王晓慧：《北京残联十年"温暖答卷"》，《华夏时报》2022年10月24日。

中心学校的收入预算相较2023年增长了14%,其中人员经费和项目经费的增加是主要原因,这表明丰台区在特殊教育方面的投入持续增长,有助于提升学校的整体发展水平。而另一些区域则可能面临培智学校数量不足、办学条件差、设施陈旧、师资力量薄弱等问题。

另一方面,各区智力障碍儿童的融合教育推动力度不一。例如,西城区构建了学前融合教育支持体系,西城区培智中心学校附属展览路幼儿园在"让每个人都有尊严地生活"的办园思想指引下,秉持"融合、共享、成长"的教育理念,开展学前融合教育和课程实践。同时,西城区还注重培养专业师资力量,通过培训、交流研讨等方式提高教师的专业素养和教学能力,提升融合教育工作的胜任力。海淀区探索了融合教育巡回指导模式,通过健全组织结构、规范工作机制、优化师资队伍,构建线性支持网络式巡回指导模式。[①] 此外,海淀区还进行集团化办学实践,将优质教育理念、教学方法和师资力量引入特殊教育领域,促进融合教育发展。而另一些区域则因资源限制、观念差异等,融合教育的推进较为缓慢。

(二)教师队伍专业化水平仍需提升

近年来,随着国家对特殊教育事业重视程度的提升,北京市特殊教育教师的整体学历水平有所提高。截至2023年,全市特殊教育学校专任教师中本科学历占比达89.31%,相应地从事智力障碍教育的教师学历水平也在不断提升。但与普通教育教师的学历相比,仍存在差距,难以满足特殊教育领域对专业知识、教学技能及科研能力的高要求。此外,北京市不同地区、不同学校的特殊教育教师学历结构也存在差异,部分偏远地区或资源相对匮乏的学校则存在低学历教师,教师学历分布不均现象明显。

与此同时,特殊教育教师还存在在职培训不足、教研能力有待加强的问题。尽管北京市加强对教师的培训,并在《"十四五"时期北京市中小学幼

---

① 王红霞:《融合教育巡回指导模式探索——基于北京市海淀区的实践》,《现代特殊教育》2016年第17期。

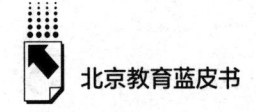

儿园教师培训学分管理办法》等文件中明确要求，特殊教育教师在一定周期内完成一定数量的培训学时，以获得相应的培训学分。但相对于庞大的特殊教育教师群体而言，能够获得高质量的在职培训机会仍然有限，部分教师需要多年才能参加一次系统高质量的培训。此外，不少教师还反映培训内容过于泛化，形式较为单一，缺乏针对不同程度智力障碍儿童教育的相关课程设计，导致教师在培训中难以获得切实有效的指导和支持，更难以将所学知识应用于教育教学实践中。在教研方面，特殊教育教师的教研能力普遍较弱，缺乏深入的教育研究和实践探索，难以形成具有创新性和实用性的教育成果。部分教师虽然具有教研意愿，但缺乏系统的指导和研究，难以开展高质量的教研活动。

（三）家庭支持和社会包容度有待提高

充足良好的家庭支持和社会包容度构成了智力障碍儿童教育发展的重要支撑。北京市智力障碍儿童教育面临家庭支持不足的挑战。首先，针对智力障碍儿童家庭的指导较为欠缺，涵盖教育理念、入学咨询、生涯发展等多个方面。许多智力障碍儿童家长羞于见人而不愿与外界交流，或存在溺爱心理对孩子过度娇纵，缺乏科学、系统的教育方法。[1] 部分家长缺乏专业知识，在如何与孩子沟通、如何设定合理的学习目标等方面感到困惑，需要提供家庭教育指导。[2] 其次，智力障碍儿童的家校合作形式较为单一，缺乏深入沟通和有效协作，导致家庭教育与学校教育脱节。最后，融合环境中普通学生家长的理念有待更新。目前部分普通学生家长对智力障碍儿童的认识较为片面，缺乏足够的包容和理解，这导致他们在日常生活中对智力障碍儿童产生偏见和歧视，影响融合教育顺利实施。

此外，北京市智力障碍儿童教育还面临社会包容度不高的挑战。在传统观念的影响下，社会上对于智力障碍的理解也往往局限于表面的认知障

---

[1] 徐丽丽：《国内智障儿童家庭教育研究现状及启示》，《长春大学学报》2021年第1期。
[2] 宋克霞：《修补"折翼天使"的翅膀——智障儿童家庭指导案例》，《现代特殊教育》2012年第6期。

碍和学习困难，忽视了这一群体在情感、社交、艺术等多方面可能存在的潜力和才能。同时，当前社会对于智力障碍者的关心和支持氛围尚未形成，公众对于这一群体的了解有限，缺乏主动关注和帮助的意愿。再加之相关的社会服务和支持体系尚不完善，难以满足智力障碍者及其家庭的基本需求。

四　对策建议

在新形势下，为持续推进智力障碍儿童教育的高质量发展，要全面贯彻党中央、国务院对于特殊教育的决策部署，落实立德树人的根本任务，立足特殊儿童成长规律和特殊教育发展规律，优化特殊教育资源配置、完善融合教育支持体系、建立完善的评估和监测体系、赋能家长角色，共同推动北京市智力障碍儿童教育事业的健康发展，努力使智力障碍儿童成长为国家的有用之才。

（一）优化特殊教育资源配置，夯实坚实教育基础

一方面，优化智力障碍儿童教育资源在区域间的均衡配置。北京市政府应出台相关政策，明确各区在智力障碍儿童教育上的责任与义务，通过财政拨款、教育资源倾斜等方式，确保各区域教育资源相对均衡。特别是对于教育资源匮乏的远郊区县，应进一步加大投入力度，建设或升级特殊教育学校及康复中心；完善各区之间的特殊教育发展联盟机制，搭建资源共享平台，实现师资力量、教学资料、康复设备等的跨区域流动与共享。组织定期的学术交流与经验分享活动，促进先进教育理念和方法的传播；根据人口分布和智力障碍儿童的实际需求，合理规划特殊教育学校的布局，确保每个区域都有适合智力障碍儿童就读的学校，减少因地理位置而带来的入学障碍。

另一方面，加大对特殊教育教师队伍建设的支持力度。设立专门的特殊教育教师培训基金，为教师提供定期的专业技能培训、最新教育理念和方法的学习机会。教师培训的内容应涵盖心理学、教育学、康复训练等多个领

域，以此提升特殊教育教师的综合素质和专业能力。加强与国内外特殊教育领域的交流与合作，引入先进的教学理念和教学方法。通过派遣教师出国学习、邀请专家来华讲座等方式，拓宽教师的国际视野，提升其专业水平。对在特殊教育领域做出突出贡献的教师给予表彰和奖励，包括职称评定、职务晋升、奖金发放等方面的优惠政策，激发教师的工作积极性和职业荣誉感。

（二）完善融合教育支持体系，共创和谐教育生态

首先，强化不同层级的资源中心对智力障碍儿童融合教育的支持。在市、区、学区、学校四级层面建立智力障碍儿童融合教育资源中心，提供个性化的评估、咨询、辅导和康复训练服务。[①] 资源中心应配备专业团队，包括特殊教育教师、心理咨询师、康复治疗师等，以满足不同孩子的多样化需求。建立资源共享和信息交流机制，确保各级资源中心能够高效协作，共同为智力障碍儿童提供全方位的支持。加强与医疗机构、社会组织的合作，形成多方联动的支持体系；定期组织经验交流会或研讨会，分享和推广在融合教育方面的成功案例和有效经验。鼓励学校之间、区域之间开展交流与合作，共同提升融合教育的质量和水平。

其次，加大融合教育专项资金的投入力度。建议北京市政府将融合教育纳入教育发展规划的优先领域，增加对融合教育的财政拨款。专项资金应重点用于资源中心建设、教师培训、课程开发、教学设备购置等方面。通过税收优惠、政策扶持等措施，鼓励企业、社会组织和个人捐赠资金或物资支持融合教育事业。探索建立公私合作模式，引导社会资本参与融合教育项目的建设和运营；建立健全融合教育专项资金的使用监管机制，确保资金使用的透明度和有效性。定期对资金使用情况进行评估和审计，及时调整和优化资金分配方案，确保资金真正惠及智力障碍儿童及其家庭。

最后，加强融合教育中学生以及家长之间的相互理解。通过举办校园讲

---

① 《北京市加大优质教育资源供给　推动特殊教育高质量发展》，教育部网站，2022年12月13日，http://www.moe.gov.cn/jyb_xwfb/s6192/s222/moe_1732/202212/t20221213_1032455.html。

座、召开家长会、开展社区宣传等多种形式，普及融合教育的意义和价值，增进普通学生及其家长对智力障碍儿童的理解与接纳。强调每个人都有独特的学习方式和节奏，营造相互尊重、包容和支持的学习氛围；鼓励学生之间开展结对帮扶活动，通过共同参与学习、游戏、社会实践等活动，加深彼此的了解和友谊。建立家长交流群或工作坊，分享教育心得，共同探讨如何更好地支持孩子的成长；在学校课程中融入情感教育内容，培养学生的同理心和责任感，引导学生学会关心、帮助和尊重身边的每一个人，包括智力障碍儿童。

（三）建立完善的评估和监测体系，基于结果进行科学决策

一方面，建立完善的评估和监测体系，明确评估和监测主体、制定监测标准。确立由政府部门、专业机构、学校、家长及社会各界共同参与的多元化评估和监测主体。政府部门负责总体规划和监督，专业机构提供技术支持和数据分析，学校作为实施主体负责日常监测，家长和社会各界则通过反馈机制参与评估。根据智力障碍儿童教育的特点和需求，制定科学合理的监测指标体系。这些指标应涵盖教育资源投入、教学质量、学生发展、家长满意度等多个维度，确保评估的全面性和客观性。明确监测数据的收集方法和周期，确保数据的准确性和时效性。

另一方面，基于评估和监测结果进行科学决策，包括学校发展布局及规划等。根据监测数据和分析结果，定期发布智力障碍儿童教育评估报告。报告应客观反映教育现状、存在的问题及改进建议，为政府和社会各界提供决策参考；根据评估结果，合理调整教育资源配置，优化特殊教育学校的布局和规划。对于教育资源匮乏的地区，加大投入力度，确保每个孩子都能享受到优质的教育资源。针对评估中发现的问题和薄弱环节，制定具体的政策与措施。例如，加强特殊教育教师队伍建设、提升家长参与度等，以全面提升智力障碍儿童教育的质量和效果。

（四）赋能家长教育角色，提升社会公众意识和接纳度

加强对智力障碍儿童家长的专业支持，赋能家长教育角色。定期举办家

长教育培训班或讲座，邀请专家讲解智力障碍儿童的特点、教育方法和康复技巧，帮助家长树立正确的教育观念，掌握科学的教育方法。建立家长互助组织，促进家长之间的经验交流和情感支持；设立家长咨询热线或建立在线咨询服务平台，为家长提供个性化的咨询服务，解答他们在教育孩子过程中遇到的问题和困惑。根据孩子的具体情况，为家长提供定制化的教育建议和康复方案；建立健全家校合作机制，定期召开家长会，加强与家长的沟通与交流，共同关注孩子的成长与发展。鼓励家长参与学校的教学活动和管理决策，形成家校共育的良好氛围。

提升社会对智力障碍儿童的公众意识和接纳度。通过媒体宣传、公益活动、志愿服务等形式，普及特殊教育知识，增强社会公众对智力障碍儿童的认识和理解。倡导社会各界关注和支持特殊教育事业的发展。政府和企业共同努力，为智力障碍青少年提供更多的就业机会和职业培训。通过设立特殊岗位、开展职业指导等方式，帮助他们融入社会并实现自我价值。加强社会舆论的引导和教育，形成全社会关心支持特殊教育的良好氛围。鼓励社会各界积极参与特殊教育事业的发展和建设，为智力障碍儿童创造更加公平、包容和友好的社会环境。

参考文献

王辉主编《特殊儿童教育诊断与评估》（第三版），南京大学出版社，2018。
傅王倩、郭媛媛：《论智力障碍定义演变及其实践影响》，《中国特殊教育》2021年第12期。
邹小兵、静进主编《发育行为儿科学》，人民卫生出版社，2005。
刘国艳等：《我国智障儿童研究的热点领域及前沿趋势——基于CiteSpace的可视化分析》，《中国特殊教育》2021年第9期。
徐冉、傅王倩、肖非：《培智学校校企合作模式的动力、特征及挑战——基于H学校的个案研究》，《中国特殊教育》2022年第1期。
孙颖等：《聚焦高质量发展，办好首都人民满意的特殊教育》，《中国特殊教育》2021年第6期。

王晓慧：《北京残联十年"温暖答卷"》，《华夏时报》2022年10月24日。

王红霞：《融合教育巡回指导模式探索——基于北京市海淀区的实践》，《现代特殊教育》2016年第17期。

徐丽丽：《国内智障儿童家庭教育研究现状及启示》，《长春大学学报》2021年第1期。

宋克霞：《修补"折翼天使"的翅膀——智障儿童家庭指导案例》，《现代特殊教育》2012年第6期。

B.9
北京孤独症儿童教育发展报告
（2024~2025）

贺荟中*

摘　要： 2024年，在《北京市新时代基础教育扩优提质行动计划实施方案》的指引下，北京市孤独症儿童教育呈现"高质量发展"的态势。基于此，本报告根据党的二十大报告提出的"加快建设高质量教育体系""强化学前教育、特殊教育普惠发展"的要求，结合北京市特殊教育发展的定位，以提升教育质量为导向，分析北京市孤独症儿童教育的发展历程、发展现状与面临的现实挑战，并提出如下对策建议：多方举措，提升孤独症学生的入学率；合理配置资源，强化孤独症学生受教育的两头延伸；全面提升教师的孤独症专业水平及教育教学支持服务能力；完善与加强政策制度等支持保障体系建设。通过这些举措，推动规范化、科学化的孤独症儿童教育体系的建设，提升教育质量，进而促进孤独症儿童能更好地融入社会并获得高质量的生活。

关键词： 孤独症儿童　入学率　教育质量　北京

一　发展历程

通过2009~2024年北京市教育委员会等相关部门发布的一系列政策文

---

* 贺荟中，博士，北京师范大学教育学部教授，主要研究方向为融合教育、孤独症儿童教育、孤独症儿童早期干预、孤独症儿童支持保障体系、孤独症人群社会融合。

件（见表1）可以看出，北京市教育委员会和北京市特教研究中心在贯彻落实党和政府及教育部关于特殊教育事业发展的政策精神过程中，结合北京市特殊教育发展取得的成效，针对儿童孤独症发生率高、教育入学需求量大、教育质量亟待提高的世界性难题，作出了系列部署，并稳步推进相关工作。如保障孤独症儿童的受教育权利，提升孤独症儿童的教育质量，加强孤独症儿童专业教师的培训培养等。

表1　2009~2024年北京市孤独症教育相关政策

序号	颁布时间	政策名称	发文机构
1	2024年7月	《北京市新时代基础教育扩优提质行动计划实施方案》	北京市教育委员会、北京市发展和改革委员会、北京市财政局
2	2024年5月	《关于深入推进儿童健康促进工作的通知》	北京市卫生健康委员会
3	2024年4月	《关于2024年义务教育阶段入学工作的意见》	北京市教育委员会
4	2023年1月	《北京市"十四五"特殊教育发展提升行动计划》	北京市教育委员会、北京市发展和改革委员会、北京市民政局、北京市财政局、北京市人力资源和社会保障局、北京市卫生健康委员会、北京市残疾人联合会
5	2021年11月	《北京市"十四五"时期妇女儿童发展规划》	北京市人民政府
6	2021年9月	《北京市"十四五"时期教育改革和发展规划（2021—2025年）》	北京市教育委员会
7	2019年9月	《北京市残疾儿童康复服务办法》	北京市残疾人联合会、北京市教育委员会、北京市财政局、北京市民政局、北京市卫生健康委员会
8	2019年8月	《北京市卫生健康委员会关于开展妇幼保健院评审工作的通知》	北京市卫生健康委员会
9	2019年1月	《北京市关于完善残疾儿童康复服务制度的意见》	北京市人民政府办公厅
10	2018年3月	《2018年北京市妇幼健康服务工作要点》	北京市卫生健康委员会

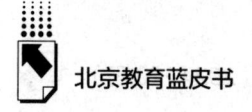

续表

序号	颁布时间	政策名称	发文机构
11	2017年9月	《"健康北京2030"规划纲要》	中共北京市委、北京市人民政府
12	2017年5月	《北京市残疾预防行动计划（2017—2020年）》	北京市人民政府残疾人工作委员会
13	2013年1月	《关于进一步加强随班就读工作的意见》	北京市教育委员会、北京市人民政府教育督导室、北京市残疾人联合会
14	2009年10月	《关于贯彻落实第四次全国特殊教育工作会议精神进一步加快首都特殊教育事业发展的意见》	北京市教育委员会、北京市人民政府教育督导室、北京市发展和改革委员会、北京市民政局、北京市财政局、北京市人力资源和社会保障局、北京市卫生局、北京市机构编制委员会办公室、北京市残疾人联合会

资料来源：根据公开资料整理所得。

（一）保障孤独症儿童的受教育权利

1. 加强制度保障

从制度上加强对孤独症儿童受教育权利的保障。例如，2009年10月，北京市教育委员会、市人民政府教育督导室、市发展和改革委员会等九个部门联合印发的《关于贯彻落实第四次全国特殊教育工作会议精神进一步加快首都特殊教育事业发展的意见》提出，"以多种形式对重度肢体残疾、重度智力残疾、孤独症、脑瘫和多重残疾儿童少年等实施义务教育，不断满足残疾儿童少年多样化的特殊教育需求"。[①] 2013年1月，北京市教育委员会、市人民政府教育督导室、市残疾人联合会共同印发《关于进一步加强随班就读工作的意见》，特别明确了随班就读对象"包括脑瘫、孤独症及其他类

[①] 《北京市教委、市政府教育督导室、市发展改革委等关于贯彻落实第四次全国特殊教育工作会议精神进一步加快首都特殊教育事业发展的意见》，法邦网，2009年10月29日，https://code.fabao365.com/law_454781_1.html。

别的残疾儿童少年"，将孤独症儿童少年纳入政策保障范围。① 2022年2月，北京市教育委员会发布《坚持市级统筹　强化优先保障　以"首善"标准推进首都特殊教育优质均衡发展》，明确指出"北京市坚决贯彻党中央、国务院和教育部'办好特殊教育'要求，立足首都城市功能定位，以'保障每一个残疾儿童少年能够在公平、包容的环境中接受适宜的教育'为总目标，多措并举统筹推进特殊教育改革发展，首都特色、首善标准的高质量特殊教育体系初步建成"。这里的残疾儿童少年包括孤独症儿童在内。②

2. 提高孤独症儿童就近入学比例

通过政策保障、制度建设及市级统筹安排等多方面举措，全面提高孤独症儿童就近入学比例。2022年2月，北京市教育委员会发布《坚持市级统筹　强化优先保障　以"首善"标准推进首都特殊教育优质均衡发展》，明确提到"统筹学段服务，教育体系更趋完善。全面提高义务教育阶段普及水平，同等条件优先保障残疾儿童少年就近就便入学，全市就近入学率稳定在99%以上，实现较高质量的零拒绝、全覆盖"，这里的残疾儿童少年包括孤独症儿童在内。基础教育扩优提质行动中关于学前教育和特殊教育的案例"北京市坚持首善标准，提升孤独症儿童融合教育质量"明确指出，"研究出台义务教育招生中孤独症儿童优先入学制度，优先保障符合入学条件的孤独症儿童就近、就便进入普通学校就读，实现每一名孤独症儿童应入尽入，还能优先进入'家门口的好学校'"。③ 2024年4月，北京市教育委

---

① 《关于进一步加强随班就读工作的意见（京教基二〔2013〕1号）》，北京市残疾人联合会网站，2013年1月12日，https://www.bdpf.org.cn/n1508/n1509/n1515/c68492/content.html。
② 《坚持市级统筹　强化优先保障　以"首善"标准推进首都特殊教育优质均衡发展》，教育部网站，2022年2月18日，http://www.moe.gov.cn/jyb_xwfb/moe_2082/2022/2022_zl07/202202/t20220218_600460.html。
③ 《学前教育普惠保障，特殊教育学生关爱，让每个孩子幼有优育、学有优教｜基础教育扩优提质行动⑤》，"人民教育"微信公众号，2024年3月18日，https://mp.weixin.qq.com/s?_biz=MzAxOTE1NzE2Ng==&mid=2651619120&idx=1&sn=a48c9d458388c30ba15cc9e3bdb0d1d1&chksm=803386f1b7440fe72af52d051aa6d91e76e2ca365830ea9536546c35245b0be7ecfc693ae5fc&scene=27。

员会发布的《关于2024年义务教育阶段入学工作的意见》明确指出，残疾儿童少年同等条件下在服务范围内就近就便优先入学，① 这一文件的颁布再次为提高孤独症儿童就近入学比例提供了政策保障。

3. 扩大学位供给，满足多样教育需求

通过文件颁发、政策引导，为包括孤独症儿童在内的残疾儿童少年扩大学位供给，满足残疾儿童少年多样教育需求，切实有效地保障孤独症儿童少年的受教育权利。2021年9月，北京市教育委员会印发的《北京市"十四五"时期教育改革和发展规划（2021—2025年）》中的"促进特殊群体教育保障提质升级"部分，明确指出"扩大学前特殊教育学位供给，提高义务教育阶段特殊教育办学质量，加快发展以职业教育为主的高中阶段特殊教育，提高残疾人接受高等教育的比例。加强特殊教育师资培训和课程资源建设，持续推进特教学校达标工作。推进融合教育，加强自闭症基地和学区融合教育资源中心建设，为有特殊需求的少年儿童提供适宜的教育"。② 2023年，北京市教育委员会联合相关部门发布了《北京市"十四五"特殊教育发展提升行动计划》，提出"各区科学规划、按需建设孤独症儿童特殊教育学校或学部，继续实施特殊教育学校学生双学籍制度"。③ 2024年7月，北京市教育委员会在发布的《北京市新时代基础教育扩优提质行动计划实施方案》中明确指出"依托北京市盲人学校建设北京市特殊教育资源中心和北京市孤独症特殊教育学校"，④ 这扩大了孤独症儿童少年的学位供给，更好地满足了一些中重度孤独症儿童的教育需求。

---

① 《北京市教育委员会关于2024年义务教育阶段入学工作的意见》，北京市教育委员会网站，2024年4月23日，https：//jw.beijing.gov.cn/xxgk/2024zcwj/2024xzgfwj/202404/t20240423_3632758.html。
② 《北京市"十四五"时期教育改革和发展规划（2021—2025年）》，北京市人民政府网站，2021年9月30日，https：//www.beijing.gov.cn/zhengce/gfxwj/202110/t20211008_2507725.html。
③ 《北京市教育委员会等七部门关于印发北京市"十四五"特殊教育发展提升行动计划的通知》，北京市人民政府网站，2023年1月19日，https：//www.beijing.gov.cn/zhengce/gfxwj/202302/t20230208_2913298.html。
④ 《北京市教育委员会北京市发展和改革委员会北京市财政局关于印发〈北京市新时代基础教育扩优提质行动计划实施方案〉的通知》，北京市教育委员会网站，2024年7月31日，https：//jw.beijing.gov.cn/xxgk/2024zcwj/2024xzgfwj/202407/t20240731_3763642.html。

（二）提升孤独症儿童的教育质量

1. 加强制度建设

北京市在孤独症儿童教育领域持续发力，通过建立与完善孤独症儿童接受高质量教育所需的多方面制度，来提升孤独症儿童的教育质量。一是在资源配备与助学方面，主要涉及办学条件、师资配备等制度；二是在安置方面，主要包括筛查与评估、教育安置、双学籍等制度；三是在学校管理与教学方面，主要涉及教育形式等制度；四是在评价方面，主要包括特殊教育与融合教育质量评价等制度。

最早于2009年10月，北京市教育委员会、市人民政府教育督导室等九个部门联合发布的《关于贯彻落实第四次全国特殊教育工作会议精神进一步加快首都特殊教育事业发展的意见》提出，"对特教学校全面实施素质教育情况开展督导评价，不断提高特教学校办学质量……逐步建立健全特殊教育质量评估制度"，通过质量评估制度的建立与健全来提升特殊教育质量。并且提出，"以多种形式对重度肢体残疾、重度智力残疾、孤独症、脑瘫和多重残疾儿童少年等实施义务教育，不断满足残疾儿童少年多样化的特殊教育需求，"通过随班就读、特殊教育学校教育、远程教育等多样化的教育形式来满足孤独症儿童的教育需求，保障教育质量。[①] 2013年，北京市教育委员会发布《北京市特殊教育学校办学条件标准》，为保证学校教育质量、管理效率以及办学效益，对特殊教育学校的规模（班数规模、学生人数规模）进行了规定，并且对相应的师资配备进行了规定。[②] 旨在规范和提升特殊教育学校的办学条件，以满足特殊儿童的教育需求，保障特殊儿童的教育质量。而且同年发布的《关于进一步加强随班就读工作的意见》在将

[①] 《北京市教委、市政府教育督导室、市发展改革委等关于贯彻落实第四次全国特殊教育工作会议精神进一步加快首都特殊教育事业发展的意见》，法邦网，2009年10月29日，https://code.fabao365.com/law_454781_1.html。

[②] 《关于印发北京市特殊教育学校办学条件标准的通知》，北京市人民政府网站，2013年7月31日，https://www.beijing.gov.cn/zhengce/gfxwj/201905/t20190522_57688.html。

孤独症儿童纳入随班就读的对象后，还对孤独症儿童的随班就读工作进行了具体规定，文件中明确指出，"学校应安排师德素质较高，具备特殊教育基础知识和技能并有一定教学经验的教师担任接收随班就读学生班级的班主任"。① 这一措施确保了孤独症儿童能够在专业的师资指导下，更好地融入普通教育环境，获得更有效的教育支持。2023 年，北京市教育委员会等七部门印发了《北京市"十四五"特殊教育发展提升行动计划》，该文件提出，北京市要科学规划、按需建设孤独症儿童特殊教育学校或学部，并继续实施双学籍制度。② 为孤独症儿童提供更多接受融合教育的机会。

相关政策不仅关注到孤独症儿童教育本身，而且对教育密不可分的康复进行了规定，如 2019 年修订的《北京市残疾儿童康复服务办法》中提到了对 0~15 周岁的残疾儿童，包括孤独症儿童，提供基本康复服务，并按规定享受康复补贴。③ 旨在保障残疾儿童的康复权益，提供个性化、便利化、社会化康复服务。2021 年印发的《北京市"十四五"时期妇女儿童发展规划》提出，"推进儿童视力、听力、肢体、智力和孤独症等筛查……智力、肢体、孤独症筛查率达到97%以上"。④ 2024 年，北京市教育委员会印发的《关于 2024 年义务教育阶段入学工作的意见》主张残疾儿童少年同等条件下在服务范围内就近就便优先入学，⑤ 并且《北京市新时代基础教育扩优提

---

① 《关于进一步加强随班就读工作的意见（京教基二〔2013〕1 号）》，北京市残疾人联合会网站，2013 年 1 月 12 日，https：//www.bdpf.org.cn/n1508/n1509/n1515/c68492/content.html。
② 《北京市教育委员会等七部门关于印发北京市"十四五"特殊教育发展提升行动计划的通知》，北京市人民政府网站，2023 年 1 月 19 日，https：//www.beijing.gov.cn/zhengce/gfxwj/202302/t20230208_2913298.html。
③ 《关于印发〈北京市残疾儿童康复服务办法〉的通知》，北京市残疾人联合会网站，2020 年 4 月 21 日，https：//www.bdpf.org.cn/n1508/n1509/n1514/n2958/c73534/content.html。
④ 《北京市人民政府关于印发〈北京市"十四五"时期妇女儿童发展规划〉的通知》，北京市人民政府网站，2021 年 12 月 15 日，https：//www.beijing.gov.cn/zhengce/zhengcefagui/202112/t20211215_2561570.html。
⑤ 《北京市教育委员会关于 2024 年义务教育阶段入学工作的意见》，北京市教育委员会网站，2024 年 4 月 23 日，https：//jw.beijing.gov.cn/xxgk/2024zcwj/2024xzgfwj/202404/t20240423_3632758.html。

质行动计划实施方案》进一步提出，通过制定孤独症儿童教育康复训练基地等的规范，提升服务质量。

2. 提升特殊学校孤独症儿童的教育质量

北京市从对孤独症儿童教育经费资助、改善办学条件、采用双学籍的培养模式等入手，提升特殊学校孤独症儿童的教育质量。如2009年，北京市教育委员会和北京市财政局印发的《关于调整北京市基础教育特殊教育学校公用经费定额标准的通知》，提出新增孤独症学生的沟通辅具作为定额开支项目。[①] 2013年，北京市教育委员会印发《北京市特殊教育学校办学条件标准》，就特殊教育学校的规模（班数规模、学生人数规模）、同步配备的设备以及教师等工作人员进行了规定，规范特殊教育学校的办学，保障孤独症儿童教育质量。[②] 随着孤独症发生率的提升，孤独症儿童日益增长的教育需求引起了广泛的关注，2018年印发的《北京市特殊教育提升计划（2017—2020年）》，提出在孤独症高发地区布局建设孤独症儿童教育康复训练基地，通过基地的建设为随班就读的孤独症学生提供教育与康复支持。[③] 2023年1月，北京市教育委员会联合市发改委等部门制定印发《北京市"十四五"特殊教育发展提升行动计划》，提出"各区科学规划、按需建设孤独症儿童特殊教育学校或学部，继续实施特殊教育学校学生双学籍制度"。2024年7月，北京市教育委员会印发了《北京市新时代基础教育扩优提质行动计划实施方案》，提出"依托北京市盲人学校建设北京市特殊教育资源中心和北京市孤独症特殊教育学校，推动建设国家级特殊教育数字化资源中心"。[④]

[①] 《（失效）北京市教育委员会北京市财政局关于调整北京市基础教育特殊教育学校公用经费额标准的通知》，北京市教育委员会网站，2010年1月12日，https：//jw.beijing.gov.cn/xxgk/zfxxgkml/zfgkzcwj/202001/t20200107_1563043.html。

[②] 《关于印发北京市特殊教育学校办学条件标准的通知》，北京市人民政府网站，2013年7月31日，https：//www.beijing.gov.cn/zhengce/gfxwj/201905/t20190522_57688.html。

[③] 《关于印发〈北京市特殊教育提升计划（2017—2020年）〉的通知（京教基二〔2018〕3号）》，北京市残疾人联合会网站，2018年3月22日，https：//www.bdpf.org.cn/cms68/web1459/subject/n1/n1459/n1508/n1509/n1515/c68493/content.html。

[④] 《北京市教育委员会北京市发展和改革委员会北京市财政局关于印发〈北京市新时代基础教育扩优提质行动计划实施方案〉的通知》，北京市教育委员会网站，2024年7月31日，https：//jw.beijing.gov.cn/xxgk/2024zcwj/2024xzgfwj/202407/t20240731_3763642.html。

这既为盲校转型提供了参考，又通过对现代信息技术的利用，开发和提供多样化的特殊教育课程资源，革新了教育方式，保障孤独症儿童的教育公平和教育质量。同时，要求制定市区级特殊教育中心、孤独症儿童教育康复训练基地等的运行规范，提升服务质量。

3. 多方合作，提升孤独症儿童的融合教育质量

北京市孤独症儿童融合教育质量的提升得益于多方合作的协同努力。首先，北京市教育委员会通过加强市级统筹，印发的《关于2024年义务教育阶段入学工作的意见》提出孤独症等特殊儿童优先入学的原则，确保了孤独症儿童能够就近就便进入普通学校就读，体现了政府在保障孤独症儿童接受义务教育权利中的主导作用。① 其次，全市各区成立的特殊教育专家委员会，为孤独症儿童提供了全面、科学的入学教育评估，确保每个孤独症儿童都能得到最适宜的教育安置。② 并且，北京市通过建立市级示范性孤独症儿童教育康复训练基地，为孤独症儿童提供了专业的教育和康复服务。这些基地作为普通学校开展孤独症儿童融合教育的专业支持力量，通过三级教育需求评估和三级支持性课程响应，为孤独症儿童提供了个性化的教育支持。专业评估、个性化支持方案的制定，以及孤独症儿童的教育与康复支持凸显了专家在孤独症儿童教育中的专业性和必要性。再次，普通学校建立的融合教育推进委员会，由校长、教师、资源教师和家长代表组成，共同推进融合教育工作，这种多方参与的合作机制，不仅提高了孤独症儿童的教育质量，也促进了校园文化的包容性和多样性。最后，孤独症儿童融合教育的质量和效果的提升还依赖于教师、家长和社会各界的共同努力，通过构建专业教师支持网络、教研体系，搭建一站式信息技术支持平台，为孤独症儿童提供了全方位的教育支持。同时，通过社会宣导和

---

① 《北京市教育委员会关于2024年义务教育阶段入学工作的意见》，北京市教育委员会网站，2024年4月23日，https：//jw.beijing.gov.cn/xxgk/2024zcwj/2024xzgfwj/202404/t20240423_3632758.html。

② 孙颖等：《聚焦高质量发展，办好首都人民满意的特殊教育》，《中国特殊教育》2021年第6期。

家长培训，增强公众对孤独症儿童的理解和支持，为孤独症儿童创造更加友好和包容的教育环境。

（三）加强孤独症儿童专业教师的培训培养

为确保孤独症儿童能够获得高质量的融合教育，北京市重视孤独症儿童专业教师的培训培养工作。这一工作的核心目标是打造一支专业化的特殊教育师资队伍，以满足孤独症儿童多样化的教育需求。

1. 注重特殊教育师范生孤独症专业素养的提升

首先，聚焦高素质师资队伍的建设，需要从特殊教育专业师资源头培养上推进，加强孤独症儿童专业教师的职前培养。在高等教育机构，如北京师范大学招收特殊教育专业免费师范生，在支持符合条件的毕业生免试攻读非全日制教育硕士的基础上，支持公费师范生免试攻读全日制教育硕士后再履约任教，以提升特殊教育师范生的专业素养。北京联合大学特殊教育学院增设教育康复学专业，旨在培养具备医疗和教育双重专业能力的人才，以实现医疗与教育的深度融合，并提供综合性康复服务。其次，重视融合教育教师的培养，通过扩大特殊教育硕士项目的招生规模，加强该领域的人才培养。2018~2023年，特教学院特殊教育专业的毕业生在融合教育师资队伍中的比重持续上升，每年大约有10名特殊教育方向的专业硕士生被录取。这些措施的实施，旨在提升特殊教育专业人才的质量和数量，以更好地满足孤独症儿童的教育需求。

2. 大力加强特殊教育教师孤独症专业素养的提升

教师培训是提升教师专业素养的重要途径。北京市持续强化特殊教育学校教师的岗位培训工作。为此，北京市规划并实施了一套综合考虑分类、分层和分岗的特殊教育教师培训体系。在这一体系下，特殊教育学校教师的继续教育被单独列为一系列项目，进行单独规划并设置了专门课程。截至2020年底，所有特殊教育学校的教师均已完成不少于360课时的继续教育，并获得至少36学分，从而满足了既定的继续教育要求。此外，融合教育的专业师资队伍也在不断壮大。北京市已经建立了以特殊教育学校教师为骨干，以资源教师和随班就读教师为主体，以巡回指导教师为指导，以送教上门教师为补充的多元化特殊教育师资队伍。这一师资队伍的建设推动了融合教育学校形成了"1+N+1"的专业教师团队模式，即由1名班主任、N名学科教师以及1名巡回指导教师或资源教师组成，这一模式有效地推动了融合教育的发展。① 这种专业教师团队的构建，为孤独症儿童提供了更加全面和专业的教育支持。

3. 持续增强孤独症教研员的实践指导能力

北京市通过持续增强孤独症教研员的实践指导能力，促进研究成果与教学实践的紧密结合，提升孤独症儿童的教育质量。首先，北京市特殊教育研究指导中心成立孤独症儿童研究室，专注于孤独症儿童教育教学的研究。同时，中心还统筹建立了孤独症儿童教育教研组，负责引导全市各区建立教研组织，强化个案研究，并加强对普通学校孤独症儿童通用学习设计的指导。其次，为满足全区孤独症儿童逐年增长的教育需求，北京市已组建三个融合教育专题教研组，其中一个专门负责孤独症儿童教育干预。教研组的成员来源于普通中小学校的融合教育教师和资源教师，会定期开展专题教研活动。通过专业课程学习、个案研讨、专家点评指导以及学校跟踪实践等多种方式进行专题研修，旨在全面提升普通学校教师在融合教育方面的专业素养。② 最后，北京市以针对孤独症儿童的融合教育教研为抓手，提升融合教育教师和孤独症教育专业教师的业务能力。通过持续加强特殊教育与普通教育的融合联动，将孤独症儿童教育需求纳入普通教育教研中，形成市级教研引领，区、学区、学校教研联动的孤独症儿童融合教育四级教研支持体系，营造"研—学—用"共同发展的良好态势，③ 旨在为孤独症儿童提供更加专业和个性化的教育支持。

---

① 孙颖等：《聚焦高质量发展，办好首都人民满意的特殊教育》，《中国特殊教育》2021年第6期。
② 孙颖等：《基于生态系统理论构建的融合教育专业支持系统探究——以北京市为例》，《中国特殊教育》2020年第7期。
③ 《学前教育普惠保障，特殊教育学生关爱，让每个孩子幼有优育、学有优教丨基础教育扩优提质行动⑤》，"人民教育"微信公众号，2024年3月18日，https：//mp.weixin.qq.com/s?__biz=MzAxOTE1NzE2Ng==&mid=2651619120&idx=1&sn=a48c9d458388c30ba15cc9e3bdb0d1d1&chksm=803386f1b7440fe72af52d051aa6d91e76e2ca365830ea9536546c35245b0be7ecfc693ae5fc&scene=27。

二 发展现状

北京市致力于保障孤独症学生能接受公平且高质量的特殊教育。目前，北京市孤独症学生的教育安置呈现以随班就读为主、特殊教育学校为重要补充、送教上门为辅助方式的特点。在教学教育中，通过校内采取诸多措施与校外建立孤独症儿童教育支持中心和孤独症儿童教育康复训练基地，为孤独症学生提供支持。通过模型建构与成效检验，探索孤独症学生高质量融合教育模式。并且，北京市目前注册了诸多民办机构，为孤独症儿童提供教育康复与家庭咨询等服务。

（一）孤独症学生的教育安置现状及特征

1. 教育安置现状

根据北京市对特殊教育学生教育安置的统计数据，2023年，全市共安置了7805名残疾学生，其中精神残疾学生为1309名。在学前教育阶段，特殊教育学校安置了12名学生。在义务教育阶段，特殊教育学校安置了2927名学生，随班就读安置了4279名学生，特殊教育班安置了91名学生，其中精神残疾学生分别为368名、912名和2名。在高中教育阶段，特殊教育学校安置了496名学生，其中精神残疾学生为27名（见表2）。

表 2 2023年北京市全市特殊教育学生基本信息

单位：人

学段	安置方式	精神残疾	全部残疾
学前教育阶段	普通幼儿园	—	0
	特殊教育学校	0	12
	小计	0	12
义务教育阶段	特殊教育学校	368	2927
	随班就读	912	4279
	特殊教育班	2	91
	小计	1282	7297

续表

学段	安置方式	精神残疾	全部残疾
高中教育阶段	特殊教育学校	27	496
	普通高中	—	—
	中等职业学校	—	—
	小计	27	496
合计		1309	7805

资料来源：北京市教育委员会，《2023-2024学年度北京教育事业发展统计概况》，2024年3月。

截至2023年，随班就读成为孤独症儿童的主要教育安置形式，共有912名孤独症儿童采用此方式，占孤独症学生总数的69.72%。特殊教育学校的安置占比为30.13%（见图1）。其中，有1.50%的孤独症儿童通过送教上门的方式接受教育，孤独症儿童的教育主要集中在义务教育阶段。

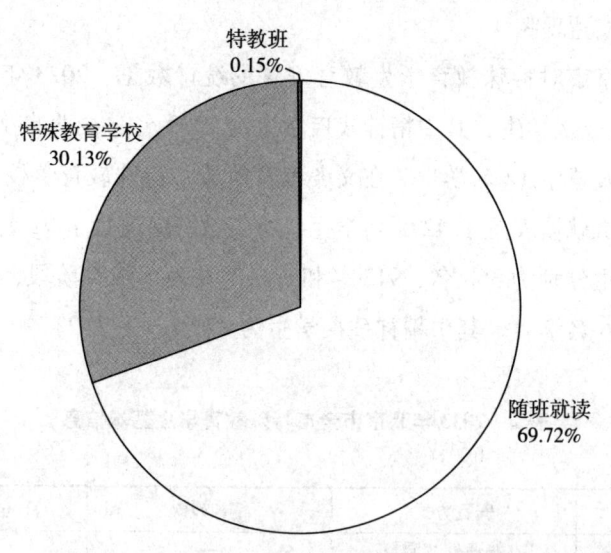

图1 2023年孤独症儿童教育安置形式占比情况

2.教育安置特征

北京市孤独症学生的安置形式呈现以普通学校的随班就读为主、特殊教育学校为重要补充、送教上门为辅助方式的特点。在学段分布上，孤独症儿童的教育主要集中在义务教育阶段,学前与高中阶段的教育参与较少。这种安置模式体现了北京市在孤独症儿童教育方面具有一定的包容性和多样性,旨在为孤独症儿童提供更加适宜且多元的教育环境和支持。同时,这也体现了北京市孤独症学生在安置学段上呈现以义务教育为主、学前与高中阶段教育不足的特点。孤独症学生在这两个阶段还有较大的潜在需求。

(二)孤独症学生的教育教学支持与实践基地建设

1.教育教学支持

北京市从保障孤独症学生优先入学机会、科学安置、制度建设、师资建设以及经费补助等方面,为其提供教育教学支持。首先,北京市教育委员会出台了《关于2024年义务教育阶段入学工作的意见》,提出残疾儿童少年可以优先入学,通过政策支持确保他们能够就近进入学校就读。[①] 全市各区成立了特殊教育专家委员会,负责完善孤独症儿童的入学评估和安置机制,为他们提供全面的教育评估,并与家长和学校共同确定最合适的教育方案。此外,北京市还推进了普通学校融合教育推进委员会制度建设,[②] 为孤独症儿童的教育教学支持提供了明确的规范和方法。其次,北京市重视师资队伍建设,构建了孤独症教育教师专业支持网络,培育了孤独症儿童教育支持教师和特殊教育评估教师两支新型融合教育专业师资力量。通过构建孤独症儿童融合教育教研体系,提升了融合教育教师和孤独症教育专业教师的业务能力,形成了市级教研引领,区、学区、学校教研联动的孤独症儿童融合教育

[①] 《北京市教育委员会关于2024年义务教育阶段入学工作的意见》,北京市教育委员会网站,2024年4月23日,https://jw.beijing.gov.cn/xxgk/2024zcwj/2024xzgfwj/202404/t20240423_3632758.html。

[②] 《学前教育普惠保障,特殊教育学生关爱,让每个孩子幼有优育、学有优教!基础教育扩优提质行动⑤》,"人民教育"微信公众号,2024年3月18日,https://mp.weixin.qq.com/s?__biz = MzAxOTE1NzE2Ng = = &mid = 2651619120&idx = 1&sn = a48c9d458388c30ba15cc9e3b db0d1d1&chksm = 803386f1b7440fe72af52d051aa6d91e76e2ca365830ea9536546c35245b0be7ecfc 693ae5fc&scene = 27。

四级教研支持体系，①确保孤独症儿童能够在校园中得到接纳并接受适宜的教育。最后，在经费支持方面，北京市落实了特殊教育生均公用经费标准，保障了孤独症儿童在普通学校就读的特殊教育生均公用经费投入，用于孤独症儿童学习用品、教育教学、康复训练、实践活动、课后服务及教师培训等方面的开支。此外，还实施了"四免多补"资助政策，优先保障家庭经济困难的孤独症学生获得资助，改善了普通学校融合教育办学条件，推进了校园无障碍环境建设。

2. 实践基地建设

北京市依托所在区特殊教育学校、特教中心或普通学校资源教室，根据全市孤独症学生分布情况，在东城、西城、朝阳、海淀、怀柔、顺义、昌平和通州等8个区设立区级孤独症儿童教育支持中心，并设立14个市级示范性孤独症儿童教育康复训练基地。②孤独症儿童教育支持中心由各区特殊教育（融合教育）中心承接，负责区域内孤独症儿童的评估安置、转衔、个案巡回指导，以及对接收孤独症儿童的融合教育学校（园）教师进行全员培训。孤独症儿童教育康复训练基地由各区特殊教育学校承接，主要负责区域内融合教育学校（园）孤独症儿童的定期教育康复训练和入校巡回指导，同时作为普通学校开展孤独症儿童融合教育的专业支持力量。这些基地为孤独症儿童提供了感知觉、运动能力、言语语言以及情绪与社会性行为管理等干预性课程，以及音乐与表演、绘本与戏剧等方面的潜能开发性课程，实现了"一人一案"的设计与支持性服务。③

---

① 孙颖等：《基于生态系统理论构建的融合教育专业支持系统探究——以北京市为例》，《中国特殊教育》2020年第7期。
② 孙颖等：《基于APS质量框架的孤独症儿童融合教育质量提升实践研究——以北京市为例》，《中国特殊教育》2023年第6期。
③ 《学前教育普惠保障，特殊教育学生关爱，让每个孩子幼有优育、学有优教丨基础教育扩优提质行动⑤》，"人民教育"微信公众号，2024年3月18日，https：//mp.weixin.qq.com/s?__biz=MzAxOTE1NzE2Ng==&mid=2651619120&idx=1&sn=a48c9d458388c30ba15cc9e3bdb0d1d1&chksm=803386f1b7440fe72af52d051aa6d91e76e2ca365830ea9536546c35245b0be7ecfc693ae5fc&scene=27。

（三）孤独症学生融合教育质量全面提升的实践探索

1. 模型建构

北京市在融合教育方面进行了积极的探索与实践。致力于通过构建孤独症学生融合教育质量框架助力高质量融合教育的发展。例如，有研究针对北京市孤独症学生在普通学校面临的"进入难、参与少、支持弱"的问题，根据国际通用的"进入—参与—支持（Access-Participation-Support，APS）"融合教育质量框架，结合北京市的实际情况，构建了一个以"能进入、深参与、强支持"为核心的孤独症儿童融合教育质量框架。具体而言，这一框架提出了多级一体化的制度以实现"能进入"，多层一体化的课程以促进"深参与"，以及多方一体化的支持以保障"强支持"的实践模式。这一模式通过制度、课程和支持的一体化设计，为孤独症儿童提供了一个全方位的教育支持体系。[①]

2. 成效检验

北京市基于APS构建的融合教育质量框架开展融合教育实践，并通过问卷调查、深入访谈等方式对实践模式的成效进行了评估。评估发现，该框架积极改善了孤独症学生的融合教育质量，在一定程度上解决了普通学校在接纳孤独症学生时面临的现实难题。具体而言，结果显示该模式使得孤独症学生的入学率以及接受融合教育的比例显著提高。例如，入学率从2016年的99.1%提高至2021年的99.9%以上，包括孤独症学生在内的所有特殊需要学生的融合教育比例达到70.0%以上，较2016年提高了5个百分点。针对家长的调查显示，91.0%的孤独症学生申请入学就读的过程很顺利，94.2%的孤独症学生是在片区内就近入学，这表明孤独症学生总体入学较为顺利。此外，孤独症学生在校学业参与和社会参与情况较好。调查结果表明，91.9%的孤独症学生在班级学习和活动中得到了教师与同

[①] 孙颖等：《基于APS质量框架的孤独症儿童融合教育质量提升实践研究——以北京市为例》，《中国特殊教育》2023年第6期。

伴的主动支持，96.1%的孤独症学生与同班同学相处愉快，79.4%的孤独症学生在主动完成作业和学习任务方面取得明显进步，77.9%的孤独症学生在学业方面取得进步。同时，孤独症学生获得了更专业的支持服务。在教师的专业支持方面，全市共有巡回指导教师100人、资源教师462人，其中专职资源教师占比达到20.7%，较2016年提高了9个百分点。此外，还培养特殊教育评估教师31人、孤独症儿童教育支持教师33人，服务范围覆盖全市16个区所有开展融合教育的中小学校。[1]

（四）孤独症学生康复训练服务的民办机构

1. 民办机构数量与职能

民办机构为孤独症学生提供了除公立机构外的另一选择，致力于开展针对孤独症学生的康复训练服务。根据北京市残疾人联合会公布的信息，截至2024年，登记备案的民办康复机构有30余家，但实际中还有一些未被统计在内。这些机构主要通过应用行为分析等方法，为孤独症学生提供包括社交、认知与语言等方面在内的康复服务，为家庭提供咨询与培训服务等。

2. 康复训练服务

这些民办机构通过提供多方面的康复训练，帮助孤独症学生改善言语语言能力、提升社交技能并纠正行为问题。服务方式包括全日制、活动式等，以满足不同孤独症学生及其家庭的需求，为孤独症学生的安置提供了更多选择。但部分民办机构为节省成本，会招聘专业性不强，甚至未接触过特殊教育行业的人士对孤独症学生进行康复训练。这些机构人员对孤独症这一精神疾病的相关专业知识掌握不足，缺乏深入了解，导致为孤独症学生提供教育和康复的机构人员掌握的专业知识和拥有的技术水平参差不齐。因此，该部分民办机构孤独症学生的康复训练过程较为刻板，灵活性与针对性不足。

---

[1] 孙颖等：《基于APS质量框架的孤独症儿童融合教育质量提升实践研究——以北京市为例》，《中国特殊教育》2023年第6期。

三 现实挑战

当前，北京市的特殊教育现状与特殊教育普惠且高质量发展的要求，以及人民对特殊教育的需求之间仍然存在差距。随着孤独症学生患病率的上升，北京市资源供给问题越发突出，非义务教育阶段的教育机会也亟须扩大，孤独症学生的教育质量提升问题亟须解决。

（一）孤独症学生人数逐年递增与其教育困境

1. 孤独症学生人数逐年递增

自1943年Leo Kanner发现孤独症以来，其患病率便呈现上升趋势。根据美国疾病控制与预防中心（CDC）公布的统计数据，孤独症发生率由2018年的2.3%增长到了2020年的2.8%。根据2020年我国第七次全国人口普查数据，北京市0~14岁人口为259.15万人。依据我国孤独症发生率为1.0%估算，北京市0~14岁的孤独症儿童约为2.59万人。孤独症学生人数的逐年递增给教育带来巨大挑战。教育系统需要配备更多的资源和专业师资，以确保孤独症学生能够获得高质量且适宜的教育。

2. 孤独症学生的学位供给问题

北京市每年下发的《义务教育阶段入学工作的意见》，要求保障残疾儿童少年"就近"入学，突出"优先"原则，当片区内优质学位紧张时，优先保障符合条件的残疾儿童少年入学，一定程度上保障了孤独症儿童的教育权益。尽管如此，孤独症学生在就学时仍面临学位不足的问题，尤其是非义务教育阶段的学位。例如，北京市丰台区有常住人口超过200万人，但是仅有1所九年制特殊教育学校，区域内非义务教育阶段特殊教育学位供需矛盾较为突出。

3. 孤独症学生的情绪行为问题

孤独症学生以社会交往和沟通障碍、狭隘兴趣与刻板行为为核心特征，并常常伴有情绪行为问题，包括攻击、自伤、抑郁、焦虑、冲动、多动等。

这些情绪行为会对自身以及他人的日常生活、学习造成不良影响，并阻碍儿童身心及社会适应能力的充分发展，也会给教育教学带来巨大挑战。当孤独症学生出现情绪行为问题时，可能会影响课堂教学，甚至伤害其他同伴，导致班级管理与教学难以正常开展。

4. 孤独症学生所在学校的师资配比问题

2023年，北京市共有特殊教育学校教职工1384人，其中专任教师1173人。目前特殊教育学校在读的所有特殊教育学生为3535人，其中，孤独症学生为395人。北京市当前学校学生与教师的平均配比超过2.5∶1，但仍有很多学校远超过该比例，目前教职工配备不能满足学生的教育教学需要。此外，教师除了需要负责本校的教学任务，部分特殊教育学校教师还需承担区域内巡回指导、送教上门工作，工作负担较重。

（二）非义务教育阶段孤独症儿童教育机会亟须扩大

1. 孤独症幼儿入园困难

目前，北京市没有孤独症幼儿在特殊教育学校或普通幼儿园接受公立的学前教育。2019年印发的《北京市残疾儿童康复服务办法》明确提出了扩大学前教育康复范围的计划，各区通过增设1~2所融合幼儿园、在特殊教育学校附设幼儿园或增设学前部等方式增加残疾儿童就学的机会。[①] 2023年印发的《北京市"十四五"特殊教育发展提升行动计划》明确指出，要加强学前特殊教育建设，并且普通幼儿园应当接收服务范围内具备接受普通教育能力和意愿的残疾儿童就近入园。[②] 尽管北京市孤独症幼儿接受学前教育的状况相较前几年有所改善，但一些中重度的孤独症幼儿的入园仍不容乐观。因此，学前教育阶段的孤独症幼儿主要选择在民办教育

[①] 《关于印发〈北京市残疾儿童康复服务办法〉的通知》，北京市残疾人联合会网站，2020年4月21日，https://www.bdpf.org.cn/n1508/n1509/n1514/n2958/c73874/content.html。

[②] 《北京市教育委员会等七部门关于印发北京市"十四五"特殊教育发展提升行动计划的通知》，北京市人民政府网站，2023年1月19日，https://www.beijing.gov.cn/zhengce/gfxwj/202302/t20230208_2913298.html。

机构就读或待在康复机构进行训练。孤独症幼儿入园困难成为目前亟须解决的问题。

2. 孤独症学生接受高中与职高教育困难

孤独症学生在接受高中与职高教育方面也面临很多困难。虽然2023年印发的《北京市"十四五"特殊教育发展提升行动计划》提出，要扩大普通高中入学机会，支持特殊教育学校职教部与普通中等职业学校合作开设符合残疾学生特点和需求的专业。[①] 但根据统计结果可以发现，高中阶段仅有27名孤独症学生在特殊教育学校接受教育，没有学生在普通高中或中等职业学校接受教育。目前高中教育与职高教育面向孤独症学生的办学条件还准备不足，并且还存在师资、经费、场地、设备等短缺问题。

（三）孤独症学生的教育质量提升问题

1. 教师对孤独症特征识别和教学支持的专业能力不足

孤独症学生需要教师具备专业的识别和教学支持能力。随着孤独症谱系障碍发生率的上升，孤独症学生逐渐成为特殊教育学校和随班就读特殊学生的主体。这意味着对特教教师与从事融合教育工作的教师提出了更高的要求。然而，目前教师对孤独症学生的特征、需求认知不足，难以在教育实践中提供适当的支持。

2. 教师对孤独症学生情绪行为问题的应对和预防能力不足

情绪行为问题被认为是教育孤独症学生最大的挑战。要想孤独症学生获得高质量的教育必然需要教师具备专业的情绪行为问题的应对和预防能力。但目前无论是特殊教育教师还是随班就读教师，在面对孤独症学生的情绪行为问题时，均存在缺乏应对策略或难以识别引起孤独症学生情绪行为问题事件的状况。教师对孤独症学生情绪行为问题的应对和预防能力还

---

① 《北京市教育委员会等七部门关于印发北京市"十四五"特殊教育发展提升行动计划的通知》，北京市人民政府网站，2023年1月19日，https://www.beijing.gov.cn/zhengce/gfxwj/202302/t20230208_2913298.html。

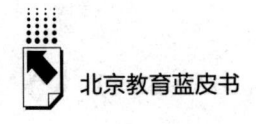

有待提升。①

3. 教师对孤独症学生需求的课程与教学调整能力不足

孤独症学生在融合班级中的发展需要教师能够灵活调整课程和教学方法。《北京市"十四五"特殊教育发展提升行动计划》提出，要提升融合教育教学有效性，将个别化教育计划纳入学校整体教育教学计划，适当调整作业量与完成方式，使特殊学生最大限度融入课堂。然而，立足孤独症学生特征及学习能力，对其所学课程内容进行调整，并给予合适的教学支持，是我国整个地区普通学校教师的难点与痛点。目前教师采用的课程与教学调整策略匮乏，主要使用的课程调整策略是"简化或减量"而较少使用"替换和调整型的教学策略"。整体上，教师对融合班级中孤独症学生发展的课程与教学调整能力不足。

四 对策建议

党的二十大报告提出"加快建设高质量教育体系""强化学前教育、特殊教育普惠发展"。② 中共中央、国务院印发的《中国教育现代化2035》提出"办好特殊教育，推进适龄残疾儿童少年教育全覆盖，全面推进融合教育"。③ 强化特殊教育普惠发展，构建特殊教育高质量教育体系，要通过多方举措，提升孤独症学生的入学率；合理配置资源，强化孤独症学生受教育的两端延伸；全面提升教师的孤独症专业水平及教育教学支持服务能力；完善与加强政策制度等支持保障体系建设。

---

① 孙颖等：《基于生态系统理论构建的融合教育专业支持系统探究——以北京市为例》，《中国特殊教育》2020年第7期。
② 《习近平：高举中国特色社会主义伟大旗帜 为全面建设社会主义现代化国家而团结奋斗——在中国共产党第二十次全国代表大会上的报告》，中国政府网，2022年10月25日，https://www.gov.cn/xinwen/2022-10/25/content_5721685.htm。
③ 《中共中央、国务院印发〈中国教育现代化2035〉》，中国政府网，2019年2月23日，https://www.gov.cn/zhengce/2019-02/23/content_5367987.htm。

（一）多方举措，提升孤独症学生的入学率

1. 制度与政策先行

制度建设与政策完善是孤独症儿童享有教育权利，获得适宜教育和康复支持保障的基础。要提升孤独症学生的入学率，需要从制度与政策方面入手，对孤独症学生的教育工作方向进行引领。首先，政府应进一步完善《义务教育法》，修订补充条款，明确将孤独症儿童列为义务教育的法定特殊教育对象。其次，完善经费资助政策，保障家庭经济困难的孤独症儿童能够优先获得资助，规定孤独症儿童不仅可以接受免费的义务教育，还可以获取非义务教育阶段的资助以及交通、康复等方面的补助。提升普惠保障水平，保障国家和北京市普惠政策有效落实。

2. 增加学位供给

学位的增加是提升孤独症学生入学率的重要前提条件。截至2023年，北京市0~14岁孤独症儿童约有2.59万人，但在公办特殊教育学校或普通学校随班就读的孤独症学生仅有1309人。为保障孤独症学生的有效入学率，仍然需要增加学位供给，尤其是非义务教育阶段。一方面，增加学前教育学位供给，积极推进学前融合教育发展，普通幼儿园要接收服务范围内具有接受普通教育能力和意愿的孤独症儿童就近入园，努力做到"应收尽收、应融尽融"。另一方面，增加普通高中和中等职业学校的学位，持续推进有能力、有意愿接受普通高中教育或中等职业教育的孤独症学生就近就便申请入学，加快发展面向孤独症人群的中等职业教育。此外，优化特殊教育学校布局，各区都应建立一所从幼儿园到高中全学段衔接的十五年制特殊教育学校。

3. 医教结合，合理教育安置

孤独症儿童的发育具有特殊性，其教育过程需要综合医疗康复与教育手段。北京市需持续推动孤独症学生医教结合工作，不断健全市、区孤独症儿童少年招生入学联动工作机制，充分发挥特殊教育专家委员会等专业组织与专业人员的作用，规范做好孤独症儿童的入学前评估，科学制定教育安置方案。2024年北京市教育委员会发布《关于2024年义务教育阶段入学工作的

意见》，明确坚持政府统筹、区级为主、免试就近、有序规范的工作原则，①让残疾儿童少年同等条件下在服务范围内就近就便优先入学，高质量落实"一人一案"。②

（二）合理配置资源，强化孤独症学生受教育的两头延伸

1. 早发现、早诊断、早干预，提高孤独症幼儿的入园率

早发现、早诊断可以尽早地鉴别出孤独症幼儿，明确孤独症幼儿的发展定位。针对具有轻度、高功能或有孤独症倾向的幼儿，其学区幼儿园应无条件接收孤独症幼儿入园，学校需为孤独症幼儿制定个别化教育计划，提供相应的教育与康复支持服务。对于中重度及多重障碍的孤独症幼儿，其区域所在特殊教育学校应无条件接收入学，为学生制定个别化教育计划，创设适宜的结构化学习环境与教育康复训练。此外，早干预可以有效降低孤独症幼儿在社会性注意、语言、智力等方面的障碍程度以及整体障碍的严重程度，有利于提高孤独症幼儿的社会适应能力。完善孤独症筛查诊断与干预的工作机制，实现对孤独症幼儿的早发现、早诊断、早干预，为入园做准备，促进孤独症幼儿在普通幼儿园接受学前融合教育。

2. 提高孤独症学生接受高中与职高教育的机会与比例

北京市委教育工作领导小组印发的《北京市关于深化育人方式改革推进普通高中多样化特色发展的意见》，提出对有能力、有意愿继续就读的特殊学生，按照就近原则，根据学生意愿经申请安置进入普通高中就读。同时稳步增加面向特殊学生的中等职业教育的供给。但北京市目前仅有27名孤独症学生在特殊教育学校接受高中或中等职业教育。未来仍需按照新《残疾人中等职业学校设置标准》，结合各区实际，统筹建立特殊学生中等职业

---

① 《北京市教育委员会关于2024年义务教育阶段入学工作的意见》，北京市教育委员会网站，2024年4月23日，https://jw.beijing.gov.cn/xxgk/2024zcwj/2024xzgfwj/202404/t20240423_3632758.html。

② 孙颖等：《聚焦高质量发展，办好首都人民满意的特殊教育》，《中国特殊教育》2021年第6期。

教育点，通过进一步建设十五年制特殊教育学校、在特殊教育学校增设中职部、与普通中职学校联合培养、在普通中职学校开办特殊教育班等多种形式，实现特殊教育向高中教育阶段的深度延伸。

（三）全面提升教师的孤独症专业水平及教育教学支持服务能力

1. 加强理论培训与实践支持服务训练

北京市为保障孤独症学生的教育质量，高度重视师资队伍的建设，通过不同形式的培训，改善教师的态度，提升教师专业知识与技能水平。但教师学习的内容往往局限于培训场域，难以将所学的理论知识转换为实践技能。而教师对孤独症学生的态度与理论知识，对保障教育质量至关重要。因此，培训内容仍需加强教师理论知识方面的培训，同时强化案例培训与实践培训。首先，特殊教育教师需要具备扎实的理论知识，如障碍类别的判断、评估与干预方法，以及个别化教育计划的制定等。其次，实践能力的培养也是至关重要的，需要建设实训基地，为教师提供更多实践机会。在培训过程中，可以通过集中培训，定期举办特殊教育研讨会、工作坊和在线课程，以及采用导师制、开展模拟教学和案例分析等理论与实践相结合的培训模式，引入国内外的先进理论和实践案例，以帮助教师更新知识结构，掌握新技术和新工具，提升教师实践支持服务的能力。①

2. 提升康复训练技术与课堂教育教学有机结合的能力

课堂教育教学的实践能力是教师应具备的核心能力，应将其作为专业发展的首要任务。同时，孤独症学生的身心发展特点和需要决定了教育与干预、康复相结合是特殊教育的重要原则。因此，在提升教师针对孤独症学生的课堂教育教学能力的同时，也要提升教师循证干预和康复训练的能力。这就需要建立系统的培训体系。在师资培养上，特殊教育专业师范生或康复专业学生先完成本专业课程的学习，再借助医学院校或师范院校的教育资源学

---

① 孙颖：《弘扬教育家精神，建设高素质专业化特殊教育教师队伍》，《现代特殊教育》2024年第11期。

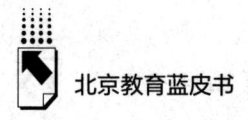

习基本教育康复知识和技能,可以同时具备康复训练技术与课堂教育教学相结合的能力。在师资培训上,除内容应该同时包括康复训练技术与课堂教育教学外,培训形式上应强化示范性培训,示范性培训能够促进科学干预方法的实际应用,提高教师的实操水平。此外,推进督导学徒制培训的模式,持续性强化教师的实操能力。

3. 提高普通学校融合教师和资源教师对孤独症学生全面支持的意识与专业技能

推动融合教育高质量发展是实现特殊教育现代化的重要举措,在全面推进融合教育的进程中,越来越多的孤独症学生进入普通学校,大量的普通学校教师被赋予融合教师的身份,同时越来越多的资源教师也进入普通学校。然而,缺乏对孤独症学生全面支持的意识与专业技能将难以保障孤独症学生的教育权益,孤独症学生难以获得高质量的教育。

融合教师和资源教师的态度、专业知识与技能会直接影响学校融合教育工作的质量。因此,为进一步提高普通学校融合教师和资源教师对孤独症学生全面支持的意识与专业技能,未来需要从以下几个方面着手。首先,创新职前培养模式,加强与高校的合作,开展融合教师和资源教师的职前培养工作。在市属师范院校和综合性高校师范专业普遍开设与融合教育相关的课程,在职前阶段切实提升师范毕业生从事融合教师和资源教师工作的意识和能力。其次,强化职后培训,健全面向融合教师和资源教师的分层、分类职后培训体系。在培训内容上,更加侧重于培养对孤独症学生全面支持的意识与专业技能;在培训考核上,建立严格的考核制度;在培训形式上,加大实操培训、案例培训等力度,提高培训效率。最后,加强教研引领,强化融合教师和资源教师与其他教师的校本教研、校际教研。

(四)完善与加强政策制度等支持保障体系建设

1. 政策完善

孤独症儿童教育相关政策是保障孤独症儿童教育与康复的依据。只有不断完善孤独症儿童教育的相关政策才能提升孤独症儿童的教育与康复质量。目前北京市孤独症学生的教育相关政策在经费资助、办学条件、师资建设、课程与教学等方面均还有待完善。进一步完善相关政策可以促进孤独症学生的教育与康复质量提升。健全从学前到高等教育阶段的孤独症学生资助政策，同时加强孤独症特殊教育学校建设、规范孤独症民办教育机构管理、完善孤独症师资培养培训和薪酬福利保障，并推进孤独症课程教学改革，这些举措为推动孤独症学生全面发展与终身发展构建坚实的政策保障。此外，还需要通过政策完善以实现工作机制的衔接，增强跨部门合作和资源统筹，确保孤独症儿童能够在教育、康复和社会参与等方面获得充分的支持。

2. 制度建设

孤独症儿童的教育需求需要通过建立和完善相关制度得到有效支持。健全的制度体系对于推动孤独症儿童教育的稳定发展至关重要。目前，我国尚未制定专门针对特殊教育的"特殊教育法"，这一法律的缺失使得特殊教育作为国民教育体系的重要组成部分，缺乏明确的法律保障。由于缺乏这一核心上位法，孤独症儿童教育的相关政策和工作安排分散于普通教育政策、特殊教育政策以及卫生保健等相关领域的文件中。这种制度建设的不足导致孤独症儿童的教育和康复服务难以实现规范化管理。因此，迫切需要制定和颁布"特殊教育法"这一上位核心法律，以及专门针对孤独症儿童教育的法律法规，以完善孤独症教育的制度建设。这些法律法规将为孤独症儿童教育提供明确的指导和规范，确保孤独症儿童能够获得适宜、高质量的教育支持，从而促进他们在社会中的全面融入和发展。

参考文献

《学前教育普惠保障，特殊教育学生关爱，让每个孩子幼有优育、学有优教丨基础教育扩优提质行动⑤》，"人民教育"微信公众号，2024年3月18日，https://mp.weixin.qq.com/s?__biz=MzAxOTE1NzE2Ng==&mid=2651619120&idx=1&sn=a48c9d458388c30ba15cc9e3bdb0d1d1&chksm=803386f1b7440fe72af52d051aa6d91e76e2ca365830ea9

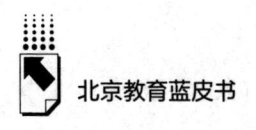

536546c35245b0be7ecfc693ae5fc&scene=27。

《习近平：高举中国特色社会主义伟大旗帜　为全面建设社会主义现代化国家而团结奋斗——在中国共产党第二十次全国代表大会上的报告》，中国政府网，2022年10月25日，https://www.gov.cn/xinwen/2022-10/25/content_5721685.htm。

《北京市教委、市政府教育督导室、市发展改革委等关于贯彻落实第四次全国特殊教育工作会议精神进一步加快首都特殊教育事业发展的意见》，法邦网，2009年10月29日，https://code.fabao365.com/law_454781_1.html。

《关于进一步加强随班就读工作的意见（京教基二〔2013〕1号）》，北京市残疾人联合会网站，2013年1月12日，https://www.bdpf.org.cn/n1508/n1509/n1515/c68492/content.html。

《关于印发北京市特殊教育学校办学条件标准的通知》，北京市人民政府网站，2013年7月31日，https://www.beijing.gov.cn/zhengce/gfxwj/201905/t20190522_57688.html。

《关于印发〈北京市特殊教育提升计划（2017—2020年）〉的通知（京教基二〔2018〕3号）》，北京市残疾人联合会网站，2018年3月22日，https://www.bdpf.org.cn/cms68/web1459/subject/n1/n1459/n1508/n1509/n1515/c68493/content.html。

《中共中央、国务院印发〈中国教育现代化2035〉》，中国政府网，2019年2月23日，https://www.gov.cn/zhengce/2019-02/23/content_5367987.htm。

孙颖等：《基于生态系统理论构建的融合教育专业支持系统探究——以北京市为例》，《中国特殊教育》2020年第7期。

《（失效）北京市教育委员会北京市财政局关于调整北京市基础教育特殊教育学校公用经费定额标准的通知》，北京市教育委员会网站，2010年1月12日，https://jw.beijing.gov.cn/xxgk/zfxxgkml/zfgkzcwj/202001/t20200107_1563043.html。

《关于印发〈北京市残疾儿童康复服务办法〉的通知》，北京市残疾人联合会网站，2020年4月21日，https://www.bdpf.org.cn/n1508/n1509/n1514/n2958/c73534/content.html。

孙颖等：《聚焦高质量发展，办好首都人民满意的特殊教育》，《中国特殊教育》2021年第6期。

《坚持市级统筹　强化优先保障　以"首善"标准推进首都特殊教育优质均衡发展》，教育部网站，2022年2月18日，http://www.moe.gov.cn/jyb_xwfb/moe_2082/2022/2022_zl07/202202/t20220218_600460.html。

孙颖等：《基于APS质量框架的孤独症儿童融合教育质量提升实践研究——以北京市为例》，《中国特殊教育》2023年第6期。

《北京市教育委员会等七部门关于印发北京市"十四五"特殊教育发展提升行动计划的通知》，北京市人民政府网站，2023年1月19日，https://www.beijing.gov.cn/zhengce/gfxwj/202302/t20230208_2913298.html。

《北京市教育委员会北京市发展和改革委员会北京市财政局关于印发〈北京市新时代基础教育扩优提质行动计划实施方案〉的通知》，北京市教育委员会网站，2024年7月31日，

https：//jw.beijing.gov.cn/xxgk/2024zcwj/2024xzgfwj/202407/t20240731_3763642.html。

孙颖：《弘扬教育家精神，建设高素质专业化特殊教育教师队伍》，《现代特殊教育》2024年第11期。

《北京市教育委员会关于2024年义务教育阶段入学工作的意见》，北京市教育委员会网站，2024年4月23日，https：//jw.beijing.gov.cn/xxgk/2024zcwj/2024xzgfwj/202404/t20240423_3632758.html。

B.10 北京超常儿童教育发展报告（2024~2025）

程黎 刘玉娟*

摘　要： 超常儿童是拔尖创新人才的重要后备力量，也是特殊教育对象的重要组成部分。本报告聚焦北京超常儿童教育，系统梳理和总结超常儿童教育政策、研究和实践的发展历程与现状。分析其现实挑战，并提出以下对策建议：明确超常儿童培养目标，建立教育评价新体系；优化超常儿童鉴别标准，重点关注不同群体中的智力超常儿童；营造超常儿童教育环境，推动超常儿童安置形式与教学模式的整体性发展；培养超常儿童教育师资力量，提升普通教育教师超常儿童教育素养。

关键词： 超常儿童　特殊教育　北京

　　千秋基业，人才为本。习近平同志在党的二十大报告中明确指出，人才是第一资源，关乎国家和民族的长远发展。要全面提高人才自主培养质量，着力造就拔尖创新人才，聚天下英才而用之①。超常儿童教育是拔尖创新人才的重要后备力量，其教育问题应得到足够的关注。从广义的特殊教育范畴

---

* 程黎，博士，北京师范大学教授，博士生导师，主要研究方向为超常儿童发展与教育、儿童创造力评估与培养；刘玉娟，博士，中国教育科学研究院副研究员，主要研究方向为儿童心理发展与教育。
① 《【新思想引领新征程】培养造就高素质人才　夯实强国建设之基》，中国网，2023年1月16日，https://t.m.china.com.cn/convert/c_6D18itAA.html。

来看，任何有特殊教育需求的儿童均属于特殊教育的对象[1]，超常儿童有其独特的天赋潜能和学习需求[2]，需要被"特殊对待"，且其不利处境常常被个体的辉煌成就所掩盖，更应被特殊教育关注[3]。本报告旨在通过回顾北京超常儿童教育发展历程，梳理其发展现状，总结超常儿童教育体系面临的现实挑战，提出推进超常儿童教育可持续发展的对策建议。

一 发展历程

自1985年起，北京超常儿童教育在国家政策的引领、北京市各类政策的支持下逐步发展。研究者和实践者们不断挖掘，深入总结超常儿童身心发展规律，尝试多样化的培养和教育模式，形成了超常儿童教育的学术研究与实践探索两大并行路径。历经探索期、调整扩展期和创新突破期，超常儿童教育研究成果不断涌现、教育实践深入推进，超常儿童教育体系日趋成熟，为各年龄段超常儿童提供更加专业的支持。

（一）阶段一：探索期（1985~1999年）

1. 政策支持：推动超常儿童教育发展

基于社会各界对超常儿童的广泛关注，我国超常儿童教育进入探索期。从政策上看，1985年1月，国家教委颁布《同意北京大学等12所院校举办少年班》，批准北京大学、清华大学等高等院校开设少年班，初步形成了高等教育超常儿童培养体系；同年，中共中央出台的《关于教育体制改革的决定》强调进一步激活基础教育活力，为基础教育阶段提升超常儿童教育质量作出指引；1993年，中共中央、国务院发布的《中国教育改革和发展纲要》进一步提出"中小学要由'应试教育'转向全面提高国民素质的轨

---

[1] 景时、邓猛：《英国的融合教育实践——以"特殊教育需要协调员"为视角》，《学习与实践》2013年第6期。
[2] 景晓娟、程黎：《超常儿童也需要教育公平》，《中国特殊教育》2021年第9期。
[3] 程黎等：《超常儿童发展中的积极心理健康教育》，《中国特殊教育》2011年第3期。

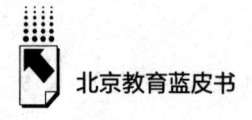

道",推动超常儿童教育方式的转变。

2. 超常儿童概念与鉴别工具趋于完善

基于已经形成的超常儿童鉴别手册和方法学原则,中国科学院心理所与北京市第八中学(以下简称"北京八中")于1985年共同建立了北京市第一个超常儿童实验班,在教育实践过程中开展了一系列教育实验研究,与遍布全国各地的超常协作组成员在超常研究领域形成合力。此外,中国科学院心理所还与德国、美国、荷兰等国家合作,开展了超常儿童认知能力和创造力的国际比较研究,多次参加国际会议,国内超常儿童的研究与国际接轨。

在这一阶段,研究者对超常儿童的概念作了进一步拓展,认为超常儿童的心理结构不仅局限于智力,还包括创造力和一些非智力个性心理特征。这一阶段形成的超常儿童概念与鉴别工具沿用至今。

3. 超常儿童的小学—中学—大学贯通培养教育体系的初步形成

自1984年邓小平同志提出创办少年班以来,北京高校和中小学在超常儿童教育领域进行了积极探索和实践,构建了小学—中学—大学贯通培养教育体系。例如,北京大学、清华大学等开设了少年班,北京八中、北京市育民小学等中小学校成立了超常儿童教育实验班,为超常儿童提供了个性化的成长平台。

(1)高校少年班

1985年,在教育部的推动下,我国12所高校相继开设少年班。其中,北京地区包括北京大学、清华大学和北京师范大学。这三所高校以少年班为主要安置形式,开始探索高等教育阶段的超常儿童教育培养模式。

(2)中学超常儿童教育

1985年起,我国部分重点中学相继试办超常儿童教育实验班。北京地区具有代表性的学校包括北京八中和中国人民大学附属中学(以下简称"人大附中")。

北京八中始建于1921年,是一所兼具深厚历史底蕴与现代教育理念的百年名校。1985年,学校与中国科学院心理所、北京市教育科学研究所合作,创办了北京八中超常教育实验班(以下简称"少儿班")。在招生和选拔方面，少儿班招收10岁左右的智力超常儿童，每两年招收一届，每届一个班。根据中国科学院心理所查子秀教授提出的"多指标、多途径、多方法、综合评价"的方针，通过初试、复试、试读三个环节，考查儿童先天素质、后天学习能力和水平以及未来的发展潜能。在学生培养和评价方面，少儿班采用以四年为基础的弹性学制。其培养模式注重以德育为先导、体育为基础，旨在充分发挥超常儿童的优势，促进学生个性充分而和谐的发展。① 并采用多指标协调发展的综合评价方法对少儿班学生进行全方位的评价。在师资方面，少儿班教师至少有一轮完整的初高中任教经历，且具备快速接纳超常儿童教育理念并将之融入教学实践的能力。

人大附中创建于1950年，是教育部直属的完全中学。响应国家"快出人才，出好人才"的号召，1985年，学校举办首届"幼苗杯"数学邀请赛，选拔40名优胜者组建第一届数学超常实验班，实施初—高中四年一贯制培养。之后在数学实验班的基础上成立华罗庚数学学校（以下简称"华校"），涵盖小学和中学，学制为五年。1992年，为响应素质教育，华校创办计算机学校、外语学校、创造发明学校等，改变单一数学培训的教学模式。1994年，人大附中联合华校、外语学校等成立华罗庚学校，统一安排招生、教学、管理和研究事宜，旨在发现多领域的天赋优异儿童并将其培养为国家栋梁。②

（3）小学超常儿童教育

北京市育民小学始建于1959年，于1995年创办超常儿童实验班，秉持以学生发展为本的超常儿童教育理念，坚持辩证统一的鉴别和教育原则，科学、有效地开展超常儿童教育实验。在招生和选拔方面，学校每两年招收一届实验班学生，与中国科学院心理所合作开展招生工作。由中国科学院心理所对报名学生进行测验选拔，选拔分初试、复试、试读三个环节，择优录

---

① 刘运秀主编《超常儿童成长摇篮——北京八中超常教育实验班》，北京大学出版社，2001，第5页。

② 施建农主编《超常儿童成长之路：中国超常教育30年历程》，科学出版社，2008，第48页。

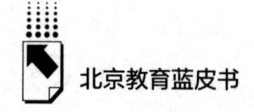

取。在学生培养方面,实验班将原小学六年学制压缩为五年。在不加重学业负担的情况下,兼顾教学速度、深度、广度和学生的承受度,促进学生德智体各方面协调发展。

(4) 全国中学超常少儿教育协作组

1991年,在北京市教育科学研究所、北京八中和东北育才学校的倡议下,全国中学超常少儿教育协作组成立。北京八中、人大附中、天津市耀华中学、湖南师大附中、东北育才学校以及陕西西安一中等6所中学参加了协作组第一届年会,交流创办超常儿童教育实验班的经验。[①]

(5) 全国理科实验班

1993年,国家出台《中国教育改革和发展纲要》,强调经济建设依赖科技进步和劳动者素质的提高,教育事业应致力于培养能支撑国家现代化建设的优秀理科人才。同年,在教育部的委托下,清华大学附属中学、北京大学附属中学、北京师范大学附属实验中学及上海华东师范大学第二附属中学开设全国理科实验班,探索超常儿童教育的新模式。

以北京师范大学附属实验中学为例,理科实验班面向全国初三学生招生,选拔标准严格,限定为在各省物理、数学等竞赛中成绩位居前十的优秀学生。经考试选拔进入理科实验班学习。理科实验班注重理论与实践相结合,科学与人文素养并重。增强学生的批判性思维和跨学科能力,促进学生全面发展。理科实验班学生享有免会考和高考政策,毕业直接保送清北等重点高校。

总的来看,这一时期北京地区各级超常儿童教育体系不断完善,高等教育阶段超常儿童教育主要以少年班的形式开展,其理念和实践也逐渐向下延伸至中小学阶段。随着越来越多学校加入超常儿童教育的探索,超常儿童教育体系实现了从小学至大学的全面覆盖,为不同年龄段的超常儿童提供了更加系统和专业的教育支持。

---

① 施建农主编《超常儿童成长之路:中国超常教育30年历程》,科学出版社,2008,第10页。

（二）阶段二：调整扩展期（2000~2011年）

伴随着1999年全国政协委员蔡自兴教授在中国人民政治协商会议第九届全国委员会上做了关于《及早废止"少年班"》的发言，以及2005年钱学森之问"为什么我们的学校总是培养不出杰出人才"的提出，我国学者与一线教育工作者开始对现有超常儿童的培养目标、选拔方式、教育模式等进行反思。为进一步提升超常儿童教育质量，改进人才培养过程中存在的不足，我国超常儿童教育进入调整扩展期。

1. 政策转变：为超常儿童教育指出新方向

从政策上看，2000年，《教育部关于贯彻落实〈中共中央　国务院关于加强技术创新，发展高科技，实现产业化的决定〉的若干意见》指出"各地教育行政部门和高等学校要进一步营造良好政策环境，全面推进素质教育，注重人才的创新、创业能力培养，加快创新创业人才和顶尖人才培养的步伐，为国民经济建设和社会发展、国防安全输送急需的高层次专门人才"；2002年，党的十六大报告提出要"合理配置教育资源，提高教育质量和管理水平，全面推进素质教育，造就数以亿计的高素质劳动者、数以千万计的专门人才和一大批拔尖创新人才"；2010年，《国家中长期人才发展规划纲要（2010—2020年）》和《国家中长期教育改革和发展规划纲要（2010—2020年）》出台，在"坚持以人为本、全面实施素质教育是教育改革发展的战略主题"的同时，明确提出要"培养拔尖创新人才"；2010年，国务院办公厅颁布《关于开展国家教育体制改革试点的通知》，明确提出开展创新人才培养实验的工作思路与具体要求。这些政策的出台为超常儿童培养指明了新方向。

2. 超常儿童的安置与培养初探

2000年，中国科学院心理所的研究者率先通过比较超常儿童与常态儿童的差异，回答"为什么要开展超常儿童教育"的问题。2005年，我国科学家钱学森发出著名的"钱学森之问"，即"为什么我们的学校总是培养不出杰出人才"，这一问题推动了科研人员对超常儿童的安置与培养问题的

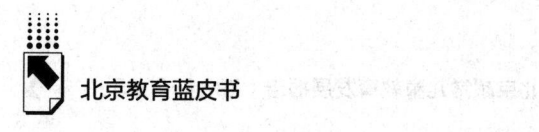

探索。

从2005年开始，北京师范大学和中国科学院心理所的研究者们开始重新思考如何为超常儿童创造更适宜的学习环境。"大鱼小池塘效应"的引入为我国超常儿童的教育安置提供了新的理论视角，也提示教育者必须深刻理解超常儿童的身心发展特点和需求，确保他们得到恰当的教育安置。研究者通过持续的比较研究，不断丰富对超常儿童发展特点的认识。此外，研究者还探索了家庭环境因素对超常儿童心理发展的影响，为家长参与超常儿童培养提供依据。

在这一阶段，受公众质疑的影响，超常儿童的实证研究数量整体有所减少，研究者们致力于论证超常儿童教育的必要性，同时开始探索影响超常儿童发展的环境因素，为下一阶段的研究做好准备。

3. 超常儿童教育实践的扩展提质

21世纪初，北京地区高校少年班大多停办。2004年，教育部决定停止全国理科实验班的招生。北京地区超常儿童教育实践进入扩展提质时期，北京八中、人大附中等学校相继推出素质班、早培班等安置形式，北京市社会性公益组织设立了专项教育基金，用于支持流动超常儿童教育和实验学校的建设与发展。

（1）中学超常儿童教育

从2004年开始，北京八中少儿班每年招收一届一个班学生。2010年，北京市教育委员会基于国家人才培养战略和教育创新的总体规划，批准北京八中创办智力优秀学生综合素质开发实验班（以下简称"素质班"）。素质班招收小学四年级学生，每年招收一届一个班学生，用七年时间完成小学五、六年级和中学共八年的课程。素质班实行以"宽领域、厚基础、重体验、促自主"为主要特征的"丰富式"教学模式，少儿班则继续采取"加速式"的教学模式。

2010年，人大附中被北京市教育委员会挂牌列为"国家级教育体制改革试点项目—北京市探索拔尖创新人才培养模式试验项目基地"（以下简称"早培班"），早培班每年在北京市小学四、五年级学生中选拔招生。早培班选拔流程包括网上报名、资格审查、初筛与复筛、参与入营活动等环节。原则上采用"5+4+3"学制，即5年小学教育、4年初中教育、3年高中教育。①

（2）幼小超常儿童教育

2003年，北京幸福时光陶然幼儿园与中国科学院心理所超常儿童研究中心合作开展幼儿超常儿童教育。北京幸福时光陶然幼儿园于2004年5月建立才高班，招收5岁的超常儿童。在课程设置方面，设计和实施丰富的体育活动和各种创造性主题课、思维课、阅读课、实践活动课和数学体验课等。

2005年5月，北京育才学校在中国科学院心理所的支持下建设"中国科学院心理所超常儿童教育研究基地"，面向全国招生，不限户籍。依据"博、雅"的培养目标，本着"宽基础、活模块"的课程构建模式，将实验班课程分为基础性课程和发展性课程。基础性课程开设国家规定的课程，发展性课程则采取灵活可调整的模块方式，按照课程内容的组织形式不同，分设不同的子课程。

北京市育民小学从2000年开始研发超常儿童教育校本教材，研制出多门教材和配套训练材料。2011年，在北京市严格执行就近划片政策的背景下，育民小学超常班的招生工作被紧急叫停。②

（3）流动超常儿童教育

2009年，宋庆龄基金会设立了我国首个"超常教育专项基金"，用于支持流动超常儿童教育实验项目。在"超常教育专项基金"的支持下，中国科学院心理所联合宋庆龄基金会、北京市芳草地国际学校设立"青云学子计划"，并建立流动超常儿童教育实验班。该实验班面向北京

---

① 《如何更科学有效地发现超常儿童——基于中国人民大学附属中学"早培班"实践的思考》，英才教育学院网站，2021年7月16日，http://www.gtedu.org.cn/cms/rdfz/12/7465.htm。

② 《拔尖创新人才培养：来自小学阶段的探索》，英才教育学院网站，2021年7月17日，http://www.gtedu.org.cn/cms/gnsjqt/12/7488.htm。

市进城务工人员随迁子女,每年选拔出其中30名左右的优秀者为其提供免费的小学、初中和高中阶段的教育。2009~2011年,实验班累计招收了三届共68名学生。流动超常儿童教育实验班拟用5~6年,完成正常学制下8~9年的教学任务。2012年,由于原学校没有初中部,实验班面临发展问题,昌平区政府和区教委接手了实验班,提供了新建的学校校舍和教学设施,但招生并不针对流动超常儿童。至此,流动超常儿童教育实验班停办。

(4) 北京市政府各类人才培养计划——"翱翔计划"

2007年,北京市教育委员会启动"翱翔计划"。该计划采取"政府主导、学校实施、社会参与"的工作策略,选拔学有余力、有研究兴趣和创新潜力的高中生,通过让学生"在科学家身边成长"的课程模式和培养机制,探索拔尖创新人才培养新范式。[1]

首批"翱翔计划"学员由全市68所示范高中推荐产生,每所学校有2个推优名额,共确立15所示范高中为"翱翔计划"基地学校,侧重物理、化学、生物、信息技术、地理等学科方向,与高等院校的40~50个实验室合作,采取双导师制(高校实验室与基地学校各派一名教师作为指导教师)开展培养,探索高中—高校联合的拔尖创新人才培养模式。

2010年,"翱翔计划"基于原培养学科的5个方向,增加数学和人文与社会方向,并于2011年整合形成数学与信息科学、物理与地球科学、化学与生命科学、人文与社会科学4个培养领域。[2]

2000~2011年,北京地区的超常儿童教育经历了重要的发展和转型,尤其是中小学超常儿童教育在招生、选拔、学制、课程体系和教师队伍建设等方面进行了创新和优化,丰富了超常儿童的教育选择,也为他们的全面发展奠定了坚实的基础。

---

[1] 《北京"翱翔计划":探索拔尖创新人才培养新范式》,英才教育学院网站,2021年7月16日,http://www.gtedu.org.cn/cms/axjh/12/7463.htm。

[2] 张毅、李海英:《构建大"翱翔"体系:创新人才培养的"北京模式"》,《中国基础教育》2023年第10期。

（三）阶段三：创新突破期（2012年至今）

1. 政策多元化：开启超常儿童培养的新思路

自党的十八大以来，中国特色社会主义进入新时代，超常儿童教育事业的发展也呈现新的特色。党和国家对于教育事业的高度关注，人民群众对于普惠、均衡、优质教育资源的需求，推动着我国超常儿童教育进入创新突破期。

具体而言，2012年，党的十八大报告指出"全面实施素质教育，深化教育领域综合改革，着力提高教育质量，培养学生社会责任感、创新精神、实践能力"。2017年，党的十九大报告提出新时代要"培养造就一大批具有国际水平的战略科技人才、科技领军人才、青年科技人才和高水平创新团队"。2018年，《教育部等六部门关于实施基础学科拔尖学生培养计划2.0的意见》点明改革任务是"遵循基础学科拔尖创新人才成长规律，建立拔尖人才脱颖而出的新机制"。2020年，《教育部关于在部分高校开展基础学科招生改革试点工作的意见》提出"强基计划"。2021年3月，《中华人民共和国国民经济和社会发展第十四个五年规划和2035年远景目标纲要》提出，要提高高等教育质量，推进基础学科高层次人才培养模式改革；更加注重学生爱国情怀、创新精神和健康人格培养。这些政策的相继出台为超常儿童教育事业的发展提供了新的思路。

2. 超常儿童鉴别与培养的多元探索

为满足国家的人才培养需求，北京师范大学、中国科学院心理所、北京教育科学研究院、中国教育科学研究院的研究者和北京八中的一线教育工作者继续致力于探索超常儿童的心理特点及其发展条件，构建科学的超常儿童鉴别与培养体系，同时开始从国家政策和法律角度寻求超常儿童教育的变革。

首先，在超常儿童心理特点研究方面，研究者在继续探索加工速度、记忆、创造性思维等认知能力的同时，开始探索更为复杂的问题解决能力。北京师范大学研究者对超常儿童的创造力开展了深入研究，在探讨超常儿童创造力的发展特点及个体和环境因素影响的基础上，进一步探索了个体和环境

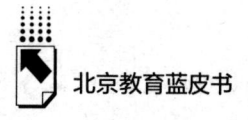

因素的交互作用对超常儿童创造力的影响。在教育实践研究方面，北京八中的一线教育工作者总结了学校采用的鉴别与培养的优良做法，如试读式鉴别方法、增创素质班培养模式等，推动了超常儿童教育的发展。

其次，为构建我国本土化科学鉴别体系，研究者开始关注流动超常儿童这一特殊群体。研究者通过探索这一群体的创造力、自我概念等心理特征发展特点和影响因素，以及与城市儿童在心理发展上的差异等，探索了适宜的流动超常儿童鉴别方式，为进一步构建多层次、不同地区的模式提供了理论依据。

最后，研究者在分析我国超常儿童教育存在的政策问题的基础上，通过总结国外政策、法律建设经验，为我国超常儿童教育政策、法律的推出提供参考，试图推动我国超常儿童教育的变革。

这一阶段的研究在总结、拓展超常儿童鉴别与培养方式的基础上，试图通过分析我国超常儿童教育的政策、法律现状，借鉴国外成功经验，推动我国超常儿童教育事业的进一步发展与变革。

3. 超常儿童教育重点关注创新能力培养

2012~2022年，北京在超常儿童教育领域进行了多项改革与创新，涵盖从中学到大学的多个层次。此外，北京市教育委员会实施了"翱翔计划"等创新人才培养项目，为培养拔尖创新人才提供了坚实的政策和社会支持。

（1）高校人才培养计划

2018年，北京大学成立了"数学英才班"。该班隶属于北京大学数学学院，旨在为学生提供高水平的数学教育和研究机会，培养未来的数学领军人才。该班面向普通高中二、三年级在校学生招生，报名要求为中国数学奥林匹克竞赛全国决赛一等奖获得者，或有数学特长，并在国内外数学专业相关学习实践活动中取得优异成绩者。选拔流程包括初审、考核、入选资格认定等环节，每年计划招生人数不超过30人。

2022年，北京大学启动"物理学科卓越人才培养计划"，致力于为国家和民族培养兼具家国情怀与国际视野、创新精神与实践能力的领军人才，以及未来能够引领中国高水平科技自立自强乃至世界物理学和相关领域发展的学术大师。该计划在国内主要招收初中三年级至高中三年级的学生，在海外主要招收九年级至十二年级或具有同等学力的学生。选拔流程包括初审、考查测试、"物理卓越营"体验、录取等环节。2022年，该计划拟选拔不超过100名考生，最终录取61人，被录取的学生中很多都是物理奥赛获奖选手。

2021年，清华大学启动"丘成桐数学科学领军人才培养计划"（以下简称"领军计划"），以培养具有国际竞争力的数学科学领军人才为目标。领军计划招收崇尚科学、身心健康、成绩优秀、表现突出，且具有数学潜质和特长，有志于终身从事科学研究的全球中学生。面向内地招收初中三年级至高中三年级学生，面向境外招收九年级至十二年级学生。每年招收不超过100名学生。选拔流程包括初评、测试考核、入围认定、预科培养等环节。

（2）中学超常儿童教育

2022年，由于北京市招生政策的变化，北京八中的生源范围由原来的全北京市缩小至西城区，人大附中的生源范围由原来的全北京市缩小至海淀区。下面主要介绍北京八中超常儿童教育的新发展。

在招生方面，从2017年开始，北京八中少儿班学制由四年延长至五年，素质班的学制保持不变。2019年，北京八中联合高校和高科技公司开发了超常儿童在线自我体验甄别系统，实现了从学生报名、初选、复选、成绩发布到最终录取的全流程管理，搭建了北京八中超常儿童甄别系统一体化平台。在课程建设方面，2014年，学校明确提出了超常儿童培养三大课程体系，即"必修课+选修课+综合实践课"。少儿班和素质班分别以"加速式"和"丰富式"的方式完成相应课程安排。在学生心理健康教育方面，自2012年起，学校专门为少儿班和素质班的学生配备心理健康教师，并不断完善心理健康课程体系。

（3）北京市政府各类人才培养计划

为更有效地推进人才培养，北京市在继续实施"翱翔计划"的基础上，相继启动了"中学生英才计划""北京青少年拔尖人才培养计划"等创新人才培养计划，鼓励各区自主探索人才培养模式，构建拔尖创新人才自主培养体系，为实现创新人才由计划培养到常态化培养奠定基础。2012~2022年，三类人才培养计划的发展情况如下。

2012年，北京市出台《北京市基础教育阶段创新人才培养项目管理办法（试行）》①，推动"翱翔计划"的全面深入开展。北京青少年科技创新学院基于带领三类高中基地校、联动实践基地，指导建立由高中、高等院校、科研院所、区教委、区教研机构等牵头的"创新人才培养协作体"，探索"跨学校、跨学段、跨部门、跨区域协同培养创新人才的工作体系"，实现了创新人才培养的协作化。2018年，北京市将"翱翔计划"孵化出来的创新人才培养模式加以普及化推行，面向初中开展开放性科学实践活动，为每一名初中生配置最优质的培养资源，实现创新人才培养的学段拓展、资源拓展、主题拓展、制度拓展、方式拓展。2021年，北京市教育委员会在第十五批翱翔培养学员推选文件中明确指出，对在"雏鹰爱心行动"、"小创客"培育等"雏鹰建言行动"中表现出创新潜质的小"雏鹰"进行持续、深入的追踪培养，为其成长创造良好条件，进行优先培养。②这为翱翔学员培养提供了后备生源，有利于探索建立不同学段间创新人才培养的纵向衔接机制。"雏鹰建言行动"与"翱翔学员培养"整体构成人才培养方式创新的大"翱翔"育人体系，实现了翱翔培养的体系化。③

2013年，中国科学技术协会和教育部共同组织实施了"中学生英才计划"，旨在选拔一批品学兼优、学有余力的中学生，在自然科学基础学科领域著名科学家的指导下参与科学研究、学术研讨和科研实践，以培养科学兴

---

① 《北京市教育委员会 北京市财政局关于印发〈北京市基础教育阶段创新人才培养项目管理办法（试行）〉的通知》，北京市人民政府网站，2012年12月31日，https://www.beijing.gov.cn/zhengce/gfxwj/sj/201905/t20190522_57413.html。
② 《构建大"翱翔"体系：创新人才培养的"北京模式"》，"中国教育学会"微信公众号，2023年10月18日，https://mp.weixin.qq.com/s?__biz=MjM5NzM1MDgyMw==&mid=2650011462&idx=3&sn=8bbcdb35c050a10df0235fc6cf453d39&chksm=bedc0b8e89ab82984e170dd5cb238b06bb27abff4499af1db2f7f8f556cd8b8ffb01fbee0555&scene=27。
③ 张毅、李海英：《构建大"翱翔"体系：创新人才培养的"北京模式"》，《中国基础教育》2023年第10期。

趣和创新能力。北京地区有 13 所高校参与，遴选学科涵盖数学、物理、化学、生物、计算机等基础学科。学生培养周期通常为一年，培养原则包括兴趣导向、名师引领，以及科学实践与交流活动，确保学生能够实质参与科学研究。

2016 年，"北京青少年拔尖人才培养计划"正式启动，旨在培养具有国际视野的青少年科技创新人才。该计划每年有两个培养季，分别为数学季和科学季。该计划注重以学生需求为导向，邀请高校和科研院所的一流导师为学生提供为期一年的培养计划。涉及生命科学、化学、计算机、工程等四大学科。通过选拔的学生将进入导师实验室开展培养，管理办公室在培养期间对学生培养情况进行考核，不符合考核标准的学生将被调整出该计划。

二 发展现状

近年来，北京作为我国超常儿童教育的领航者，不断深化对超常儿童成长规律和适宜教育模式的探索，为构建多元化教育体系贡献力量。

（一）政策明晰：加强超常儿童个性化教育

2022 年，党的二十大报告明确提出"教育、科技、人才是全面建设社会主义现代化国家的基础性、战略性支撑"，要"深入实施科教兴国战略、人才强国战略、创新驱动发展战略"，"全面提高人才自主培养质量，着力造就拔尖创新人才"。依托教育、科技、人才一体化发展的拔尖创新人才选拔培养成为国家与社会关注的热点话题。在这一阶段，进一步整合已有资源，实现人才培养资源的高效利用成为政策关注的重点。

2023 年，北京市教育委员会等七部门出台《北京市"十四五"特殊教育发展提升行动计划》，明确提出"加强对超常儿童个性化教育支持的研究"，这是"超常儿童"这一表述首次在北京市官方政策文件中出现。

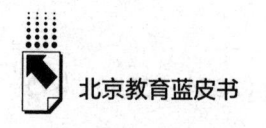

（二）深化超常儿童心理与教育研究：脑科学与课堂教学

近年来，在超常儿童领域深耕多年的中国科学院心理所和北京师范大学的研究者继续探索超常儿童的心理发展和教育问题。首先，中国科学院心理所研究者继续聚焦于超常儿童的心理特点，致力于从认知神经科学方向探索超常儿童流体智力的核心要素——注意力分配的特点。其次，北京师范大学研究者基于上一阶段对超常儿童创造力影响因素的探索，坚持教育面向全体的原则，近几年开始探索如何在融合课堂上构建创造性课堂环境以促进儿童创造力的发展，首次提出符合我国融合教育课堂的创造性课堂环境构建的指标体系。最后，研究者进一步采用纵向追踪设计，构建结构方程模型探索影响超常儿童创造力发展的关键因素。

另外，北京师范大学、首都师范大学、中国教育科学研究院、北京教育科学研究院等单位的研究者以拔尖创新人才为锚点，总结国内过去40年的教育实践经验，借鉴国外已有的成功经验，从理论角度对我国超常儿童的鉴别和培养制度做了深入的思考，对我国超常儿童的课程模式、超常儿童教育教师标准、组织管理和制度保障等方面展开了深入的分析，提出了相关建议。

（三）教育实践发展现状

1. 传统超常儿童教育学校

北京八中与人大附中的超常儿童教育均为北京地区超常儿童教育的领军者。以华罗庚学校为特色的人大附中已成功建立起一套成熟的超常儿童教育体系，经过时间和实践检验，成效显著。与此同时，注重以科研为先导开展超常儿童教育实践的北京八中近年来不断创新超常儿童教育模式，构建具有北京八中特色的超常儿童"鉴别—培养—评价"体系，下面主要介绍北京八中的发展情况。

在超常儿童选拔方面，近年来，持续整合运用中国科学院心理所、苏州大学、北京师范大学、清华大学等高校的心理学及脑科学研究成果，在延续以往甄别模式的基础上对甄别流程进一步优化。学校还对家长进行问卷调查，为今后的课题研究和教育教学提供帮助，同时对有需要的家长提供家庭教育指导。

在课程设置方面，少儿班和素质班各有特色。学校投入7年时间为少儿班学生开发一整套科技特色课，由科技普及课、兴趣选修课、科研实践课三个层次构成，逐层递进、螺旋上升。针对素质班学生，注重在广度和宽度上拓展课程知识，如增设校本课程（理科综合课、文科综合课），开设竞赛课程、特色增修课程等，每学期安排为期一周的研究性学习。

在学生心理健康教育方面，少儿班3个低年级班级和素质班均开设心理健康课。此外，学校定期梳理学生心理健康情况，将"特殊"学生按风险等级划分，最后汇总到心理教师处，由心理教师有计划地为学生提供帮扶。

在学生评价方面，北京八中采用360分综合评价体系，涵盖学生入学前的甄别评价、入学后的过程性综合评价及毕业后的追踪评价，形成了多维度、全过程的评价机制。

在超常儿童师资培养方面，近年来，北京八中超常儿童教育教师队伍呈现高素质、多元化的特点。"超常教育创新实践中心"现有教师72人，其中具有硕士学位的教师数量为39人，占全体教师的54.17%。该中心教师队伍层次结构丰富，既包括具有丰富教学经验的资深教师，也注重吸纳年轻教师，形成了一支兼具经验与活力的教师团队，具体见图1。

2. 名人大师班

近年来，我国一些中学为了培养具有特殊才能和兴趣的学生，设立了以名人命名的实验班或特色班，这些班级往往有着特殊的培养目标和方法。例如，丘成桐少年班、茅以升班、道元班、王选班等。其中，丘成桐少年班是由著名数学家丘成桐先生发起的一项数理拔尖人才培养项目。该项目自2021年起实施，联合各省优质中学举办，采取初高中贯通、大中学联动的培养方式，旨在探索数学等基础学科人才的早期培养，并为国家输送数学学科拔尖

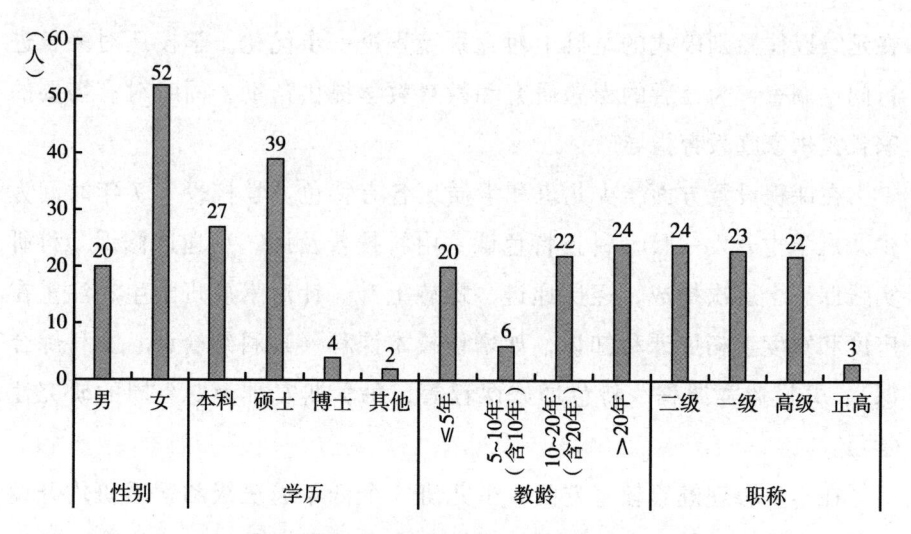

图1　2023年9月至2024年9月北京八中师资情况

资料来源：2024年8月15日对北京市第八中学王素英主任开展的深度访谈。

创新后备人才。截至2024年，北京已有多所中学获得设立少年班授权，包括人大附中、清华大学附属中学、北京师范大学附属实验中学、北京一零一中学。接下来主要介绍北京师范大学附属实验中学丘成桐少年班的建设情况。

北京师范大学附属实验中学于2023年申请并创办了丘成桐少年班。该少年班面向校内新初一学生招生。选拔流程包含线上自主测评和线下体验营两个环节，每届招收四个班。采取"丰富式"和"加速式"相结合的教学模式，并增设小学期开展社会考察、专家讲座、课题研究等活动。建立一生一档案，关注学生天赋和兴趣的发展。在师资培养方面，近年来师资结构不断优化，2024年研究生学历教师数量达48人，具体见图2。

3. 政府主导下的多主体协作培养体系

近年来，北京市各类人才培养计划不断完善、重组，通过"中学生英才计划"（以下简称"英才计划"）和"北京青少年拔尖人才培养计划"（以下简称"拔尖计划"），形成了以科技创新为核心的多主体协作人才培养体系，选拔并重点培养有科学兴趣和科研潜能的优秀中学生，不断扩充科技人才培养的后备梯队。

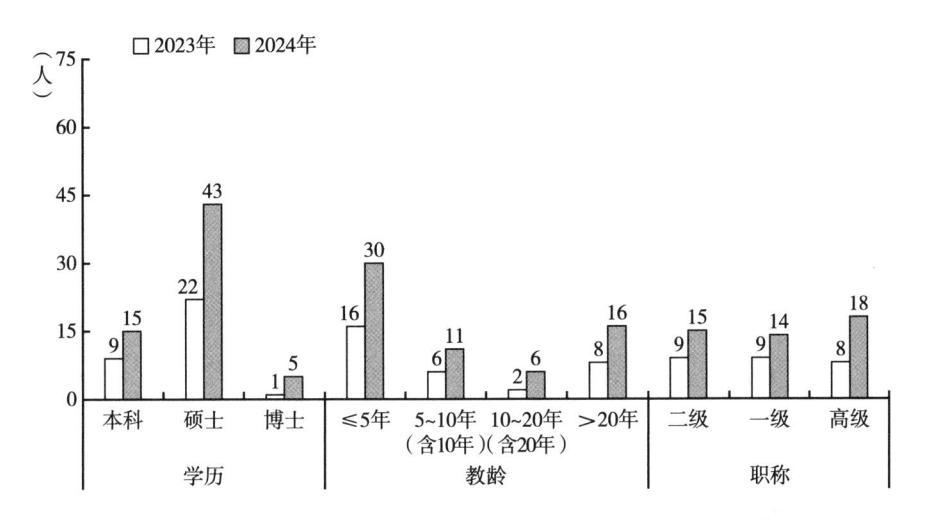

图 2　2023~2024 年北京师范大学附属实验中学丘成桐少年班师资情况

资料来源：2024 年 8 月 16 日对北京师范大学附属实验中学孙兆前副校长开展的深度访谈。

（1）"中学生英才计划"

2023 年，北京市新增 5 所"英才计划"实施高校。截至 2023 年，全市共计 13 所"英才计划"实施高校与参与中学协同合作，开展拔尖创新人才的早期选拔和培养工作，推动"英才计划"和"拔尖计划"工作有效衔接、融合发展，持续为"拔尖计划 2.0"输送后备力量。[1] 同年，"英才计划"北京管理办公室联合 13 所北京地区实施高校及 32 所参与中学，通过专家授课、实验操作、科研实践等活动实施前置培养，提高"英才计划"学生选拔和培养质量。[2]

截至 2024 年，北京"英才计划"已开展十周年。陆续培养了 2186 名年

---

[1]《北京新增 5 所"英才计划"实施高校》，"北京科协"微信公众号，2022 年 6 月 25 日，https：//mp. weixin. qq. com/s?　_biz=MzU1NzcwOTY5NA= =&mid=2247615911&idx=3&sn=18aaa28a84bd2d4d0f7ba904026de05f&chksm = fc32e5b6cb456ca09c9ae3afc10d4fb857bc2593afa92707ca9a972682d667776e9c3ee029d9&scene=27#wechat_redirect。

[2]《英才计划（北京）2023 年前置培养工作研讨会举办》，北京科学中心网站，2022 年 8 月 25 日，https：//www. bjsc. net. cn/#/article/8709。

轻有为的可塑之才，多名"英才计划"学员进入国内或国际知名高校继续深造。① 2024年，北京地区"英才计划"录取385名新学员，录取情况见表1。

表1 2024年北京地区"中学生英才计划"招生情况

单位：人，名

参与高校	开设专业	录取人数	导师数量
北京大学	数学、物理、化学、生物、计算机	76	19
北京航空航天大学	数学、物理、化学、生物、计算机	61	14
北京化工大学	化学	10	6
北京交通大学	计算机	10	5
北京理工大学	数学、计算机	20	8
北京林业大学	生物	10	8
北京师范大学	数学、物理、化学、生物	55	17
北京邮电大学	计算机	12	8
清华大学	物理、化学、计算机、生物	45	14
首都师范大学	数学	12	11
中国科学院大学	数学、物理、化学、生物、计算机	46	18
中国农业大学	生物	8	6
中国人民大学	物理、计算机	20	16

资料来源：《关于2024年英才计划（北京）学员名单公示》，北京科学中心网站，2024年1月16日，https://www.bjsc.net.cn/#/article/17705。

（2）"北京青少年拔尖人才培养计划"

2023年，共有59名中学生入选"拔尖计划"，培养学科涉及数学、物理、化学、生物、计算机，占比情况如图3所示。该计划邀请来自北京大学、清华大学、国家农业智能装备工程技术研究中心、中国科学院信息工程研究所、中国科学院生物物理研究所、中国科学院大学、北京航空航天大学、北京理工大学、北京师范大学、北京化工大学等高校和科研院所的20名专家担任实验室导师。每位导师仅招收3名左右学生，开展定制化课题研

---

① 《英才计划（北京）十周年成果展开展！种下科学的种子，逐梦科研之路》，北京科学中心网站，2024年5月21日，https://www.bjsc.net.cn/#/article/18561。

究。该计划还组织科普报告、参观学习、假期集训营、项目答辩、成果展示等各类综合培养活动。

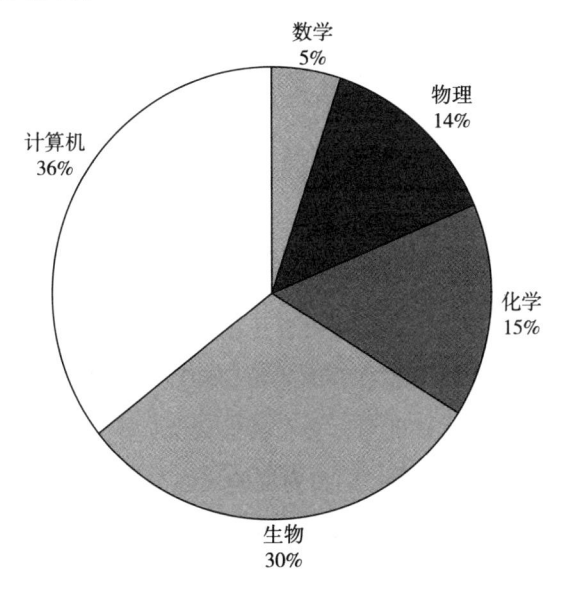

图3　2023年"北京青少年拔尖人才培养计划"各学科招生比例

资料来源：《2023级北京青少年拔尖人才培养计划入选学生名单公示》，北京科学中心网站，2023年3月23日，https://www.bjsc.net.cn/#/article/13298。

以上两类人才培养计划不仅为发现有科学兴趣和科研潜能的优秀中学生提供了更多机会，而且通过早期介入和专业培养，为他们未来在科学领域继续深耕，成长为科学领军人物奠定了坚实基础。

三　现实挑战

北京超常儿童教育发展已取得一定成果，政府成立专门组织机构推进各类人才培养计划，越来越多的学校探索具有校本特色的超常儿童教育模式。但许多教育实践仍停留在自发层面，缺少国家政策引领，并由此引发了诸如教育目标不明确、教育对象类别单一、教育安置无序、教师专业培养不够等问题，一定程度上制约了超常儿童教育的可持续发展。

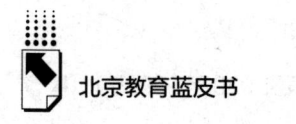

（一）教育目标不明确，评价体系不健全，缺少相关政策引导

我国的超常儿童教育仍没有国家层面的立法，也缺乏政策层面的系统支持和整体布局。在教育实践中表现为重"拔"尖，轻培养，尤其是轻视基础教育阶段的培养。这使得我国超常儿童的教育目标一直不明确。尽管近年来逐渐建立多元化评价体系，但仍缺少相关政策的引导。

（二）教育对象类别单一，鉴别标准与流程亟待规范

在教育对象上，我国超常儿童教育长期以来集中关注智力和学业超常儿童群体，忽视了超常儿童中弱势群体的教育和成长需求。如流动、留守超常儿童。特别是一些双重特殊儿童，甚至被误诊为问题儿童。在鉴别上，我国超常儿童的鉴别从早期关注单一的智力测验，逐渐发展出多样化的鉴别指标，构建了初选—复选—动态观察三级选拔体系。但是，各地区、各学校的鉴别标准依然比较单一，差异较大。缺少国家层面的引导和标准，没有形成统一规范的鉴别流程与内容。现阶段，我国大部分超常儿童并未被鉴别。

（三）教育安置无序，系统性和整体规划不足

少数被鉴别的超常儿童，其安置方式以单独编班为主、拔尖创新人才培养为辅。其中，单独编班的有"小学+中学"贯通加速培养（如北京八中、人大附中），拔尖创新人才培养项目有"中学+大学"衔接充实培养（如"中学生英才计划"等）。但这些安置方式间相互独立，缺乏统一指导与整体规划。小学—中学—大学的超常儿童安置相互割裂，没有形成一体化的超常儿童教育环境，不利于超常儿童的可持续发展。

（四）教师专业培养不够，难以满足实际教育需求

教师作为超常儿童教育体系中的核心力量，其选拔和培养对于提升超常儿童教育质量至关重要，现阶段我国超常儿童教育教师队伍建设仍面临诸多现实挑战。首先，缺乏专门针对超常儿童教育的教师培训体系，这导致了超

常儿童教育质量和效果可能无法得到保障。其次，没有出台相关的超常儿童教育教师培训标准和资格准入标准，这使得超常儿童教育教师队伍的专业性无法评定。最后，已有超常儿童教育教师队伍的素质和结构也存在问题。

四 对策建议

近年来，党和国家愈加重视高素质人才培养。超常儿童具有极大的发展潜能，是高素质人才的重要后备力量，同时也是教育体系中的"弱势群体"。因此，解决超常儿童教育中存在的关键问题，不仅有利于超常儿童个体的发展、超常儿童教育体系的完善，对于推动特殊教育高质量发展、实现更加公平且高质量的教育，让社会主义现代化发展成果惠及每一位学生，具有积极意义。

（一）明确超常儿童培养目标，建立教育评价新体系

首先，应加强国家政策引导，明确超常儿童的培养目标不是常规的升学与应试，而是尊重和发现每个超常儿童的能力特点和潜力，最高效地培养国家急需的拔尖创新人才以及各个关键领域的专业技术人才。

其次，应建立超常儿童教育评价新体系。一方面，可在教学过程中对超常儿童进行动态化评价，为下一步的学习目标提供参考。另一方面，还应建立超常儿童长期追踪机制，以保障超常儿童教育有序开展，提升超常儿童的心理健康水平。这些动态考评和追踪评估的结果也能为超常儿童在中考和高考中的评价提供重要参考。

（二）优化超常儿童鉴别标准，重点关注不同群体中的超常儿童

首先，需要采用科学的手段和有效的工具进一步优化已有的鉴别标准。通过政府的积极推动，有组织、规范化地开展超常儿童的科学鉴别工作。在标准化鉴别的基础上也要重视教师、家长、学生自身以及同伴的主观推选，形成多主体、多维度、多层次的统一完备的鉴别体系。

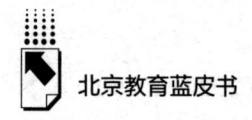

其次，针对北京市超常儿童数量较多、分布广的特点，可采用分层鉴别的方式。考虑我国对拔尖创新人才以及关键领域的专业技术人才的需求较大，建议现阶段重点关注智力超常儿童。

最后，在鉴别过程中还应坚守公平原则，兼顾不同群体的需求，如流动、留守特殊儿童，双重特殊儿童等，使他们的天赋潜能得到充分发展。

（三）营造超常儿童教育环境，推动超常儿童安置形式与教学模式的整体性发展

结合上述分层鉴别的建议，可创设多元化的超常儿童教育安置方式。对不同智力水平的超常儿童采用不同的安置方式，推动超常儿童教育安置方式的系统发展，营造小学—中学—大学一体化的超常儿童教育环境。

针对高水平的超常儿童，建议开设超常学校或者在普通学校中设立超常班，采取混合制教学方式。针对一般水平的超常儿童以及在超常儿童较为分散的偏远区域，建议在普通班中开展融合教育安置方式，采用"丰富式"的教学模式。通过定期考察和评估，让超常儿童在两种不同安置方式间流动，确保每一个超常儿童都在最适合他的教育环境中学习。另外，在学校教育之外，地方政府可提供多样化的校外超常儿童培训项目，给予超常儿童接触更专业化、更高水平、更前沿的科学知识的机会，形成小学—中学—大学一体化的安置体系。

（四）培养超常儿童教育师资力量，提升普通教育教师超常儿童教育素养

结合超常儿童不同的教育安置方式，需要针对性培养不同教育环境下的超常儿童教育教师。首先，政府层面应出台"超常儿童教育教师职业标准"，为超常儿童教育教师专业化发展确定方向与目标，以符合终身学习的时代要求。其次，大力培养超常儿童教育教师，重视教师的职前教育。如将超常儿童教育教师的基本素养纳入普通教育教师培养体系中，在师范院校开设超常儿童教育相关课程，提升全体教师的超常儿童教育素养，为开展超常

儿童教育教学储备教师资源。最后，培养一批专家型超常儿童教育教师，充分发挥其引领作用。如在巡回指导教师中增设超常儿童教育督导岗，对超常儿童教育进行监督、评估和指导，以进一步规范超常儿童教育、促进超常儿童教育质量的提升。

参考文献

程黎、王寅枚、李泊：《10-12岁流动超常儿童人格对创造力的影响》，《中国特殊教育》2012年第8期。

程黎、冯超、刘玉娟：《课堂环境与中小学生创造力发展——穆斯（MOOS）社会环境理论在课堂环境中的解读》，《比较教育研究》2013年第4期。

程黎、庞亚男、程霞：《10~12岁流动儿童教师课堂行为感知对创造力的影响》，《中国特殊教育》2015年第4期。

程黎等：《家庭早期环境对超常儿童创造力发展的影响探析》，《中国特殊教育》2016年第11期。

程黎、李达棋、李欣：《父母支持对超常儿童情绪智力的影响：基本心理需求的中介作用》，《中国特殊教育》2022年第10期。

程黎等：《创造性课堂环境对3-5年级超常儿童语文成绩的影响——创造性思维的中介作用》，《中国特殊教育》2019年第12期。

程黎等：《超常儿童内部动机与创造力的关系：课堂同伴互动的中介作用》，《中国特殊教育》2021年第1期。

王俊成、何静：《开发人才中的"富矿"：北京八中31年超常教育探索及启示》，《中小学管理》2016年第9期。

王俊成：《"素质班"：智力优秀学生的"充实式"培养新模式——新形势下北京八中拔尖创新人才培养的本土探索》，《中小学管理》2018年第8期。

程黎、王菲、冯超：《流动超常儿童自我概念的干预研究》，《教育研究与实验》2012年第6期。

张慧等：《流动超常儿童的创造力探析》，《第十五届全国心理学学术会议论文摘要集》，中国心理学会，2012。

程黎等：《流动与城市超常儿童创造力发展的比较研究》，《中国特殊教育》2017年第11期。

程黎等：《我国超常教育发展40年：基于政策及实践的分析与展望》，《中国特殊教育》2018年第8期。

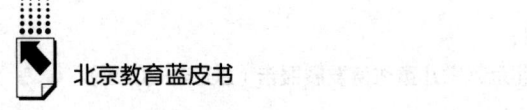

程黎等：《拔尖创新人才培养背景下对我国超常教育的再思考：苏格兰的经验及启示》，《中国特殊教育》2019年第6期。

程黎、王美玲：《国内外超常儿童概念的发展及启示》，《中国特殊教育》2021年第10期。

程黎、陈啸宇、张嘉桐：《美国超常儿童教育教师准备标准解析及启示》，《中国特殊教育》2022年第11期。

刘正奎、陈雅茹：《我国超常儿童教育中的几个基本问题》，《中国特殊教育》2021年第9期。

方中雄、张瑞海、黄晓玲：《破解超常教育的制度重构——将超常儿童纳入特殊教育体系》，《教育研究》2021年第5期。

王寅枚、刁雅欣、张兴利：《超常儿童鉴别的实践与展望》，《中国特殊教育》2022年第1期。

褚宏启：《英才教育的争议分析与政策建构——我国英才教育的转型升级》，《教育研究》2022年第12期。

B.11 北京残疾人高等教育发展报告（2024~2025）

徐娟 叶晓 耿楠*

摘 要： 北京市残疾人高等教育经历了初步发展、快速发展和提质发展三个阶段，在融合教育、就读层次、资源支持、就业帮扶等方面取得了巨大的发展。然而，当前发展中仍存在听力和视力残疾学生学历提升渠道有待拓宽、高校特殊教育师资水平仍需提升、无障碍环境建设的适切性仍有较大的完善空间以及财政经费需要加大支持力度等问题。基于以上分析提出依托高校已有硕士点，扩大听力和视力残疾大学生硕士教育规模；建设市级特殊教育资源中心，推动北京市高等融合教育的发展；贯彻落实《无障碍环境建设法》，提升校园无障碍设施的质量；设置残疾人高等教育专项保障经费，落实高校特殊教育津贴制度等建议。期望这些建议能为相关政策的制定和实施提供参考，进一步推动北京市残疾人高等教育的高质量发展，促进残疾人教育公平和社会融合。

关键词： 残疾人高等教育 高质量发展 北京

党的二十大报告提出"坚持以人民为中心发展教育，加快建设高质量教育体系""促进教育公平""特殊教育普惠发展"。残疾人高等教育是指视觉、听觉及肢体等残疾者所接受的高等教育，它是特殊教育体系的组成部分，也是高等教育的重要组成部分。要加快推动高等教育公平与包容性发

---

* 徐娟，博士，北京联合大学师范学院副院长，主要研究方向为教育心理学；叶晓，博士，北京联合大学特殊教育学院院长，主要研究方向为教育管理；耿楠，博士，北京联合大学特殊教育学院讲师，主要研究方向为盲文教育。

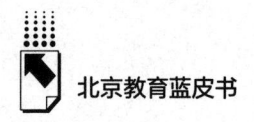

展，特别要重视残疾人的教育需求。本报告系统梳理北京市残疾人高等教育的发展历程与现状，总结其发展特征，分析北京市残疾人高等教育发展面临的现实挑战，并提出对策建议。本报告不仅是对北京市残疾人高等教育现状的全面总结，也是对残疾人高等教育未来发展方向的前瞻性展望，为进一步推动北京市残疾人高等教育高质量发展提供借鉴与参考。

一 发展历程

新中国成立以来，特别是改革开放后，我国的残疾人高等教育经历了从产生到发展并不断壮大的过程。北京市的残疾人高等教育也大致经历了以下三个发展阶段。

（一）初步发展阶段（1985~1999年）

为解决残疾人反映强烈的上大学"被拒收"的问题，1985年，教育部、国家计划委员会、劳动人事部、民政部联合颁布的《关于做好高等院校招收残疾青年和毕业分配工作的通知》明确指出，对肢体残疾（不继续恶化）考生，"在全部考生德智条件相同的情况下，不应仅因残疾而不予录取"。该文件的出台拉开了我国残疾人高等教育发展的序幕。1987年，北京大学首次集中招收肢体残疾学生，21名来自全国各地的残疾考生得以进入中国最高学府深造。1988年，又有11名残疾考生成功考入北京大学。北京大学作为我国的最高学府之一，虽为部属高校，但地属北京，其做法为北京地区的其他高校招收残疾学生起到很好的示范引领作用。

1988年，第一次全国特殊教育工作会议召开。1989年，国务院下发的《关于发展特殊教育的若干意见》中确定"在当前和今后一个时期，发展特殊教育事业的基本方针是：着重抓好初等教育和职业技术教育，积极开展学前教育，逐步发展中等教育和高等教育"。越来越多的肢体残疾学生进入北京的高校就读，甚至包括个别视力残疾和听力残疾学生。1990年，曾就读于北京第四聋人学校职业中学的毕业生杨军辉考入首都师范大学中文系，成为北京市属高校招收的首位聋人大学生。

根据《北京市特殊教育事业"九五"发展规划》中发展残疾人高等教育、完善北京市特殊教育体系的精神，1998年，北京联合大学拟开展残疾人高等教育相关工作，并于当年的1月和3月分别上报北京市教育委员会关于开办视障及聋人高职班的申请和请示。3月，北京市教育委员会批复同意试办。当年，北京联合大学开始招收2个专业的专科层次残疾学生，其中商务学院招收装潢广告设计专业的聋生14人，中医药学院招收针灸推拿专业的盲生12人，共计26人。这开创了北京市高等视障和听障教育的先河。

（二）快速发展阶段（2000~2014年）

1991年，受北京市教育局委托，北京第一师范学校筹建和承办北京特殊教育师资培训中心。1999年，按照北京市相关文件精神要求，北京第一师范学校归入北京联合大学，并成立特殊教育学院筹建工作小组。2000年1月13日，根据市教育委员会"京教计〔2000〕002号"批复及市机构编制委员会办公室"京编办事〔2000〕103号"函的意见，北京联合大学特殊教育学院获批成立，成为北京市第一所残健融合的综合性特殊教育学院。

北京联合大学特殊教育学院自建院以来，不断适应北京建设需要，调整和优化学科专业设置，先后设置了艺术设计（聋）、针灸推拿学（盲）、计算机科学与技术（聋）、音乐学（盲）等本科专业，以及视觉传达艺术设计（聋）、计算机应用技术（聋）、园林技术（聋）、音乐表演（盲）等专科专业。2003年，北京联合大学特殊教育学院成人高等特殊教育面向残疾人单考单招，这是我国特殊教育事业的一个新的里程碑。

2014年9月，北京联合大学获批临床医学（中医）硕士专业学位授权点。2014年12月，教育部办公厅发函（教学厅函〔2014〕47号）同意北京联合大学临床医学（中医）硕士专业学位面向视障考生实行单考单招，政治、外语、专业课等全部初试科目由学校自行命题。这是我国第一个面向视力残疾人的硕士专业学位授权点，也是全国首次对研究生教育

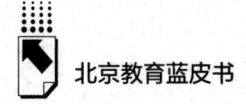

实行残疾人单考单招政策，它完善了我国残疾人高等教育体系，填补了残疾人硕士研究生教育层次的空白，是我国残疾人高等教育史上的标志性事件之一。

经过10多年的建设和发展，北京联合大学特殊教育学院的人才培养力度持续加大、科研实力日益增强。到2014年，北京联合大学特殊教育学院招收残疾学生的专业从最初的2个专科专业扩展到1个硕士专业、4个本科专业、2个专升本专业、3个专科专业，招生规模也从最初的26人扩展到150人左右。残疾人单考单招的专业数和招生数都显著增加。

2014年3月，北京联合大学特殊教育学院获北京市妇联、北京市总工会、北京市人力资源和社会保障局授予的"北京市三八红旗集体"称号；5月，获国务院残疾人工作委员会授予的"残疾人之家"称号；9月，获人力资源和社会保障部、教育部授予的"全国教育系统先进集体"称号。这些重要奖项的获得是对北京联合大学特殊教育学院在残疾人高等教育上开展工作的充分肯定，也是北京市残疾人高等教育快速发展的有力印证。

（三）提质发展阶段（2015年至今）

从2015年至今，北京市残疾人高等教育进入提质发展的新阶段。首先，一系列政策的出台为残疾人高等教育事业提质发展奠定基础。2014年，教育部联合发改委、财政部、民政部等七部门发布《特殊教育提升计划（2014—2016年）》，强调"各地要根据需要，有计划地在高等学校设置特殊教育学院或相关专业，满足残疾人接受高等教育的需求"。随后接连发布《第二期特殊教育提升计划（2017—2020年）》《"十四五"特殊教育发展提升行动计划》，对发展残疾人高等教育提出要求。为提升残疾大学生受教育的质量，一批残疾人高职院校陆续升格为本科院校。例如，南京特殊教育师范学院于2015年升格为本科院校；西安美院特殊教育艺术学院于2015年获批向全国招收听力残疾本科生；郑州工程技术学院（原中州大学）于2016年升格为本科院校，其特殊教育学院为残疾人开设的专业也分批升格为本科专业。自2015年起，北京联合大学特殊教育学院陆续减招和停招残疾人专科专业，2018年，北京联合大学特殊教育学院3个专科专业全面停招。

其次，高等融合教育逐渐成为残疾人高等教育的发展方向。2015年，教育部、中国残疾人联合会印发《残疾人参加普通高等学校招生全国统一考试管理规定（暂行）》。2017年，教育部、中国残疾人联合会对上述文件进行了修订，印发《残疾人参加普通高等学校招生全国统一考试管理规定》，对为残疾人参加普通高考提供盲文和大字号试卷、延长考试时间、英语听力免考等合理便利做出了具体规定。该规定为视力残疾和听力残疾学生参加普通高考打开了方便之门。北京市陆续出台的《北京市特殊教育提升计划（2017—2020年）》《北京市"十四五"特殊教育发展提升行动计划》提出要"逐步提高残疾人接受高等教育机会""稳步发展残疾人高等教育""支持高校发挥学科专业优势发展高等融合教育"。2017年，中国残疾人联合会在6所高校开展高等教育融合试点，北京联合大学是试点高校之一。北京联合大学充分利用学校学科门类齐全、专业种类综合的优势，鼓励特殊教育学院的残疾学生修读双学位、第二专业和辅修专业，并提供便利条件，有效弥补了特教学院针对残疾学生开设专业相对单一的不足。这项试点工作不仅扩大了普通高校招收残疾大学生的比例和规模，同时促进了高等融合教育质量的逐步提高。

二 发展现状

（一）总体概况

受北京市教育委员会委托，北京教育科学研究院北京市特殊教育研究指导中心对2022年北京市特殊教育事业发展数据进行梳理和分析。根据其提供的数据，2022年全市共有55所高等教育学校（机构）接收残疾学生就读（包括全日制和非全日制学历教育）。其中，央属高等教育学校（机构）22所，京属高等教育学校（机构）33所。2022年，全市共有1401名残疾学生就读高等教育阶段，包含博士、硕士、本科、专科等不同的学历层次。按

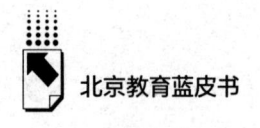

学历层次具体分布情况如下。

博士研究生共24人，分布在7所高校。其中人数最多的是清华大学，有14人，所占比例超过50.0%；其次是中国地质大学（北京），有3人。其他5所高校则为2人及以下。

硕士研究生共98人，分布在17所高校。其中人数最多的是中国石油大学（北京），有23人；其次是北京联合大学，有10人；位居第三的是中国社会科学院大学，有9人。人数较多的高校还有中国地质大学（北京）、中国传媒大学，均为8人，清华大学7人，北京化工大学6人，其他10所高校则为5人及以下。

普通本科生815人，分布在35所高校。其中人数最多的是北京联合大学，有406人，占全市普通本科残疾学生总数的49.8%；其次是北京体育大学，有49人。值得注意的是，北京城市学院、北京物资学院、北京农学院、中华女子学院等高校，在校残疾本科生均在10人以上，尤其是北京城市学院，在校残疾本科生有39人，仅次于北京联合大学和北京体育大学。

专科残疾学生164人，分布在18所高校。其中人数最多的是北京农业职业学院，有48人；其次是北京信息职业技术学院，有18人；位居第三的是北京劳动保障职业学院，有14人；北京工业职业技术学院、北京财贸职业学院也各有13人。这5所高职院校招收的残疾专科生占全市残疾专科学生的64.6%。

2022年，北京市共有2所高校，即北京联合大学和北京宣武红旗业余大学接收成人本专科残疾学生298人（其中本科140人，专科158人），占全市高等教育阶段残疾学生总数的21.3%。2022年，全市仅有1所大学（北京语言大学）接收网络（开放）本科残疾学生2人。其他高校均未开展网络（开放）本科残疾学生的培养。

（二）北京市高等特殊教育学院发展现状

北京联合大学设有北京市唯一的特殊教育学院，每年通过单考单招的形式招收残疾大学生。2022年的数据显示，北京市共有高等教育阶段残疾在校学生1401人，其中就读于北京联合大学的残疾学生就有713人（研究生10人、普通本科406人、成人本科140人、成人专科157人），占全市高等教育阶段残疾学生总数的50.9%。北京联合大学的残疾人办学情况是北京市高等特殊教育发展的典型案例。本报告对北京联合大学残疾人招生、师资和就业情况进行了统计分析。

1. 招生情况

北京联合大学的残疾学生主要就读于特殊教育学院和继续教育学院。其中特殊教育学院通过单考单招在全国招收残疾学生的普通本科专业共4个，其中招收听力残疾学生的专业有视觉传达设计和计算机科学与技术，招收视力残疾学生的专业有针灸推拿学和音乐学。此外，还设有硕士点1个：中医专硕。其招收对象也是视力残疾学生。表1是2020~2024年北京联合大学特殊教育学院残疾人招生情况。从表中数据可知，北京联合大学特殊教育学院的残疾人本科招生数在2021~2023年保持稳定，均为95人。2024年从95人增至105人，扩招10人，扩招比例超过10.0%，扩招计划主要投放于视觉传达设计、计算机科学与技术和针灸推拿学3个专业。2022~2024年硕士研究生招生数相对2021年也略有增加，从4人增至6人。

表1 2020~2024年北京联合大学特殊教育学院残疾人招生情况

单位：人

层次	专业	2020年	2021年	2022年	2023年	2024年
本科	视觉传达设计	41	40	40	40	45
	计算机科学与技术	22	22	22	22	25
	针灸推拿学	17	18	18	18	20
	音乐学	14	15	15	15	15
硕士	中医（针灸推拿）	0	4	6	6	6
	总计	94	99	101	101	111

资料来源：北京联合大学特殊教育学院学籍管理系统。

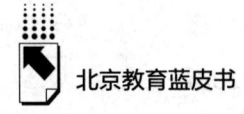

北京联合大学继续教育学院每年面向视力残疾学生单独招生，招生分2个专业层次，即"高中起点升专科"和"专科起点升本科"，其中"高中起点升专科"层次为针灸推拿专业，"专科起点升本科"层次为针灸推拿学专业。学制均为2.5年。

从表2可知，2020~2024年，北京联合大学继续教育学院残疾人招生情况波动较大。2020年招生人数最多，高达328人；2023年招生人数最少，仅为45人，是2020年招生人数的13.7%；2024年招生人数则上升至96人。

表2 2020~2024年北京联合大学继续教育学院残疾人招生情况

单位：人

层次	专业	2020年	2021年	2022年	2023年	2024年
高起专	针灸推拿	214	60	63	20	52
专升本	针灸推拿学	114	53	76	25	44
	总计	328	113	139	45	96

资料来源：北京联合大学继续教育学院学籍管理系统。

2. 师资情况

由于成人教育的师资流动性大，本报告重点对北京联合大学特殊教育学院专门从事残疾人高等教育的专任教师基本情况进行了调查。通过调查了解到，截至2024年，北京联合大学特殊教育学院的残疾本科生和研究生共425人，从事残疾人高等教育的专任教师共43人。专任教师中教授、副教授等高级职称的比例为39.5%，博士比例为37.2%。从事残疾人高等教育的专任教师的高级职称比例和博士比例均低于全市平均水平。

3. 就业情况

就业是高等教育的结果产出，也是残疾人接受高等教育的重要目的。本报告对2020~2024年北京联合大学特殊教育学院残疾学生的就业情况进行了数据收集和分析，具体见表3。根据表3数据，2020~2024年，北京联合大学特殊教育学院残疾本、硕学生的就业平均落实率为92.85%，其中平均签约率为47.92%，平均升学率为3.83%。4个不同本科专业残疾学生的就业情况也呈现一定的不平衡状态，其中音乐学专业和计算机科学与技术专业的就业平均落实率较高，超过97.00%，且多年达到过100%的佳绩。其次是针灸推拿学专业，就业平均落实率为92.71%，由于北京联合大学本校就设有中医专硕点，针灸推拿学专业的平均升学率为10.42%，是4个专业中最高的。视觉传达设计专业的就业平均落实率相对较低。

表3 2020~2024年北京联合大学特殊教育学院残疾学生的就业情况

单位：人，%

	专业	毕业生总数	就业落实人数	平均落实率	签约总人数	平均签约率	升学人数	平均升学率
本科生	视觉传达设计	261	232	88.89	93	35.63	8	3.07
	计算机科学与技术	155	151	97.42	112	72.26	3	1.94
	针灸推拿学	96	89	92.71	46	47.92	10	10.42
	音乐学	77	76	98.70	31	40.26	2	2.60
	合计	589	548	93.04	282	47.88	23	3.90
研究生中医		12	10	83.33	6	50.00	0	0.00

资料来源：北京联合大学特殊教育学院学生工作办公室。

三 发展特征

（一）融合教育有序推进

残疾考生入读北京高校的方式主要有两种：一种是参加残疾人单考单招（仅限听力残疾和视力残疾），考入北京联合大学特殊教育学院；另一种是参加普通高考，进入北京市其他普通高等院校就读。在过去很长一段时间内，受我国国情的制约，单考单招是我国残疾人高等教育的主流形式。但随着融合教育理念的推进，这种教育现状在悄然发生变化。

根据中国残疾人联合会官网公布的年度数据，本报告对2018~2022年北京地区残疾考生高等教育的入学人数进行了整理，具体见表4。根据表4

的数据，2018~2021年，北京地区残疾考生就读高等特殊教育学院和就读普通高等院校的人数大致相当，均为100人左右。但是2022年，通过普通高考考入北京市普通高等院校的残疾学生从百余人增至217人，数量实现翻一番，招生规模出现跨越式增长。这种数量的急剧增加得益于全国范围内基础教育阶段融合教育的大力推广以及高考合理便利申请的普及，同时普通高校对残疾学生的接纳度也越来越高，这些都为越来越多的残疾人参加普通高考、进入心仪的高校提供了可能性和可及性。

表4　2018~2022年北京地区残疾考生高等教育的入学人数

单位：人

年份	普通高等院校					高等特殊教育学院					总计
	总计	视力残疾	听力残疾	肢体残疾	其他残疾	总计	视力残疾	听力残疾	肢体残疾	其他残疾	
2018	97	10	26	52	9	122	33	89	0	0	219
2019	80	12	18	47	3	105	35	70	0	0	185
2020	118	11	26	66	15	94	31	63	0	0	212
2021	93	4	28	48	13	99	37	62	0	0	192
2022	217	26	48	104	39	101	39	62	0	0	318
总计	605	63	146	317	79	521	175	346	0	0	1126

注：该数据为全日制教育，不含成人教育。
资料来源：根据历年《北京市残疾人事业发展统计公报》整理。

对2018~2022年残疾考生入读普通高等院校的残疾类型进行分析发现，入读普通高等院校的残疾考生中，肢体残疾考生占比50%以上，听力残疾考生占比约25%，视力残疾考生占比约10%。此外，还有部分其他残疾考生。相比听力残疾、视力残疾学生，肢体残疾学生在学习时所遇到的障碍更小。因此，1985年国家出台的《关于做好高等院校招收残疾青年和毕业分配工作的通知》明确将招生范围局限于肢体残疾（不继续恶化）的学生。但随着各种支持政策的出台和支持条件的落实，越来越多的视力残疾考生和听力残疾考生选择普通高考。其主要原因是普通高校相比残疾人单考单招提供了更为广泛的专业选择。

通过对残疾类型数据的分析发现，2018~2022年，北京普通高等院校接收的除视力、听力、肢体残疾外的其他残疾学生的比例在逐步增加，2022年已接近18.0%。这些学生包括言语残疾和精神类残疾，比如孤独症等。近年来，孤独症谱系障碍发病率呈上升趋势。2024年，光明出版社出版的第五部行业报告——《中国孤独症教育康复行业发展状况报告》正式对外发布。该报告估计我国6~12岁孤独症儿童的出现率为0.7%，保守估计全国0~14岁孤独症儿童约200万人，且每年新增约16万人。并不是所有的孤独症儿童都存在智力方面的问题，他们中有很大一部分具备接受高等教育的可能性。未来，高等教育如何面对和接纳这部分群体，将是一个重要的研究课题。

（二）就读层次全国领先

北京是中国的首都和文化中心，也是全国教育的重镇和高地。北京汇集了众多知名高等学府，共有92所高校，包括68所本科学校和24所专科学校，涵盖了极其广泛的学科和专业领域，形成了独特的学术氛围和教育环境。北京吸引了全国乃至全球的优秀学子，北京的重点高校也是残疾学子们梦想的学府。虽然身体残疾，但是他们意志坚强。近年来，考入北京大学、清华大学等知名学府的残疾大学生也屡屡见报。例如，2019年，先天性右手三级残疾的刘义婷，以湖北省文科第六名的高考成绩进入北京大学；同年，患有听力障碍的王星淇，以高考689分的成绩考入清华大学计算机专业；2021年，患有先天性视网膜病变、双眼视力仅0.08的刘瀚文，以687分的成绩考取了北京大学元培学院；2024年，内蒙古的视障考生王雅祺以文化课成绩489分、琵琶专业考试全国第六的优异成绩，如愿考上了中央音乐学院。他们向全国人民展示了新时代残疾大学生的自尊、自信、自立、自强。

残疾人不仅可以和普通人一样读本科，还可以读硕士、读博士。中国残疾人联合会官网公布的2022年度数据显示，当年有6名残疾学生考取了北京市普通高等学校的博士，27名残疾学生考取了北京市普通高等学校的硕士。北京市教育委员会提供的数据则显示，2022年，在北京高校就读的残疾学生中博士有24人，其中一半在清华大学就读；硕士有98人。这既体现了我国残疾学生的优秀，也从侧面反映出北京市高校对残疾学生的接纳与包容。此外，北京市教育委员会发布的《2022-2023学年度北京教育事业发展统计概况》显示，2022年北京高校全日制毕业生数量约29.6万人，其中研究生16万余人，多出本科生近3万人。未来，对于想攻读硕士、博士的残疾学生而言，北京将会是他们最主要的选择之一。

（三）资源支持相对充分

对于残疾大学生而言，顺利适应高校生活并充分发挥自己的学习潜力，资源支持是关键环节。北京残疾人高等教育的资源支持相对其他地区更为充分，主要体现在三个方面。

一是北京作为科技创新中心，在科技助残上具有得天独厚的优势。北京很多高校都积极投身于科技助残的研究工作。清华大学于2016年成立无障碍发展研究院，该研究院由清华大学建筑学院发起，与美术学院、计算机科学与技术系、机械工程系、社会科学学院、未来实验室共建。该研究院围绕包括残疾者、老年人在内的一切行动和感知不便的群体，开展跨学科研究工作，在公共政策、标准规范、环境设计、技术创新、人才培养、社会协同等方面已取得丰硕的研究成果。2024年5月，北京大学与中国残疾人联合会签署全面合作框架协议（2024—2034年），双方拟在人文襄残、科技助残、人才扶残等领域合作，助力残疾人事业全面发展、高质量发展。

二是北京市属高校北京联合大学建有特殊教育学院，专门招收残疾大学生。为了更好地支持残疾大学生的学习，2005年特殊教育学院开始建设特殊教育资源中心。该中心是集支持、评估、培训和科研于一体的跨学科、多功能的从事特殊教育研究与服务的专业机构。经过多年的建设，该中心已配备了盲文制作室、视觉能力评估室、听力语言评估室、辅具室、多功能手语室、远程支持教室、文献室等场所，具有盲文高速刻录机、电子助视器等硬件设施，以及盲文语料库、讯飞语音转换系统等软件支持系统，可以为残疾学生提供个体评估、盲文手语支持、无障碍教学资源、辅助器具适配等全方位服务。该中心以"整合资源、多元支持、融合发展、服务社会"为宗旨，不仅为本校的学生提供资源支持，也为北京市其他有相关需求的高校提供支持服务，特别是连续多年在北京市的四六级考试、研究生考试等国家级重要考试中，为北京高校的盲人大学生提供盲文试卷翻译、制作等服务。

三是北京高校的志愿服务氛围浓厚。每一所高校都积极将志愿服务意识培养和活动开展纳入学生的思想品德教育内容，其中助残志愿服务是学校开展的重要志愿服务工作之一。在接收残疾大学生的院系，大多会开展朋辈学伴志愿服务项目，一般都是采用志愿者和残疾学生"一对一"帮扶形式，由志愿者为残疾学生提供学习笔记，进行课后补习、梳理知识点、讲解学习重点和难点，查漏补缺。

（四）就业帮扶日趋完善

就业是最大的民生，在帮助残疾大学生就业方面，北京市政府和北京高校均采取了一系列较为有力的措施。2018年，北京市残疾人联合会印发的《关于进一步促进本市残疾人就业工作的若干措施》提出，接收残疾人学生实习见习的用人单位和实习见习的残疾人学生，"可分别按照每人每月2000元、1500元的标准，享受一次性最长不超过6个月（含）的实习见习补贴"。2022年，《北京市贯彻落实〈促进残疾人就业三年行动方案（2022—2024年）〉重点任务分工方案》强调"将残疾人高校毕业生作为重点就业帮扶对象，建立校地联动帮扶机制，实施'一人一档''一生一策'精准帮扶，为每人至少提供3~5个就业机会"。北京市残疾人联合会还专门设置了北京市残疾人就业创业服务平台，为残疾人提供政策信息、招聘岗位、补贴办理等线上业务。高校也积极建立残疾大学生就业支持体系，建立"一人一策"就业服务台账，在政策宣讲、职业生涯规划、简历撰写、面试辅导、岗位推介、心理疏导等方面开展"一对一"精准服务，帮助残疾学生提高就业竞争力和求职成功率。

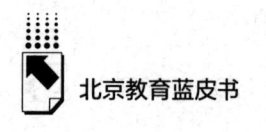

四 现实挑战

（一）听力和视力残疾学生学历提升渠道有待拓宽

2014年，教育部办公厅发文，批准北京联合大学临床医学（中医）硕士专业学位面向视障考生实行单考单招。2019年，教育部批准，在全国硕士研究生招生考试工作中，长春大学获得面向残障考生单考单招资格，该校目前已在中医学和音乐两个硕士点招收视力残疾研究生，在美术和艺术设计两个硕士点招收听力残疾研究生。2020年，天津理工大学获批在电子信息（计算机技术方向）和艺术（产品设计、环境设计方向）两个专业学位硕士点以单考单招方式招收听力残疾研究生。截至2023年，可通过单考单招录取听力和视力残疾学生的硕士点单位仅有以上3家。北京地区面向残疾大学生实施单考单招的硕士点只有1个，且招收对象只有视力残疾学生。与吉林、天津等地相比，北京未能凸显其作为教育高地的优势。

（二）高校特殊教育师资水平仍需提升

教育要发展，教师是关键。残疾人高等教育的师资可以分为两部分，一部分是就职于特殊教育学院的专门从事残疾人高等教育的老师，另一部分则是在普通高校任教的高等融合教育师资。因为残疾考生报考的不确定性，所以每一名高校教师都有可能成为高等融合教育的师资。这两部分师资水平需要在不同的方面加以提升。通过对北京联合大学特殊教育学院师资队伍的分析发现，从事残疾人高等教育的专任教师的高级职称比例和博士比例均偏低。一方面，政府和学校需要提供优渥的政策，吸引更多优秀的人才（如博士、博士后）从事特殊教育事业；另一方面，政府和学校还要加大培养力度，在教师职称评聘和表彰奖励方面向特殊教育教师倾斜。普通高校的教师亟须提升自身的融合教育素养。目前各高校开展的关于融合教育相关理论、知识和技能培训的活动并不多。普通高校的教师对不同残疾类型、不同障碍程度学生的身心特点了解不深,既不懂该如何与学生沟通,也很难根据残疾学生的学习特点和学习需求,对教学方法、教学内容进行有针对性的调整。

(三)无障碍环境建设的适切性仍有较大的完善空间

无障碍环境的建设与完善是残疾学生能在校园里顺利就读的重要保障。2019年,北京市人民政府办公厅印发了《北京市进一步促进无障碍环境建设2019—2021年行动方案》,要求各高校结合自身情况,开展无障碍物质环境、人文环境以及信息环境的建设。经过近几年的建设和改造,各高校的无障碍环境有了一定程度的改善,但受限于资金、场地、人力等多种因素,改善的程度仍不理想。有学者以北京市某高职院校为例,对其主要建筑物的无障碍设施开展了实地调研,发现六栋主要教学建筑的无障碍设施均有不足,如未设置无障碍卫生间、没有无障碍坡道、电梯出入口未设置提示盲道、电梯没有残疾人可使用的按钮等。实际上,盲道未覆盖整个校园、无障碍标识不明显、信息交流无障碍环境建设薄弱、无障碍厕所设置不足、轮椅坡道设置不合理等问题,在高校中普遍存在,高校无障碍环境建设的适切性仍有较大的完善空间。

(四)财政经费需要加大支持力度

为使残疾学生更好地接受高等教育,中央财政通过中央高校预算拨款体系和支持地方高校改革发展资金,推动各级各类高校发展。一方面,在高等教育的生均财政拨款上,向特殊教育重点倾斜;另一方面,要求高等教育阶段优先资助残疾学生。但当前我国残疾人高等教育事业的开展主要依托国家所颁布的普通高等教育和残疾人事业发展的法律法规,在残疾人高等教育专项资金方面尚未出台具体的法律规定。残疾人高等教育的实施,对经费的保障需求较大,无论是建设残疾学生档案库,还是添置各类无障碍教育教学设备(如残疾大学生所需的助听、助视、助学等器具),抑或开展校园无障碍环境的改造和建设等,都需要大量的经费支持。目前已有的资金支持渠道相

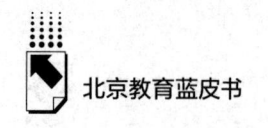

对零散，且无明确的预算标准，现有的资金支持难以满足融合教育深入持续开展的需求，急需残疾大学生专项经费的支持与投入。

五 对策建议

（一）依托高校已有硕士点，扩大听力和视力残疾大学生硕士教育规模

攻读硕士研究生是残疾大学生拓宽视野、开阔人生的重要途径。目前，北京能通过单考单招形式招收视力残疾学生的硕士点只有北京联合大学，每年的招生指标仅有4~6人。北京联合大学特殊教育学院每年招收听力和视力残疾本科生100人左右，其中有相当比例的学生有考研的需求。为切实满足听力和视力残疾人接受高质量教育的需求，应鼓励北京相关高校依托学校已有硕士点，扩大听力和视力残疾大学生硕士教育规模。

（二）建设市级高等特殊教育资源中心，推动北京市高等融合教育的发展

2021年，教育部等七部门出台的《"十四五"特殊教育发展提升行动计划》提出，要推进国家、省、市、县、校五级特殊教育资源中心建设，特别是依托高校和科研机构建设若干个国家级特殊教育资源中心，为残疾学生在校学习生活提供无障碍支持服务。建设高等特殊教育资源中心可为残疾人接受高等教育提供适合其特殊需要的支持服务，是完善残疾学生就读普通高校的措施，是新时代高质量特殊教育发展的要求。北京联合大学特殊教育学院从2005年起设置了支持残疾人特殊需要的资源中心，这是北京市唯一面向残疾大学生的资源中心。经过多年的建设，北京联合大学特殊教育学院资源中心在人员队伍、设施设备、运行机制、服务水准等方面都得到了长足的发展。将北京联合大学特殊教育学院面向校内残疾学生服务的资源中心提级优化，建设成为面向北京市普通高校的特殊教育资源中心的条件已基本具

备。该中心作为一个专业支持平台，可组建多学科合作的高水平科研团队，开展与北京市高等融合教育相关的基础性、应用性、应急性专项研究工作；还可指导普通高校开展融合教育实践，将高等融合教育的实施落到实处；还可发挥盲文、手语支持服务的特长，为残疾大学生提供多元的学习资源，切实推动北京市高等融合教育的发展。

（三）贯彻落实《无障碍环境建设法》，提升校园无障碍设施的质量

随着高校录取的残疾大学生数量逐年增加，高校无障碍设施的建设与完善显得尤为重要。《残疾人教育条例》中第47条规定，应当根据残疾人教育的特殊情况，依据国务院有关行政主管部门的指导性标准，制定本行政区域内特殊教育学校的建设标准、经费开支标准、教学仪器设备配备标准等。2023年6月《无障碍环境建设法》审议通过，对无障碍设施建设、无障碍信息交流、无障碍社会服务等方面都做出了更为细致的规定，这为高校提升无障碍设施的质量提出了更高的要求。目前，针对高校的无障碍环境建设还没有具体的要求，但在2022年11月，中国残疾人联合会、教育部等七部门联合印发了《残疾人中等职业学校设置标准》，对残疾人中等职业学校的校园校舍建设和设施设备配备提出了具体要求，也为普通高校进一步做好校园无障碍环境建设提供了思路。

（四）设置残疾人高等教育专项保障经费，落实高校特殊教育津贴制度

特殊教育的办学成本高，这是一个不争的事实。党中央、国务院高度重视特殊教育发展，坚持"特教特办""普惠加特惠"的原则，安排中央特殊教育补助专款，对特殊教育给予特殊支持。目前特殊教育学校和随班就读学生生均标准达到6000元以上，是普通学生的6~8倍，并已被纳入义务教育经费保障机制。北京市对高等特殊教育学院的残疾学生的生均拨款是普通学生的2.5倍，但对于普通高等院校招收残疾学生，其生均经费拨款并未增多。随着高校融合教育办学成本的不断增加，政府应设置残疾人高等教育专项保障经费，该经费应成为残疾人高等教育支持服务所需经费筹集的主体。此外，我国从1956年开始设立特殊教育津贴，对盲、聋哑中小学的教员、校长、教导主任，按评定的等级工资另外加发15%的津贴。2008年修订的《残疾人保障法》第28条规定"特殊教育教师和手语翻译，享受特殊教育津贴"。《特殊教育提升计划》（2014~2016）指出，"全面落实国家规定的特殊教育津贴等特殊教育教师工资待遇倾斜政策"。目前特殊教育津贴的政策重点仍集中在基础教育阶段，高校特殊教育教师的待遇保障仍存在政策空白。未来，随着特殊教育体系的不断完善，国家应出台更全面的政策，将特殊教育津贴的覆盖范围扩大至高等教育阶段，对高校中从事特殊教育教学的教师在绩效工资、岗位津贴等方面给予倾斜，完善高校特殊教育教师待遇保障。

参考文献

《北京市残疾人联合会 北京市发展和改革委员会 北京市教育委员会 北京市民政局 北京市财政局 北京市人力资源和社会保障局 北京市工商行政管理局 北京市国家税务局 北京市地方税务局关于印发〈关于进一步促进本市残疾人就业工作的若干措施〉的通知》，北京市人民政府网站，2018年7月4日，https://www.beijing.gov.cn/zhengce/zhengcefagui/201905/t20190522_61361.html。

黄晶梅、王爱国：《我国残疾人高等教育发展问题的探析》，《中国特殊教育》2008年第12期。

丁勇：《我国残疾人高等教育发展的回顾与展望》，《现代特殊教育》2021年第20期。

冯诗瑶等：《新时代我国残疾人高等教育的发展特点与展望》，《现代特殊教育》2022年第22期。

徐俊星：《因人施教让融合更精准——四川大学残疾人高等融合教育创新方法（上）》，《中国残疾人》2020年第2期。

吕淑惠、滕祥东、郝传萍：《我国残疾人高等教育发展现状探究》，《残疾人研究》2012年第1期。

B.12 北京重残儿童送教上门发展报告（2024~2025）

史亚楠 樊沭含*

摘 要： 近年来，北京市深入贯彻党的二十大精神和习近平总书记关于教育的重要论述，认真落实《"十四五"特殊教育发展提升行动计划》部署要求，加强特殊教育统筹规划和条件保障，形成以特殊教育学校为骨干、融合教育学校为主体、送教上门为补充的特殊教育发展格局，着力推进区域特殊教育优质均衡发展。但在送教上门方面，仍然存在送教上门学生占比较高、送教上门服务质量亟须提升、送教教师队伍建设有待加强及送教上门保障机制有待完善等问题。为此，提出完善机制，健全送教上门管理制度；应入尽入，科学合理安置重残学生；规范实施，科学制定送教上门服务内容；提高质量，加强送教上门专业队伍建设；强化保障，完善送教上门服务保障机制等对策建议。

关键词： 重残儿童 送教上门 北京

送教上门，是解决残疾程度较重、由于各种情况确实不能到校就读的适龄残疾儿童少年接受义务教育问题的重要途径。重视重残儿童送教上门工作，最大限度地满足适龄残疾儿童少年多样化的特殊教育需求，是保障残疾儿童少年平等享有受教育权利的重要体现。近年来，北京市认真贯彻落实党

---

* 史亚楠，北京教育科学研究院北京市特殊教育研究指导中心助理研究员，主要研究方向为特殊教育政策与质量评价；樊沭含，博士，北京教育科学研究院北京市特殊教育研究指导中心助理研究员，主要研究方向为特殊儿童研究与融合教育。

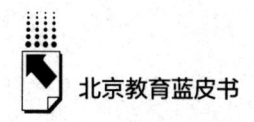

中央、国务院决策部署，会同残联等相关部门，多措并举，陆续开展对适龄重残儿童的送教上门工作与实践，为残疾学生接受公平而有质量的教育提供保障。

一 发展历程

北京市是全国最早开展特殊教育的地区之一，拥有全国第一所特殊教育学校——北京市盲人学校。新中国成立前，北京市已建有瞽叟通文馆（现北京市盲人学校）、北京私立聋哑学校、北平市立聋哑学校等以盲、聋哑学生为教育对象的特殊教育学校。新中国成立后，由北京市人民政府接管成立了北京市第一、第二、第三、第四聋人学校及北京市盲童学校（现北京市盲人学校）。改革开放后，北京市盲童学校正式更名为北京市盲人学校，北京市第一聋人学校和北京市第三聋人学校分别与其他学校合并为北京市东城区特殊教育学校和北京市健翔学校，北京市第二聋人学校和北京市第四聋人学校合并为北京启喑实验学校。[①] 截至2023年，北京市16个区共建有20所特殊教育学校。

在北京市特殊教育学校发展过程中，逐渐形成了以特殊教育学校为骨干、融合教育学校为主体、送教上门为补充的特殊教育发展格局。对于重度、极重度残疾学生，各区按照"零拒绝、全覆盖"的要求，相继开展送教上门的实践工作。近年来，北京市关于送教上门的政策制度也越来越完善。

2013年，《北京市中小学融合教育行动计划》规定对义务教育阶段不能入校就读的重度和多重残疾儿童少年实施送教上门。文件提出了"送教上门辅助工程"、制定送教上门指导手册和个性化送教上门工作方案，通过北京数字学校为送教学生提供教育资源，同时明确了巡回指导教师要负责指导

---

① 《北京特殊教育的历史与发展》，"北京市档案馆"北京号，2024年5月18日，https://peking.bjd.com.cn/content/s664809ebe4b064178156a6df.html。

区域内的送教上门工作。2018年,《北京市特殊教育提升计划（2017—2020年）》明确提出各区要制定送教上门实施办法,并为送教上门教师办理人身意外伤害保险并发放必要交通补助。2023年,《北京市"十四五"特殊教育发展提升行动计划》将"各区送教上门比例控制在5%以内"列为主要目标之一,并要求"制定北京市重度残疾儿童送教上门服务管理办法,明确送教上门课程实施要求,充分利用残联、卫生健康部门和街镇等各方资源,合理安排教育、康复、保健等内容,实施定人、定点、定时、定内容的个性化送教服务,提高送教上门质量"。[1]

自北京市连续实施三期特殊教育提升计划以来,各区积极制定区级送教上门实施办法和方案,对送教上门服务的对象、内容、管理制度和保障机制等做出了详细规定。例如,在送教上门服务对象方面,界定送教对象为身体残疾程度过重,不能到校接受正常教育的适龄残疾儿童少年;在送教上门服务内容方面,规定送教内容要根据学生实际需求、参照义务教育阶段课程标准或教材个性化定制送教内容;在送教上门服务管理制度方面,提出加强送教上门服务质量监督管理,做好工作记录、工作档案和音视频资料的收集整理,定期上传或录入学籍管理平台,并由区级教育行政部门牵头,联合区特教中心等定期对送教上门服务情况进行监督检查;在送教上门服务保障机制方面,提出要按标准保障送教课时、提高送教上门学生经费补助、加强送教教师待遇保障等。

截至2023年,北京市共有565名残疾学生接受送教上门服务,占义务教育阶段特殊教育学生总数的7.7%。[2] 北京市送教上门学生规模呈减少趋势,占比逐年降低,但与北京市落实"各区送教上门比例控制在5%以内"的政策要求尚有差距。同时,重残学生送教上门工作也面临送教质量提升、送教师资培养等一系列现实挑战。本报告在调研的基础上,深入分析当前北

---

[1] 《北京市教育委员会等七部门关于印发北京市"十四五"特殊教育发展提升行动计划的通知》,北京市人民政府网站,2023年1月19日,https://www.beijing.gov.cn/zhengce/zhengcefagui/202302/t20230208_2913298.html。

[2] 北京市教育委员会,《2023-2024学年度北京教育事业发展统计概况》,2024年3月。

京市重残学生送教上门现实情况,围绕北京市重残学生送教上门服务面临的现实挑战提出对策建议,为完善送教上门管理制度、切实保障重残学生送教上门服务质量提供参考。

二 发展现状

(一)送教上门学生规模呈减少趋势,占比逐年降低

1. 全市送教上门学生规模呈减少趋势

2023年,全市送教上门学生共565人,较2022年减少48人,较2021年减少91人,连续两年呈减少趋势。2019~2023年全市送教上门学生情况见图1。

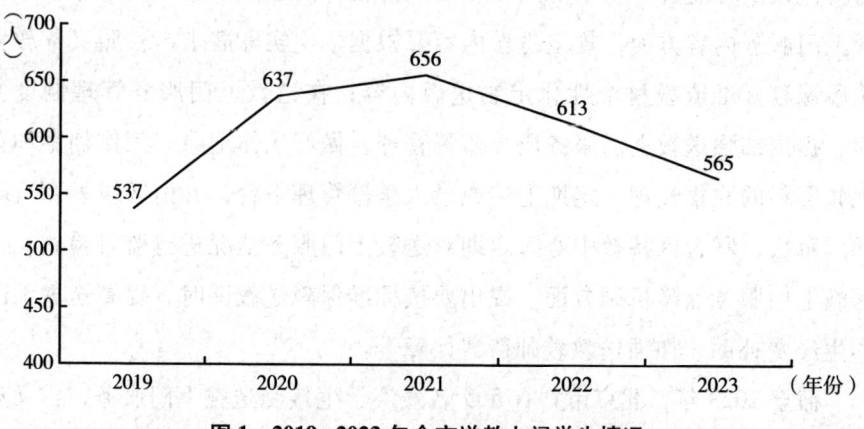

图1 2019~2023年全市送教上门学生情况

资料来源:北京市教育委员会,历年《北京教育事业发展统计概况》。

2. 全市送教上门学生占比逐年降低

2023年,全市送教上门学生占义务教育阶段特殊教育学生总数的7.7%,较2022年降低0.2个百分点,较2021年降低0.9个百分点,连续两年呈降低趋势。2019~2023年全市送教上门占比情况见图2。

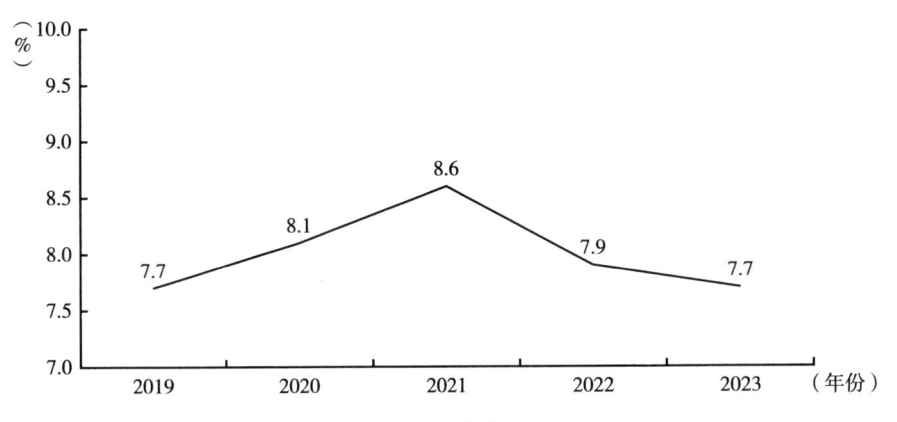

图 2 2019~2023 年全市送教上门占比情况

资料来源：北京市教育委员会，历年《北京教育事业发展统计概况》。

（二）送教上门学生残疾程度分布日趋合理

2021年，在全市送教上门学生中，中、重度残疾学生占6.7%，较2018年减少46.7个百分点；送教上门极重度残疾学生占比由2018年的46.6%增加到2021年的93.3%（见表1）。这说明随着三期特殊教育提升计划的实施，各区逐渐规范了送教上门服务范围，切实明确了送教上门服务对象，做到"应入尽入"，促使更多残疾儿童少年入校接受公平而有质量的教育。

表1 2018年和2021年全市不同残疾程度送教上门学生情况

单位：人，%

残疾程度	2018年		2021年	
	人数	占比	人数	占比
中、重度	287	53.4	43	6.7
极重度	250	46.6	603	93.3

资料来源：2018年北京市特殊教育事业发展调查数据，2018年；北京市"十四五"特殊教育事业发展专项调研数据，2022年。

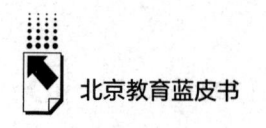

（三）科学评估鉴定送教对象，针对重残学生开展个性化送教

1. 科学评估鉴定送教对象

北京市送教上门服务对象为在残联部门登记，经区级残疾人教育专家委员会评估鉴定，且由区教委认定确实无法到学校接受教育的6~15岁重残儿童。各区教委委托本区残疾人教育专家委员会，依据有关标准对适龄重残儿童身体状况、接受教育和适应学校学习生活能力进行全面评估并出具评估意见（包含对送教对象的教育康复提出针对性的建议），保证能够入校就读的残疾儿童不纳入送教上门范围。据调查，2023年，有85.5%的送教上门学生是因为重度身体障碍、脑损伤、重大疾病、手术或意外事故等接受送教上门服务，14.5%的残疾学生是因为重度情绪行为障碍及其他原因无法适应学校，从而接受送教上门服务。

2. 送教上门工作制度合理规范

北京市承担送教上门工作的单位主要是特殊教育学校。各特教学校将送教上门服务纳入常规管理工作，依据重残儿童的评估结果，"一人一案"为每位服务对象制订个别化教育计划，并就送教服务内容与形式、时间与频次等事项与重残学生监护人达成一致，将接受送教上门服务的重残学生统一纳入学籍管理，建立送教上门服务工作档案，实施定人、定点、定时、定内容的个性化送教服务。当前送教上门主要是由特教学校教师一对一入户送教，也有在固定点集中送教、互联网远程送教等其他送教服务模式。

3. 送教上门课程设置丰富

当前，北京市各特教学校送教教师与接受服务的重残学生建立了长期、稳固的教学关系。送教教师根据重残学生实际需求，参照盲、聋、培智三类学校义务教育阶段课程标准或教材选择送教课程内容，主要包括残疾儿童认知能力、语言能力、运动协调能力、生活自理能力和社会适应能力的培养训练等方面。同时，送教教师对家长进行保健、康复常识培训和康复指导，并根据教学情况布置家庭训练任务。

据调查，近七成教师会为送教上门学生提供感觉统合、语言言语、粗大运动、精细运动、认知训练、语言训练等康复训练服务，近五成教师为送教上门学生教授生活语文、生活数学、绘画手工、唱游律动、社会交往等文化课程，并提供辅具、教具、书籍、玩具等物质帮助。此外，部分送教教师还会教授洗脸、刷牙、吃饭、如厕、整理床铺、打扫卫生等生活课程，以及擦皮鞋、洗衣服、绣十字绣、做咖啡等简单的技能课程，同时根据送教上门学生及其家庭实际需求，从医疗或心理的专业角度开展评估干预指导。

（四）送教教师专业素养高、职业效能感强

1. 送教教师专业素养高、教育教学经验丰富

据调查，2023年，北京市92.5%的送教教师具有本科及以上学历，并且大部分毕业于特殊教育、教育学、学科类（如中文、数学等）等相关专业或在职前阶段系统接受过特殊教育专业训练。超六成的送教教师从事特殊教育的工作年限在5年以上，超一半的送教教师为中级或高级职称。此外，区级巡回指导团队会为送教教师提供送教上门相关的专业指导，区级特殊教育资源中心、教科研部门或特教学校还会定期组织送教教师开展教育科研、业务培训、专题研讨等活动，着力提升送教教师的专业素养。

2. 送教教师职业效能感强

通过对送教教师职业效能感进行调查，发现送教教师在对待送教上门学生的态度、对特殊教育工作的理解与认识及个人修养等方面的效能感较强，送教教师尊重爱护送教上门学生，师德师风优良，热爱特殊教育事业，专业理念坚定。据调查，送教教师对自身的专业知识和专业能力效能感也很强，表示能够充分掌握重残学生发展认知、特殊教育学科知识及通识性知识，能够有效承担送教上门环境创设与利用、送教上门教育教学设计与组织实施等工作。此外，送教教师能够主动想办法克服、解决送教过程中遇到的问题和困难，对送教教师的身份认同感强烈，送教上门工作给送教教师带来了极大的成就感，其职业效能感较强。

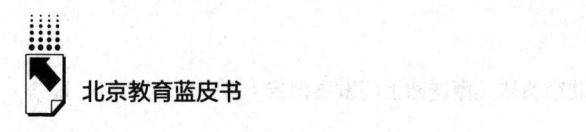

（五）送教上门学生家长满意度较高

1. 送教上门服务能够满足重残学生与家长需求

一是送教时间、频率和课时符合送教上门学生与家长需求。当前，近八成的送教教师大多在周一至周五工作时间提供送教上门服务，每周1~2次，每次开展2~4课时的送教服务。与送教上门学生与家长的需求基本一致。

二是送教教师类型、送教内容符合送教上门学生与家长需求。当前大部分送教学生家长希望由特教学校教师、普通中小学校教师及区级特殊教育中心人员等提供送教服务，并且送教内容能以康复课程、文化课程、生活课程为主，同时能够为送教上门学生提供辅具、教具、书籍、玩具等物质帮助。这与送教上门现实情况基本一致。

2. 送教上门学生家长对送教工作满意度高

据调查，2023年，91.1%的送教上门学生家长对送教上门服务工作表示满意。近九成的送教上门学生家长表示，送教学校会根据送教学生的学习需求和家庭实际需求，选择合适的送教时间、送教频次及送教教师。超八成的送教上门学生家长表示，送教学校会根据科学评估结果，与教师、家长和专业人员等联合为孩子制定个别化教育计划，并定期对送教上门效果进行评价，保障送教上门质量。同时，区级教育行政部门会组织专业人员定期对送教学生进行评估鉴定，确保重残学生有进入学校就读的机会。

三 现实挑战

（一）送教上门学生占比较高

2023年，全市送教上门学生占义务教育阶段特殊教育学生总数的7.7%，连续两年呈降低趋势。尽管如此，与北京市落实"各区送教上门比例控制在5%以内"的政策要求尚有差距。据调查，2023年，在接受送教上门服务的学生中仍有9.2%的残疾等级为三级、四级，属于中、轻度残疾。

除确实因重大疾病或重度身心障碍无法到校就读的学生外，还有6.8%的学生是因为非自身原因的其他原因在家接受送教上门服务。此外，个别区送教上门学生占比过高，特殊教育学校送教上门学生人数多于实际在校学生人数，"应入尽入"工作落实不到位。

（二）送教上门服务质量亟须提升

1. 重残学生入学评估安置制度尚待完善

2023年，全市16个区已全部成立了负责特殊需要学生入学评估鉴定和安置建议工作的特殊教育专家委员会，但仍存在专家委员会与区级特殊教育中心权责不清、作用发挥不明显、工作机制不健全等问题。据调查，还有极少部分的送教上门学生家长表示相关专业人员没有对重残学生进行充分的评估鉴定，也缺乏定期对送教上门学生进行评估鉴定的工作机制。

2. 送教上门课程的针对性有待提高

在送教上门课程方面，送教上门学生家长期待送教教师能够提供更适切、多元的送教课程和服务，如合适的送教频次、充足的上课课时，以及包括康复、医疗、心理干预等在内的送教课程。据调查，"洗脸、刷牙、吃饭、如厕、整理床铺、打扫卫生等生活课程"和"医疗或心理评估与干预"是当前送教上门学生与家长急需的送教内容，但在实际送教上门工作中供给不足。

3. 送教上门服务质量监管制度不完备

当前主要承担送教上门工作的特教学校教师师资短缺，送教上门使得特教教师繁重的工作雪上加霜，导致送教上门工作质量不高。部分区由普通教育学校教师承担送教工作，一般而言，普通教育学校教师普遍对特殊教育相关专业知识掌握不足，再加上本就繁重的校内工作，送教的质量难以保障。还有部分区依赖购买第三方服务或远程教学的方式开展送教上门工作，且缺少质量监管，导致送教内容与学生实际需求匹配程度低，送教上门质量不高的问题普遍存在。

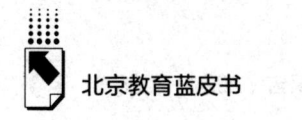

（三）送教教师队伍建设有待加强

1. 送教上门教师的专业性面临挑战

整体来看，目前北京市的送教教师专业水平较高，家长满意度也较高，但在教育教学专业性方面面临一定挑战。据调查，送教上门教师当前面临的最大挑战是"送教内容和方式有限，无法满足重度残疾学生的全部教育、康复需求"及"获得的专业支持有限，在送教工作中缺乏有效的教育教学方法和技术"。另外，"各级教研培训适切性不足，培训主题不突出，培训力度不大"也是送教教师反映的主要困难之一。重残学生对送教上门教师的特殊教育专业素养要求极高，送教教师专业发展不足一定程度上制约了送教上门整体服务质量的提升。

2. 送教上门跨专业团队建设不足

据调查，当前送教上门教师的主要需求为"引入民政、卫生健康、残联等部门专业人员及其他志愿者组建跨专业团队参与送教上门服务"，送教上门学生家长也迫切提出"除学校教师送教上门外，还需要医生、康复师、志愿者等专业人员为孩子提供医疗、康复、照护等服务"。由此可见，组建跨专业送教队伍是重残学生与家长的实际需求，也是补充当前特教学校送教教师专业性不足的有效途径。但在实际开展送教上门工作中，组建并探索运行跨专业、跨部门的送教团队工作还远远不足。

3. 送教上门教师专业培养力度有待进一步加大

据调查，有近六成的送教上门教师反映"各级教研培训适切性不足，培训主题不突出，培训力度不大"，希望教科研部门能够"专门面向送教上门教师定期开展各级各类教研培训"，还需要"有巡回指导专业团队提供可持续的专业支持和巡回指导"。目前北京市指导各区逐渐完善区、校送教上门管理制度，研制相关培训课程，组织开展相关研讨，解决送教上门工作中的同质性难题。但市级层面还未出台送教上门管理制度，也尚未专门针对送教上门教师开展市级教研活动。

（四）送教上门保障机制有待完善

1. 送教上门学生补免政策有待进一步完善

当前北京市特殊教育生均公用经费已达每生每年1.2万元的标准。但送教上门学生一般为重度、极重度残疾学生，其家庭除了承担特殊学习用品等费用，还面临重残学生接受医疗、康复、陪护等多方面的经济压力。据调查，有85.0%的送教上门学生家长表示需要"增加对送教上门学生和家庭的资助补助"，65.0%的家长表示"家庭经济压力大，无法购买送教所需的特殊学习用品、教材、器具等"。此外，有七成的送教教师反馈"拓宽送教上门学生生均公用经费用途，为重残学生购买所需特殊学习用品、教材、辅助器具、康复训练服务、医疗救治服务等"是当前急需解决的问题之一。

2. 送教上门教师待遇有待提升

据调查，2023年，北京市送教教师的送教平均路程约14公里（单程），车程近40分钟，但超七成的送教教师表示是由个人负担交通费用，未享有交通补助、用餐补助等其他工作补助。超六成的送教教师表示单位未为其购买人身意外保险，并期待能有意外保险。83.8%的学校仅按照送教课时数核算实际工作量，忽略了送教来回所耗费的时间。此外，通过对送教教师满意度调查发现，送教教师对送教工作的薪资待遇和晋升发展满意度较低。由此可见，当前全市各区送教教师的交通补助、餐补及人身意外保险等机制尚不健全，送教教师待遇还有待提升。

四 对策建议

（一）完善机制，健全送教上门管理制度

《"十四五"特殊教育发展提升行动计划》明确提出，"健全送教上门制度，推动各省（自治区、直辖市）完善送教上门服务标准"。《北京市"十

四五"特殊教育发展提升行动计划》要求"制定北京市重度残疾儿童送教上门服务管理办法,明确送教上门课程实施要求,充分利用残联、卫生健康部门和街镇等各方资源,合理安排教育、康复、保健等内容,实施定人、定点、定时、定内容的个性化送教服务,提高送教上门质量"。因此,建议强化市级统筹,尽快建立北京市送教上门管理制度,明确送教上门的服务范围、服务内容、服务质量标准和管理机制,切实解决全市送教上门实践中存在的现实问题,优化对重残学生的合理安置,促进送教上门质量提升,加强送教上门教师队伍建设,完善送教上门保障机制。

(二)应入尽入,科学合理安置重残学生

全面落实区级特殊教育专家委员会制度,充分发挥其在重残儿童评估鉴定和入学安置等方面的作用,严格把控送教上门服务对象范围。教育行政部门应积极创设条件,主动协助重残儿童家庭和送教学校解决实际困难,按照"应入尽入"的原则,最大限度保障重残儿童到校就读。进一步加强随班就读和特教学校的安置能力,充分发挥资源教室和特教班作用,改善特教学校办学条件,同时将送教上门占比纳入教育督导检查范围,对送教比例过高的区进行通报督查。多措并举,按期完成"各区送教上门比例控制在5%以内"的历史性任务。同时,结合特殊儿童研究工作,推进建设全市重残儿童评估标准、重残儿童送教上门评估备案制度,完善特殊教育专家委员会工作制度。

(三)规范实施,科学制定送教上门服务内容

一是有针对性地开展课程教学和补偿训练。严格参照盲、聋、培智三类学校义务教育阶段课程标准或教材,根据送教上门学生残疾类别和具体需求制定教学内容。同时为送教上门学生提供相应的学习资料、练习簿、教育辅具和教具等学习用品,并对家长进行保健、康复常识培训和实操训练指导。

二是积极探索"送康上门""送医上门"工作。建议教育与残联、民政、卫健等部门建立协同工作机制,设置送康或送医服务点,配置康复训练、医学治疗专业人员,开展常态化"送康上门""送医上门"工作,为接

受送教上门服务的重残学生提供免费基本康复和医疗服务。

三是加强送教上门服务规范化管理。送教前，由送教学校和教师制定送教上门工作方案和具体教学计划。送教过程中，由送教教师做好送教上门服务工作记录和学习档案管理，实施定人、定点、定时、定内容的个性化送教服务，由区特殊教育资源中心巡回指导。送教后，由区级教育行政部门牵头，定期组织评估、督导和检查送教上门工作开展情况，同时由区级特殊教育专家委员会定期对接受送教上门服务的重残学生开展评估鉴定，给出教育安置建议，确保送教上门学生有进入学校就读的机会。

四是深化信息技术与送教上门融合。建议为送教学校配置感知互动、仿真实训类科技辅具，将智慧校园、智慧课堂送进重残学生家中。探索搭建送教上门学生教育评估与个别化教育研究大数据平台，为送教上门学生建立个人终身电子学习档案。

（四）提高质量，加强送教上门专业队伍建设

一是强化送教上门师资配备。建议根据特教学校承担送教上门的具体工作情况，加强人员和编制动态调整，统筹解决、优先保障学校送教服务所需的教师编制，完善特教学校教师配备。

二是多渠道充实送教上门专业服务力量。建议引入残联、民政、卫健等部门专业人员或志愿者，组建跨专业团队参与送教服务工作。鼓励各区通过政府购买服务，探索建立引入康复师、医生、心理咨询师、社工等专业人才的机制，承担送教服务中残疾学生的照护以及康复训练等工作任务。

三是加大送教上门师资培养力度。建议专门将送教上门教师纳入市、区两级特殊教育骨干教师重点培训范围，加大专项培训力度，定期开展针对性培训，特别加强对送教上门教师的康复知识与技能、心理评估与干预等方面培训。

四是强化特殊教育资源中心专业指导职能。建议市、区两级特殊教育资源中心（指导中心）、特教学校和教研部门积极发挥专业指导职能作用，定期组织送教上门教师开展教育科研、业务培训、专题研讨、课题研究等活

动,加强对送教上门服务工作的业务指导,探索研究提高送教上门质量的科学途径和有效方法。

(五)强化保障,完善送教上门服务保障机制

一是设立送教上门学生专项补助资金。该项资金专门用于送教上门学生特殊学习用品、教材、器具购置,康复训练开展,以及送教教师的交通补助、餐费、购买保险等费用支出,由市级财政和区级财政按比例分担。除送教上门教师外,积极探索为送康复服务上门的康复师、医务工作者及其他专业人员提供用餐、交通及其他工作补助的机制。

二是提高送教上门教师待遇保障。一方面,要科学核算送教上门工作量,按送教学时的1.5~2倍核算送教教师的实际工作量,在学校绩效工资分配时给予适当倾斜。另一方面,要在职称评聘、评优评先时向送教教师倾斜,探索当教师承担送教工作满一定年限后,认定其"在乡村学校或薄弱学校支教或工作"的激励机制。

区域篇

B.13
北京东城区特殊教育发展报告
（2024~2025）

尚省三*

摘　要： 本报告通过梳理北京东城区特殊教育的发展历程和发展现状，总结得出北京东城区特殊教育在发展过程中形成了政府主导性持续增强、专业支持网络逐渐完善、特殊教育课程改革不断深化和教师队伍建设扎实推进的发展经验。同时，东城区特殊教育面临诸多现实挑战，例如，教育对象残疾类型多样化且残疾程度加重，对教师队伍建设提出了挑战；在教育体系向两头延伸的背景下，教育供给质量提升任务艰巨。基于此，本报告提出了加强专业人才储备、着力培养复合型教师、强化学前特殊教育建设工作、提高残疾人中等教育水平、加强特殊教育对外交流与合作等政策建议。

关键词： 特殊教育　残疾儿童少年　北京东城区

---

* 尚省三，高级教师，北京市东城区特殊教育学校书记、校长，主要研究方向为特殊教育管理、特殊（残疾）儿童教育。

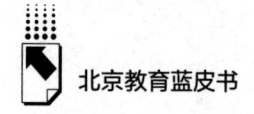

党的二十大报告提出强化特殊教育普惠发展，为我国特殊教育现代化建设指明了方向。坚持以人为本，积极推进特殊教育发展，为更多残疾儿童少年提供符合特殊教育规律、适宜融合、体系健全的高质量特殊教育，是我们这一时期的重要任务。北京市东城区基于首都功能核心区功能定位、历史沿革，在特殊教育不同发展时期于教育领域开展了生动、多元的实践探索。《东城区"十四五"时期教育事业发展规划》（以下简称《规划》）明确设定了该区特殊教育具体发展目标，在《规划》的重点工作部分专列一项予以论述。东城区教委、区发改委、区卫健委、区人力资源和社会保障局、区民政局、区财政局、区残联七部门制定《东城区"十四五"特殊教育发展提升行动方案》，方案在政策制定、师资培养、科研项目等方面向特殊教育倾斜。本报告旨在通过对东城区特殊教育发展历程、现状、经验的梳理，审视区域特殊教育发展脉络，并对其发展趋势做出展望，从而为更加有效地推动区域内特殊教育朝优质普惠方向发展提出政策建议。

一 发展历程

东城区特殊教育有着深厚的历史底蕴，其发展一直遵循着"以人为本"的基本理念，深入研究不同残疾类型学生的教育需求，顺应时代发展潮流，积极开拓创新，特殊教育的发展始终走在时代前沿。

（一）以生为本 不断探索（1874~1985年）

东城区是中国近代特殊教育肇始之地。1874年，苏格兰人穆·威廉在东城区甘雨胡同创设瞽叟通文馆，该馆专门招收盲童，此馆的开办标志着中国近代特殊教育的开端。1935年，原北平市立聋哑学校建立，1949年12月，学校更名为北京市第一聋哑学校。其后，东城区逐步开启了聋教育、智力障碍学生教育、残疾人职业教育，并对北京郊区特殊教育学校创办建设和发展进行了对口援助等工作。

20世纪50年代，聋教育起步发展，东城区积极响应教育部针对聋教育提出的口语教学研究，辖区内的北京市第一聋哑学校成为实验学校，对口语教学展开了深入的研究、探索与实践。1954年，学校教师在全国研讨会上做了观摩课。1956年，教育部正式发文在全国聋哑学校推行口语教学。1982年10月，中国教育学会特殊教育研究会（即今中国教育学会特殊教育分会）正式成立并挂靠在北京市第一聋哑学校，时任校长李宏泰担任特教会秘书长一职，开创了特殊教育学术研究阵地。

20世纪七八十年代起，东城区教育局依托校办企业开展职业教育，聋人职业教育就此开始。在此期间，以北京市第一聋哑学校为代表的特殊教育学校，与北京市皮件二厂、铁路医院牙科、航空公司等社会企业合作，为聋生开办了职业教育，并有聋生成为了学校的合同制工人。20世纪80年代中后期，东城区几所中学进行职业教育合作探索，在聋校高年级开设职业课，并于东城区职业高中建立了职业教育实习基地。从特殊教育对象的教育需求出发，探索残疾人职业教育的发展。

1976年，受北京市教育局委托，东城区支援北京郊区特殊教育学校建设。东城区在两条途径上支持郊区特殊教育发展：一是选派教师到平谷县，在南独乐河建设了平谷县聋哑学校（即今北京市平谷区特教中心）；二是为顺义区代培特殊教育教师。

（二）顺应形势　锐意改革（1986~1999年）

1986~1999年，是东城区特殊教育迅速发展的时期。1986年，在普通学校7个辅读班基础上，原东城区培智中心学校成立。1987年，原崇文区培智中心学校成立。两所培智学校的成立，标志着东城区培智教育正式开启。自20世纪80年代以来，两校接连与美国脑潜能公司合作，开展"模式训练"研究；参与国家级"形象思维"课题、"尊重"课题等。课题成果显著，学生、教师皆从中受益。

1986年，国务院转发《关于实施〈义务教育法〉若干问题的意见》，东城区随即出现残疾学生在普通小学就读的安置形式。1992年9月，《东城区特教事业发展规划》对随班就读现状进行了深入分析，对特殊教育发展、

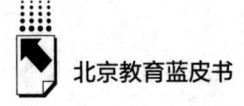

师资、经费、教研等做出了详细规划。此规划成为东城区融合教育开启的标志。同年，东城区教育局出台了《东城区关于残疾儿童少年随班就读的几项规定》，对残疾儿童少年进入普通学校学习的入学标准、学生管理、师资、教研等做了明确规定。同年，原崇文区教育局和上堂子小学、北官厅小学等论文经验被收录到北京市教育局的随班就读工作手册中。1999年，东城区派出干部教师参与了全市随班就读的调研工作，东城区教育局确定西总布小学为"聋童随班就读实验校"。自此，融合教育的序幕缓缓拉开。

在此期间，东城区聋教育依托北京市第一聋哑学校实现科学高速的发展。其重点聚焦于口语教学和聋儿康复。在聋教育中，各科教师认真贯彻"以口语为主，手语为辅，落实到书面语"的要求，聋生的语言表达能力得到明显提高，在京津聋校学生作文竞赛中获优异成绩。进入20世纪90年代，北京市第一聋哑学校更名为北京市第一聋人学校。学校引进先进听力检测设备、助听设备，开展北京市"八五"重点课题，针对聋生康复教育展开深入研究，提出发音教学的"'因材'施教，个别指导，分类推进"十二字方针，以及"诊断性、补偿与代偿性、能动性、环境优化、活动性"五项原则，推动聋教育走上科学发展的轨道。1997年，学校开展聋童学前教育工作，对全国第一例年龄最小的人工耳蜗植入者进行了口语康复训练。此后，学校成为香港渔人学会的5所实验校之一。东城区依托北京市第一聋人学校，在聋教育方面实现了腾飞式发展。

北京市人民政府外事办公室确定北京市第一聋人学校为外事接待单位，开展国际交流活动，一批批国内外特殊教育专家和国际公司纷至沓来。10年间，东城区接待了来自50多个国家的4000多名参观者，与美国IBM公司、峰力公司、德国西门子公司、美国加勒多特大学等开展了多次交流、互访、专业合作。这期间召开了聋教育"三个面向"研讨会等10余次国内外研讨会，全面展示了东城区聋教育的辉煌发展成就。

（三）整体规划　创新发展（2000年至今）

2000年，是东城区特殊教育实现统筹发展具有里程碑意义的一年。在这一年，东城区成立了特殊教育教研室，初步构建了以特殊教育教研室为引领、特殊教育学校为骨干、随班就读学校为主体的区域特殊教育发展格局。这一时期，东城区特殊教育有以下标志性变化与发展特征。

1. 主导——特殊教育研究与指导中心发挥职能

该中心以教研活动为重要依托，做出了诸多北京市乃至全国范围内的率先之举。率先建立随班就读实验校——西总布小学；率先成立特殊教育教研室；率先对普通学校干部教师开展融合教育分层培训；率先成立融合教育巡回指导组；率先实行特教教师和普通学校教师的"协同教学"；率先建立区域性的资源中心；率先成功开展"双学籍管理"的个案研究。

2. 整合——特殊教育学校进行布局调整

2002年，北京市第一聋人学校与东城区培智中心学校合并，命名为北京市东城区特殊教育学校，北京市第一聋人学校作为第二名称保留。该校招收智力残疾和听力残疾儿童少年，实施13年特殊教育。2010年，东城区与崇文区合并，崇文区培智中心学校更名为东城区培智中心学校。在此期间，东城区两所特殊教育学校积极开展送教上门工作，开办残疾人职业技能培训学校，开设残疾人职业高中，承接北京市孤独症及情绪行为障碍儿童教育训练基地项目，创办面向特殊需要幼儿的学前教育体系。

3. 普惠——融合教育教学研究持续深入开展

随着区域融合教育的需求与发展，融合教育持续深入开展。2001年，西总布小学成为北京市资源教室试点校之一，在区政府、两委和特殊教育研究中心的带领下，开展了"融合教育学校的实践研究""学校资源教室功能的实践研究""资源教师团队建设的实践研究"等多项国家、市、区级课题研究，研究成果获北京市人民政府颁发的教育教学成果奖二等奖；同时，资源教师还在市级课题的引领下开展了个案研究，包括"聋童'双学籍'管理实验研究""特教教师和普通学校教师'协同教学'的实践研究"等。后经东城区教育委员会批准西总布小学资源教室升格为区域性的资源中心。全区融合教育学校和接受融合教育学生数量明显增加，52%的特殊需要学生在融合教育学校就读，融合教育教学研究持续深入开展。

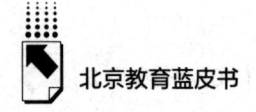

4. 服务——手语推广深入开展，组织团队服务全局

随着融合教育的开展和现代科技的进步，听力残疾学生锐减，大多数学生进入普通学校学习，但东城区特殊教育教师队伍对手语的研究与推广并没有止步。东城区从事听障教育教师先后参加了《中国手语》的编纂、修订工作，并开展了面向全国听障教育教师的手语培训活动。长期以来，东城区一直有一支手语翻译的队伍活跃在中央广播电视总台和北京广播电视台，为广大听力残疾朋友提供服务。

二 发展现状

东城区作为首都功能核心区，是全国政治中心、文化中心和国际交往中心的核心承载区，是展示国家首都形象的重要窗口地区。① 做好中央政务服务保障工作是其首要任务。特殊教育是教育的重要组成部分，东城区作为推进教育优质均衡发展的示范区，其特殊教育历史悠久、资源丰富。

（一）东城区特殊教育概况

2024年，东城区有2所特殊教育学校、74所融合学校（园所），为527名特殊需要学生提供特殊教育。在特殊教育学校就读的学生为257人，在融合学校（园所）就读的学生有270人。其中，智力残疾学生266人，精神残疾学生71人，听力残疾学生43人，其他残疾类型学生147人。2024年，东城区从事与特殊教育相关工作的教师有1242人。其中，融合教育专兼职资源教师及融合教育班级任课教师1120人，特殊教育专职教研员2人，特殊教育学校教师120人。特殊教育学校教师中含巡回指导教师2人，承担送教上门任务的教师14人，北京市孤独症及情绪行为障碍儿童教育训练基地（以下简称孤独症基地）项目定点指导教师5人。从事与特殊教育相关工作

---

① 《首都功能核心区控制性详细规划（街区层面）（2018年—2035年）》，北京市人民政府网站，2020年8月30日，https://www.beijing.gov.cn/zhengce/zhengcefagui/202008/t20200828_1992592.html。

的教师均具备本科及以上学历。东城区重视高级人才储备，有8名教师在区教委的支持下，考取了国际认证的助理行为分析师、行为技术员资质。

（二）东城区具有较为完善的特殊教育管理体系

东城区建立了以区政府牵头，区残联、劳动、人事、财政、教委等部门参与的协调指导系统，坚持联席会议制度，定期研究特殊教育发展。完善以区教委为主导的管理指导体系，发挥东城区特殊教育研究与指导中心作用，东城区特殊需要学生依据地域和融合教育开展情况分别在北京市第一六五中学、西总布小学等学校学习。创新政府督导评价机制，全市率先将随班就读工作纳入学校评价指标体系。辖区内贯通幼儿园、小学、初中、高中/职业高中的特殊教育体系已基本完备。在区域内，对所有残疾儿童少年实施"双学籍"[①]管理制度，特殊教育学校设立孤独症学部，使其在东城区享受16年且适宜的特殊教育。

（三）东城区融合教育支持服务体系

东城区融合教育构建起了"1+2+1+8+N"的支持服务体系，包括1个区特殊教育研究中心、2所区域内特殊教育学校、1个孤独症基地、8个学区融合教育资源中心（以下简称"学区资源中心"）、N个融合学校资源教室。

服务体系以特殊教育研究中心为主导、区域内特殊教育学校为骨干、孤独症基地为示范、学区资源中心为主体，各部分明确自身功能以及相互关系，为区域内特殊需要学生提供专业支持服务。2所区域内特殊教育学校在教育综合改革中深度联盟，推动区域特殊教育优质普惠发展。秉承"有爱无碍 教育康复 和谐发展"的办学理念，形成了以九年义务教育为中心，学前康复、职业高中为纵向延伸，融合教育、社区指导为横向延展的"十字形"办学格局。

---

① 李慧聆主编《听力残疾儿童随班就读工作手册》，华夏出版社，1993。

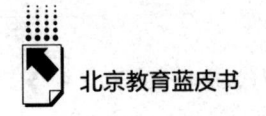

（四）各学段基本情况

1. 学前教育阶段

东城区幼儿园入学政策逐步完善，为特殊需要儿童就近就便入园提供保障。随着"入园难"问题的缓解，东城区各类幼儿园的学位更加充足，有利于更好地满足其就近入园需求，做到放宽条件，应收尽收。与此同时，为了提升区域幼儿园对特殊需要儿童的接纳能力，积极推动分司厅幼儿园、崇文第三幼儿园、崇文幼儿园3所学前特殊教育基地试点园建设工作，不断探索有效的融合教育办园机制及体系建设，并为其他园所推进融合教育提供示范指导。对于残疾程度较重的幼儿，东城区依据特殊教育专家委员会的评估，结合特殊需要儿童及其家庭实际情况，安排其进入东城区特殊教育学校学前部学习，实现学前三年教育康复服务全覆盖。

2. 义务教育阶段

义务教育阶段的特殊需要学生有410人，入学率达到100%，全部享有义务教育。东城区严格落实市、区义务教育入学政策，为特殊需要儿童少年提供家门口的优质教育。制定了《东城区特殊教育专家委员会制度及推进方案》《普通学校特殊教育推行委员会的指导意见》，区级成立特殊教育专家委员会，学校建立融合教育推行委员会，通过访谈—评估—分析—沟通—安置等科学专业的指导，为每个有特殊教育需要的孩子提供合理的安置方案。根据安置方案，学生可就近选择融合教育学校随班就读，学校将优先保障特殊需要学生的学位；特殊需要学生亦可选择在特殊教育学校就读。对于残疾程度较重、无法到校上学的学生，则为其提供送教上门康复服务。切实实现"零拒绝、全覆盖"的教育目标。

3. 高中教育阶段

高中阶段实行登记入学政策。持证或备案的特殊需要学生可根据意愿到高中试点校入学。为特殊需要学生参加初中和高中学业水平考试提供合理便利条件，随班就读学生的初中和高中学业水平考试成绩由所在学校认定，并为其提供平等考试机会。同时，依据《残疾人参加普通高等学校招生全国统一考试管理规定（暂行）》，设立环境整洁、光线适宜、便于出入的标准化单独考场，所有考试科目延长总时长的30%。对残疾考生进行单独的考前教育，使考生提前了解考试规则，为其顺利参加高考提供优质服务及人文关怀。

4. 职业教育阶段

区教委高度重视、全力支持特殊教育学校发展职业教育。每年足额保障招生指标，满足残疾学生入学需求。东城区特殊教育学校针对听力和智力两类残疾学生分别开设绘画和中餐烹饪专业。建立以学生发展需求为核心、多方参与的教育支持体系。承办全国职业教育研讨会，拓展学生职业兴趣，提升职业能力，围绕课程目标进行校企合作，开设融合沟通课、职业讲堂及职业体验课，让学生在融合环境中提升自信、增强本领。在校期间，学生参加东城区中职学生经典诵读、汉字书写等活动，为其建立自信以及与普通中职学校学生沟通、交流搭建了平台。

5. 终身教育阶段

支持开放大学、成人高校面向残疾学生开展继续教育和远程教育，拓宽和完善残疾人终身学习通道。自开办特殊教育职业教育以来，东城区特殊教育学校已累计培养出近百名职业高中毕业生。智力障碍毕业生在酒店服务、卫生保洁、餐饮服务等岗位上与普通人同工同酬，就业率将近50%。听力障碍学生被天津理工大学、北京联合大学、郑州师范学院等特殊教育高等学府录取，升入大专院校比例达到91%。

（五）资源保障情况

1. 学校规范化建设

为了落实教育部出台的《特殊教育办学质量评价指南》，东城区教委积极统筹区域资源，为特殊教育学校改扩建工程投入资金，建成1所国际化、现代化十六年制特殊教育学校。

在区域内，开展融合教育的普通中小学、幼儿园和特殊教育学校无障碍环境建设工作。特殊教育学校无障碍设施改造于2025年全部竣工，融合教育学校（园所）增设无障碍教学设施设备，进行坡道改造、无障碍卫生间改造、

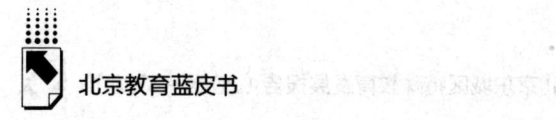

无障碍指引导示标识完善，完成率达50%。区政府投入资金建设学区资源中心和资源教室，持续满足学生的个性化需求；引入社会资源开展政府购买服务项目，支持融合教育学校对特殊需要学生开展辅助教学、康复训练。此外，区残疾人联合会、社会企业大力支持特殊教育事业发展。

2. 师资保障情况

东城区始终把特殊教育教师队伍的建设放在首位，依托区教育科学研究院形成了"通识培训打基础，专题培训做攻关，种子培训出骨干，搭建平台促成长"的教师培训工作格局。区特殊教育研究与指导中心统筹协调教育、医疗、康复、科研院所等相关单位资源，由专家委员会和推行委员会为特殊需要学生提供专业的安置建议和支持服务。资源教师要求具有心理健康教师、校医、学科教师及班主任工作背景，需经过专业培训后持证上岗，严格管理助教、陪读教师。

开展特殊教育对外交流与合作，加强与世界高水平院校和研究机构的交流与合作，积极开展国际特殊教育相关研究。发挥首善之区优质教育资源辐射带动作用，强化国内外的交流与合作。东城区特殊教育学校和各融合教育学校与美国、德国展开国际交流，同时与香港、澳门、安徽、重庆等特殊教育相关单位展开合作交流，拓宽教师视野，构建了新时代特殊教育发展共同体，为特殊需要学生提供优质教育。

3. 智慧校园情况

在东城区"智慧教育示范区"建设中，特殊教育是一个重要组成部分。推进国家智慧教育平台应用，探索利用平台资源实现教学效率提升和教学效果优化，研发资源库，特殊教育学校基本实现智慧校园和数智化教学管理。研发东城区特殊教育云平台、东城区特殊教育学校"智通生活"教学资源及评估云平台，建立数据交换共享机制，丰富课程资源供给。学校利用现代科学技术提供多种VR互动体验，学生不仅可以根据学习需求沉浸式体验各类场景，还可以通过参与互动游戏，在安全的虚拟环境中开展实践活动。开展聋校线上线下混合式教学的实践研究，指导学生依托互联网开展辅助学习，借助文本、图形、视频等资源弥补生理缺陷，同时通过多模态语言转换和生成式人工智能技术提升师生信息素养，打造了数智化赋能区域特殊教育科学发展的局面，满足多元数字化教育需求。

（六）取得的成果

东城区先后获评首届全国教育改革创新特别奖、教育部中小学教育质量评价改革试验区、教育部首批教师队伍建设"区管校聘"管理改革示范区、全国首批"智慧教育示范区"等。特殊（融合）教育相关单位多次荣获国家、市、区级先进基层党组织，首都文明单位，全国特殊教育信息化先进单位，资源教室示范学校，特殊（融合）教育先进学校。特殊教育学校出版了《"智通生活"实施手册》和《"智通生活"教学设计及评析》丛书，荣获北京市政府教育教学成果奖二等奖、北京市普教系统基层党建创新优秀成果奖，学校教师团队多次获得先进集体荣誉称号。多名教师成为东城区特殊（融合）教育优秀教师。

特别是近年来，东城区成为北京市首批干部教师交流轮岗实验区、国家义务教育优质均衡先行创建区、北京市中小学校领导体制改革试点区，区委区政府和教育两委与党和人民同向同行，与时代同步，在教育及特殊教育公共服务体系建设进程中展现使命担当。

三 发展经验

纵观东城区特殊教育发展历程，无论是在 20 世纪五六十年代，抑或当下的格局，皆为一代又一代人传承东城区特殊教育之传统——"尊重学生，尊重现实，尊重实践"，并不断继承与创新工作的成果。在过往的岁月中，前辈们秉持这一传统理念，在特殊教育领域辛勤耕耘，为后来者奠定了坚实基础。而现今，新一代的教育工作者们继续接力，在继承的同时不断创新，推动东城区特殊教育事业持续向前发展，使其在不同的历史时期都能焕发出独特的活力与光彩，为特殊学生群体提供更优质、更适宜的教育，助力他们在成长的道路上不断前行，实现自身的价值与梦想。这种传承与创新的精

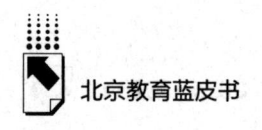

神，也将继续引领东城区特殊教育走向更加美好的未来，为特殊教育事业的发展贡献更多的力量。

（一）政府主导性持续增强，服务管理持续优化

1. 党的领导全面加强

加强党对教育工作的全面领导，推进教育领导体制改革是落实立德树人根本任务、办好人民满意教育、建设教育强国的必然举措。东城区立足首都功能核心区定位，全面贯彻落实党中央、市政府相关文件精神，构建中小学校党的全面领导发展新格局。对标"全面提高特殊教育质量"这一目标，东城区稳妥有序推进区域特殊教育学校、融合学校领导体制改革，推动党的全面领导的制度优势转化为办学治校高质量发展的实践效能。

2. 管理制度持续优化

东城区继续坚持特教优先、普特融合的原则，强化政府主导责任。区委、区政府高度重视特殊教育工作，继续执行由分管副区长牵头、各部门联动的联席工作制度，研究制定全区特殊教育工作的重大政策，协调解决发展中的重大问题，切实把特殊教育摆在优先发展位置，坚持特教特办。在机制建设方面，建立了定期沟通协调机制，明确各部门在特殊教育工作中的职责。由区教委牵头，联合七部门印发了《东城区"十四五"特殊教育发展提升行动方案》，区教委、区残联联合印发了《东城区为重度适龄残疾儿童少年送教上门工作方案》，科学有效地指导工作的推进。

在区域层面先后出台了涵盖区专家委员会、学区资源中心、孤独症基地、学校融合教育推行委员会以及随班就读学生管理等方面的39项意见和办法，从顶层设计上促进区域特殊教育的协同发展，从制度建设上做到了机制的保障，促进了特殊教育质量的提升和教育教学改革的深入发展。

（二）专业支持网络逐渐完善，教育供给稳步增进

1. 强化支持体系内涵建设

始终坚持融合教育发展重心下沉，采取区级统筹和群策群力的方式，建

立了融合教育三级专业服务支持体系。一是加大力度完善融合教育学校资源教室建设，配备专兼职资源教师，以特殊教育研究与指导中心为统领，特教学校为骨干，开展定期巡回指导；借助残联、康复机构、志愿者等资源优势，创新开展一对一驻点式个案干预的试点研究；与北京大学第六医院、北大医疗脑健康儿童发展中心等医疗康复部门合作，为有需要的学生和家长开辟筛查诊断的绿色通道，全面提高了融合教育服务能力。二是在全区建立8个学区资源中心，辐射带动各融合教育学校进行个性化辅导、学业补救等，兜底保障每名随班跟读学生享有专业支持。三是完善区特殊教育研究与指导中心职能，联动专家委员会，主要开展特殊需要学生入学审核、评估、安置和备案工作，负责区域内融合教育巡回指导和专业支持。持续推进设在东城区特殊教育学校的北京市孤独症基地工作，为千余人次的孤独症儿童及家长提供优质的服务。

2. 注重统筹调配特殊教育资源

东城区融合教育推行委员会制度，推进特教与普教资源共享、工作共进、协同发展。在区教委、普通学校设立融合教育推行委员会，由区教委分管领导、各校校长担任负责人，由各责任科室、研修部门、学校干部、班主任、资源教师、家长代表为成员。在顶层设计上，从资金投入、学校布局、师资配备、设施装备分配等方面做到普特兼顾、倾斜特教；在教育教学上，突出制订融合教育推行计划、提供行政支持、整合专业资源等职能，强化融合教育学校保障特殊需要学生权益的主体责任。截至2025年1月，有60所学校（园）成立了融合教育推行委员会，占融合教育学校的80%。全区义务教育阶段97%的学校开展了融合教育，每所义务教育学校都能够接收随班就读学生，2所区域内特殊教育学校作为兜底保障，为融合教育学校提供支持，为特教学校学生提供以学会生活、适应社会、形成能力、提高品质为目标的课程，为送教上门学生提供基本教育康复服务。保障每一名特殊需要儿童少年的受教育权利。实现了高质量的"零拒绝、全覆盖"。

（三）特殊教育课程改革不断深化，实现区域高质量发展

推进特殊教育优质普惠发展的根本目的在于提升育人质量，东城区牢牢

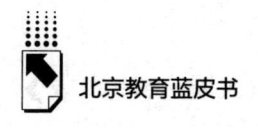

抓住培养社会主义建设者和接班人这一根本任务，全面落实"为党育人、为国育才"的使命。

1. 落实立德树人根本任务，德育课程建设逐渐体系化

立足东城区独特的区位优势，将天安门广场、北大红楼等蕴含深厚红色文化内涵的资源，以恰当的方式融入特殊需要学生的精神世界，使社会大课堂切实成为学生德育工作中独具特色的教育阵地。引领学生走向社区、走进社会，以融合育人的模式推动学生的全面成长和个性化发展。小初职纵向衔接，家校社横向联动，培养学生积极向上的精神品质，助力他们成长为新时代有志气、有志向、有意志品质的青年。以"特殊教育思政课程一体化建设研究"课题为抓手，深入挖掘思政课程和课程思政资源，实现一线贯穿、全面覆盖。德育课程建设逐渐体系化，切实提升思政育人成效，为特殊需要学生一生成长和生活奠基。

2. 坚守教学质量"生命线"，持续深化特殊教育课程改革

（1）多元支持，提升融合教育发展质量

东城区在融合教育背景下，推进课程改革，构建包容的教育体系。一是构建多元课程资源。融合教育学校按国家课程标准开齐学科课程，为随班就读学生开设多种支持课程，借助线上平台和社区资源拓展渠道，营造弹性包容的学习环境。二是灵活设置课程。统筹国家课程、地方课程和校本课程，学生可按需选择，学校依个别化教育计划调整课程进度、方法和内容，助力特殊需要学生成长。三是探索创新课程内容。区政府鼓励学校将先进的理念实践本土化，部分幼儿园开发特色课程。四是追求适宜课程体验，以学生发展为核心，基于儿童能力和发展规律完善课程资源、优化课程设置和内容，为学生提供合适的发展机会，促进其全面成长。

（2）创新课程，增强特殊教育育人实效

特殊教育学校依据《培智学校义务教育课程标准（2016年版）》，结合《义务教育课程标准（2022年版）》要求，遵循残疾学生的身心发展规律，完善校本化课程实施方案，构建适合学生发展的课程体系。秉承着"适合的就是最好的"课程理念，以"适应智障学生个性发展需求，提高其社会适应能力及生活质量"为目标，构建"人本、综合、多元、发展"的课程文化。注重学科间横向联系，融通各学科目标、统筹多种资源，着眼于学生持续发展，建设"智通生活"教学体系。形成"主线+植入+适配"的教学框架，设计了"4个领域+20个主题+54个单元"阶梯式教学内容，让学生从学习过程中发现实用的知识和技能，培育其必备品格和关键能力。

采用"基础课程+个性课程"的方式，开足开齐国家课程，根据学生需求，开设康复训练、园艺、面塑、乒乓球等个性化课程。为学生的多元发展奠定了基础，为每位学生提供了潜能开发的空间。积极构建以关注学生学习实际获得为目标的支持策略体系，真情境、重体验、提思维、育素养、强支持，有效落实个别化教育计划，育人效果明显提升。

（3）数字赋能，以数据评价指导教学实施

基于数据的评价指导个别化教学有效开展，在特殊教育领域尤为重要。东城区特殊教育课程领导小组带领教师深入分析教材，基于学生现状，依据主体多元化、评价内容多维化、评价方法多样化的要求，在尊重学生个体差异的情况下，组织教师以课程标准为依据，细化评估指标，编制7门一般性课程评估手册。根据导向性、科学性、可行性和发展性评价原则，完善评估机制。

数字赋能，建设基于评价工作的数字化平台，助力以评价为导向的教学工作高效开展。在区政府的大力支持下，东城区特殊教育学校建立了集教学评估、学习资源于一体的数字化平台，实现个别化教育计划协同工作、长短期目标部分自动生成、评估数据运算与图表展示等功能。此外，平台兼具学习资源收集和个性化分享服务。人机协作促进个性化学习目标得以更好落实，营造智能工作环境，实现了提质增效的目标。

3. 推进特殊教育职业教育发展，助力残疾人就业

为了让残疾学生享受普通学生同等的学习经历，掌握一技之长，并能更好地自立于社会，更有尊严地生活，东城区本着"为残疾学生一生的成长奠基"的办学宗旨，于2011年在东城区特殊教育学校开设中职班，面向残疾人招生。采取与本区两所职业学校合作办学的方式，设立听障教育绘画、智障教育中餐烹饪两个专业。制定课程方案、细化教学及评估指标，编写教学用书,录制菜品制作的教学光盘,逐步总结出"2+3+N"的培养模式。教师充当就业辅导员的角色,梳理支持性就业流程,研究学生就业转衔策略和方法,提升学生的职业关键能力。学校基于学生实际,构建了"基础课程+核心课程+延展课程"课程体系,该体系依据国家中等职业学校人才培养方案,以实用语文、实用数学、信息技术、艺术等公共基础课为起点,聚焦中式烹饪、西点制作技能,延展至仿真工作场景,为学生顺利融入职场和社会奠定坚实基础。

4. 扎实开展手语推广,听障教育教师平稳转型

随着科技和医疗水平的提高,听力残疾人数骤减,绝大多数学生可以在融合教育学校接受教育。在区特殊教育研究中心的统筹协调下,为这些学生提供了适宜的支持服务。东城区特殊教育学校作为国家通用手语实验校中的一员,承担了手语实践和提供修改建议的工作。截至2025年,东城区有6位中央广播电视总台《共同关注》栏目的手语主持人;有10余位教师曾承担中国残奥会、冬奥会以及新冠疫情发布会的手语翻译工作。至此,东城区听障教育教师基本顺利完成转型工作。

(四)教师队伍建设扎实推进,构建科学培训体系

东城区以教育家精神为引领,培养新时代"四有"好老师,根据《特殊教育教师专业标准(试行)》,进一步完善了特殊教育师资保障体系,分层培养特殊教育学校教师、学区资源中心和学校资源教师、随班就读教师、巡回指导教师、送教上门教师五支师资队伍,形成梯队,保障了全区特殊教育质量的可持续发展。

1. 抓实干部培训,找准特殊教育改革方向

建立特殊教育学校、融合教育学校干部培训常态机制,引领学校特殊教育发展方向。依托每年举办的特殊教育理论培训活动,通过特殊教育政策、理论、专业知识学习,提高干部特殊教育理念站位,促进学校体制改革。推动学校在落实特殊教育的主体责任中,积极创建融合环境,满足学生的差异化需求,提升教学质量。

2. 推进全员通识培训，强化特教理念普及

构建全员覆盖的特殊教育师资培养机制，将特殊教育课程纳入普通学校教师继续教育必修内容及新任教师职前培训体系，形成"理论筑基—实践赋能—资格认证"的闭环培养模式。区级层面建立年度特殊教育理论通识培训制度，每学年组织不少于140学时的专项培训，聚焦特殊教育基本理论、典型案例解析、随班就读实践操作三大核心模块，通过沉浸式研修与场景化教学相结合的方式，实现新任教师培训全覆盖。培训考核合格者，由教育行政部门统一颁发随班就读教师专业能力合格证书，从制度层面夯实区域特殊教育师资队伍的专业化基础，为融合教育高质量发展提供持续性人才保障。

3. 培育骨干种子教师，筑牢特教人才根基

建立特殊教育"种子师资"培育体系，通过模块化培养机制为每所融合教育学校定向输送跨领域骨干教师。东城区创新实施"双轨培育"计划。一方面，针对骨干教师开设言语治疗、教育评估等专项提升课程，同步面向专兼职资源教师构建"岗前培训—跟岗实践—考核认证"的闭环上岗体系，将心理健康、校医及班主任群体中具备特教经历的教师纳入专业化培养范畴，经系统培训并取得资源教师专业资质后，正式履职学校特殊教育资源岗位；另一方面，在融合学校与特教学校双渠道选拔种子教师，推荐参加应用行为分析师等国际认证课程研修，打造阶梯式专业人才储备库。该机制通过精准化培训与标准化认证相结合，为区域特殊教育高质量发展夯实可持续的人才支撑底座。

4. 深化研训一体模式，构建特教教研共同体

打造"区级统筹—学区协作—校际联动"三级特殊教育教研共同体，建立普特融合、纵向衔接的协同教研机制。区级层面统筹规划特教学校与融合教育学校教研资源，围绕课程建设与教学实施、干预策略与方法创新、教育评估与个别化支持、教师专业素养提升等核心议题，系统设计教研框架，明确组织架构、职责分工、主题内容、实施形式及工作流程，形成标准化教研运行规范。通过搭建普特教师联合教研平台，促进普通教育与特殊教育教师专业优势互补、经验共享；强化幼小、中小跨学段联动教研，构建覆盖全

学段的长链条育人格局，实现特殊教育教研从碎片化推进向整体性赋能的范式转变，为区域特殊教育教学质量提升提供持续性专业支撑。

5. 搭建多元成长平台，激活教师发展动能

构建"以展促研、以评促建"的教师专业发展赋能体系，依托"东兴杯"教师基本功展示、优秀教研团队评选、优秀论文案例遴选三大品牌项目，系统推进特殊教育学校校本教研创新实践。通过专题培训与实战练兵相结合的方式，将个别化教育计划制定、融合教学设计、说课展示、课堂教学实施、教学案例研究、教育论文撰写等核心能力培养贯穿全过程，形成"实践—反思—提升"的闭环成长机制。教师在沉浸式参与中深化专业认知、积累实操经验，实现从教学执行者到研究型教师的角色转型，全面提升"学思践悟"一体化专业能力，为区域特殊教育师资队伍建设注入内生发展活力。

四 现实挑战

在特殊教育发展过程中，东城区特殊教育面临诸多现实挑战，基于东城区现实情况，教师队伍建设和办学体系完善是目前最突出的问题。

（一）教育对象残疾类型多样化且残疾程度加重，教师队伍专业化建设面临挑战

满足区域内特殊需要学生的学习需求，为其提供高质量的特殊教育，是我们努力的方向。当前，东城区特殊教育呈现十六年"长链条"发展、学生残疾类型多样化和残疾程度加重、融合教育发展的生态特征。鉴于此，现有的师资难以满足需求。

1. 特殊教育"长链条"发展对教师的要求

特殊教育是教育的组成部分，特殊教育教师应具备各教育阶段普通教育的基本素养。东城区特殊教育具有十六年"长链条"发展的特征，其涵盖幼儿园、小学、初中、高中乃至成人教育等多个阶段。特殊教育教师不但要掌握不同学段学生的教育重点，而且必须根据学生的特殊需求做出必要的教

学调整，从而为学生提供科学、适宜且专业的特殊教育服务。

2.学生残疾类型多样化且残疾程度加重对教师的要求

东城区特殊教育对象呈现残疾类型多样化且残疾程度加深的趋势。当前，区域内的特殊教育对象包括智力障碍、孤独症、学习障碍、多动症、听力障碍、视力障碍等学生。由于学生的障碍类型各异，相应的教育康复方法与策略也有所不同。与此同时，极重度残疾学生有所增加。这些都对特殊教育教师队伍建设提出了更高的要求，给师资的专业发展带来了严峻挑战。

3.融合教育发展对教师的要求

在融合教育学校中，普通教育教师为主体，特殊教育教师起到支持作用。融合学校教师的特殊教育观念与实际需求存在一定差距，他们现有的方法与策略，无法满足当下特殊需要学生的多样化、高质量学习需求。目前，全区专兼职巡回指导教师以及各校资源教师专业人才配备尚不充足，亟待配备具有胜任能力的专兼职巡回指导教师和资源教师。

（二）教育体系双向延伸格局初成背景下，特殊教育供给质量提升任务艰巨

随着十五年制特殊教育学校办学和特殊教育向学前教育、职业教育延伸，东城区特殊教育在幼儿园、高中、职高的教育阶段，特殊教育的发展仍不够充分，教育供给质量仍有待提升。融合教育学前阶段和高中阶段的支持力度仍需要进一步加大。在特殊教育的学前教育阶段，适宜特殊需要幼儿的课程体系不够完善；职业教育阶段，专业课程仍需进一步丰富，以满足残疾人的就业需求。

五 政策建议

（一）多渠道提升师资水平，推动教师队伍规范发展

1.加强专业人才储备

进一步加大特殊教育专业的支持力度，在特殊教育专业人才的优化、储

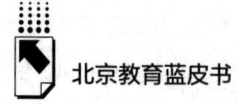

备、培养以及使用等方面开展更为有效的工作。继续以"种子工程"为基础，开展好特教教师队伍"双强"建设，即强化特殊教育理论功底、强化特殊教育专业技能，为每个学区资源中心和每所普通学校培养至少1名具有特殊教育理论和技能的专业人员。

2. 着力培养复合型教师

培养复合型教师对于提升教育质量、适应新时代教育需求具有重要意义。继续加强教师培训，进一步完善和落实融合教育三级专业服务支持体系。持续推进教师培训的深化与拓展，培养普教与特教、幼教与职教、康复与心理等多专业的复合型教师，符合东城区特殊教育发展需求。

（二）双向延伸体系架构，深化拓展特殊教育全学段发展

1. 强化学前特殊教育建设工作

随着东城区特殊教育学校改扩建工程的完成，学校于2025年开始招收东城区内有特殊需要的幼儿，开设特殊教育学前部，配备专业师资，开发适合特殊需要幼儿的课程体系。在3所融合试点幼儿园的基础上，进一步深入探索，整合更多的教育资源，建立更完善的支持体系，为有特殊需要的幼儿提供更广泛、更专业、更具针对性的支持服务。为幼儿提供个性化的教育教学方案，给予幼儿家庭支持与指导，加强与社区等相关机构的协作等，以全方位保障特殊需要幼儿的学前教育权益，为他们的未来发展奠定良好的基础。

2. 提高残疾人中等教育水平

进一步发展高中/职业高中教育，逐步增加高中融合教育学生的人数，提升其学习质量。基于现有的教育基础，深入调研市场需求和残疾青年的自身特点，精准定位不同类型残疾青年在就业市场中的潜在优势，逐步创设符合学生就业需求的课程。主动了解企业的用人需求和标准，邀请企业的技术骨干和人力资源专家参与学校的课程设置、课程设计以及教学评价工作，丰富课程建设内容。开发多种职业范例，推进校企合作的发展，构建学校与企业之间长期、稳定、深度的合作关系，为东城区的残疾青年提供更多的就业支持服务。

（三）开阔视野更新理念，优化升级区域内特殊教育观

1. 加强特殊教育对外交流与合作

对外交流与合作对于东城区特殊教育的发展具有积极意义，能够开阔视野，持续保持开拓、探索的创新意识，在教学改革的进程中，要坚持带领学生前往不同国家和地区、各类学校以及企事业单位开展交流学习活动，逐步构建全方位、成体系且富有深度的特殊教育对外交流合作格局。

2. 强化特殊教育宣传工作

广泛宣传特殊教育事业的重大意义和东城区特殊教育改革的发展成就，引导社会大众认识特殊教育在推动特殊需要学生成长成才和终身发展进程中的关键作用，大力宣传特教教师高尚师德和无私奉献的精神，促使更多的人认识特殊教育、关爱特殊教育、支持特殊教育并参与到特殊教育事业中来。

自"十四五"规划实施以来，东城区特殊教育积极作为，全力以赴。秉持普惠融通的理念，不断丰富内涵，向着更高的目标发展，从而加快"办好特殊教育"进程，大力推动新时代特殊教育朝着高质量发展。在未来的发展中，我们将在传承过往经验的基础上持续创新，为特殊需要学生的成长奉献更多的智慧与力量。

B.14
北京海淀区特殊教育发展报告
（2024~2025）

王红霞[*]

摘　要： 党的十八大以来，北京海淀区坚持以人民为中心发展特殊教育，不断强化政策保障、经费保障、组织保障等，特殊教育发展迅速，特殊教育设施不断完善，研究指导不断深入，服务体系不断健全。但同时也面临特殊学生基数大、类型多、残疾程度重，特殊教育学位不足等挑战；协同机制有待健全，资源整合水平有待提高；专业师资力量不足，教师职业效能感低；职业高中结束后升学就业困难，面临回归家庭的风险等现实挑战。基于此，提出加强特殊教育学校建设，增加特殊教育学位数量；完善特殊教育协同机制，加大支持保障力度；加大教师专业培养力度，提升教师职业幸福感；探索特殊学生职业高中招生入学"绿色通道"；多方联动社会资源，为特殊学生提供支持性就业服务等政策建议。

关键词： 特殊教育　融合教育　北京海淀区

党的十八大以来，北京海淀区坚持以人民为中心发展特殊教育，不断强化政策保障、经费保障、组织保障等，特殊教育发展迅速，特殊教育设施不断完善，研究指导不断深入，服务体系不断健全。下面主要从发展历程、发展现状、现实挑战、政策建议四个部分全面展现海淀区特殊教育发展情况。

---

[*] 王红霞，正高级教师，北京市海淀区特殊教育研究与指导中心主任，北京市健翔学校校长，主要研究方向为特殊教育政策、特殊教育管理、融合教育指导、孤独症儿童教育教学。

一 发展历程

（一）调整结构布局，强化支持保障

2016年，海淀区在全国率先成立具有独立法人资质的教委直属单位——北京市海淀区特殊教育研究与指导中心，负责该区域特殊教育教学、科研、教师培训、资源开发和康复训练的组织统筹，负责该区域随班就读工作的管理和指导，人员编制为15人。海淀区培智中心学校与北京市第三聋人学校合并成立十五年制综合性特殊教育学校——北京市健翔学校。至此，构建了"一校一中心"的特殊教育布局，形成了"1+2+3+4+N"的特殊教育服务体系。逐步打造出以特教中心为指导、融合教育学校为主体、特教学校为骨干、送教上门为补充的办学格局，努力实现特殊教育的"零拒绝"。

（二）出台政策文件，高位引领发展

2022年，海淀区政府发布《海淀区"十四五"时期教育改革和发展规划》，将"融合教育体系完善工程"列入十大工程，将"特殊教育优先融合提质发展"列入十五项主要任务。2021年以来，海淀区先后出台了《海淀区"十四五"特殊教育发展提升行动方案》《海淀区辅助器具进校园工程实施方案》《海淀区送教上门工作管理办法（试行）》《海淀区特教助理及其他陪读人员管理办法》等四份文件，高位引领区域特殊教育发展。为特殊学生开辟入学升学"绿色通道"，帮助400余名六年级特殊学生优先升入融合教育初中资源校，切实保障所有特殊学生都能得到合适的安置。区域政策文件的连续出台，建立了明确的特殊教育管理制度，形成了特殊教育应急响应工作机制，打通了特殊学生入学升学通道，规范了各类特殊教育教师管理，强化了特殊教育经费保障，支持特殊学生顺利融入学校学习生活。

《海淀区"十四五"特殊教育发展提升行动方案》对"十四五"时期

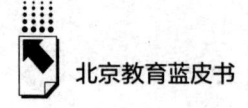

特殊教育发展进行了明确的规定，指出"到2025年，特殊教育体系进一步完善，学前教育阶段特需儿童入园率明显增长，义务教育阶段特需儿童入学率达到100%，送教上门比例不高于5%，高中教育阶段普及程度显著提高，为特需学生接受高等教育创造机会，终身教育体系更加完善"。该文件明确了特殊教育发展应坚持政府主导、特教特办，坚持融合优先、尊重差异，坚持改革创新、提质发展等原则，系统规定了"十四五"期间海淀区特殊教育发展的七项关键举措：一是拓展延伸学段服务，健全特殊教育体系；二是深化课程教学改革，提升特殊教育质量；三是完善专业支持体系，强化融合教育保障；四是加强教师队伍建设，提升教师专业水平；五是推进信息技术应用，赋能特殊教育变革；六是建立协同创新机制，形成特殊教育发展合力；七是完善资源保障体系，优化特殊教育办学条件。

（三）召开特教大会，强化行政支持

2023年，海淀区教育两委召开了以"坚持普惠融合 提升育人质量"为主题的全区特殊教育大会，全区500余名中小幼党政正职参加，深度总结分析海淀特殊教育发展经验和成果。北京市人大常委会、北京市海淀区人民政府相关领导，以及全国政协委员、海淀区政协委员、相关专家教授参加会议。海淀区委教育工作委员会副书记做《推进普惠全覆盖 构建发展共同体》的主题报告，从普特共融推进特教普惠全覆盖、普特一体共赢发展新挑战、普特共生构建发展共同体三个维度介绍海淀区特殊教育所取得的成绩以及未来发展规划。此次特殊教育大会进一步明确了海淀区特殊教育优质发展的目标与重点任务，加快了全面发展融合教育的进程。

强化特殊教育的行政支持，区教委、区发展改革委、区民政局、区财政局、区人力资源和社会保障局、区卫生健康委和区残联切实落实部门和单位职责，健全多方协调联动的特殊教育推进机制，形成工作合力。区人力资源和社会保障局配合教育部门落实特殊教育教师补充、工资待遇等方面的支持政策和红头文件。区财政局健全经费投入机制，支持改善融合教育办学条件。区残联协同监测残疾儿童少年就学情况，调研了解孤独症儿童教育发展

需求，协助做好残疾儿童少年入学、康复、就业安置等服务，提供无障碍环境支持和辅助器具适配服务。

（四）强化特殊关爱，提升发展质量

2023年10月16日，教育部基础教育司党支部与北京市海淀区教育工委共同开展"关爱特殊教育"党日暨联学共建活动。教育部副部长、总督学王嘉毅，基础教育司司长田祖荫等一行40余位领导，先后参观了海淀区特教中心、北京市育英学校，重温习近平总书记重要指示精神，聆听特教故事，探讨教育强国背景下特殊教育发展路径。海淀区委书记、中关村科学城党工委书记张革，海淀区委常委、政法委书记、副区长程培衡，海淀区委教育工作委员会书记、教育委员会主任杜荣贞，海淀区委教育工作委员会副书记吴谨陪同出席此次活动。海淀区向教育部40余位领导展示了在党和国家的重视下，海淀区融合教育从无到有、从有到精的跨越式发展变化，以及以北京市育英学校为代表的海淀区融合教育示范校在推进区域融合教育发展进程中的重要作用。这奠定了以全面实施《"十四五"特殊教育发展提升行动计划》为抓手，推进特殊教育适宜融合发展，奋力建设教育强国的目标基础。

为深入贯彻习近平总书记关于残疾人事业的重要论述和重要指示批示精神，落实党中央、国务院关于残疾预防工作的决策部署，推进《国家残疾预防行动计划（2021—2025年）》贯彻实施，在第八个全国残疾预防日来临之际，中国残联、教育部、民政部、国家卫生健康委、国家医保局、共青团中央、全国妇联共同在京启动孤独症儿童关爱促进行动。2024年8月23日，中国残联党组书记、理事长周长奎，北京市副市长马骏，中国残联党组成员、副理事长胡向阳，教育部、民政部、国家卫生健康委、国家医保局、共青团中央、全国妇联相关业务部门负责同志以及北京市、海淀区有关领导莅临北京市健翔学校实地视察调研，区委书记张革、区委教育工作委员会书记杜荣贞等参加活动。王红霞校长向领导们介绍学校办学理念、发展历程、教学特色及未来规划等情况，北京市健翔学校始终将学生的全面发展和提升

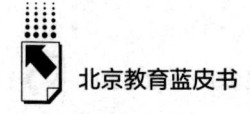

特需家庭的生活质量置于学校办学首位，通过打造专业教师团队、营造舒适乐学智慧校园、创新开展教育教学、整合拓展丰富资源、家校携手温暖共育等举措切实提升特殊儿童的教育水平。

（五）组织学术研讨，增强发展动力

为落实《"十四五"特殊教育发展提升行动计划》关于积极发展学前特殊教育的要求，2023年5月19日，海淀区组织了学前融合教育教研交流与研讨会，联合国儿童基金会教育处处长Sanaullah Panezai、儿童基金会项目负责人陈学锋博士、华东师范大学融合教育研究院院长邓猛教授、中国教育科学研究院副研究员杨希洁博士、华东师范大学学前教育学系副系主任苏雪云教授等项目试点高校的专家，以及河南省、山东省、上海市等试点区域代表，海淀区六所试点园的园长及教师代表，近百人线下参会。特教中心主任王红霞就海淀区学前融合教育现状及未来学前融合教育发展规划进行了详细介绍。此次研讨会的召开搭建了共商共研的平台，凝聚全国各地的试点区域之力，打造学前融合教育发展共同体，促进各区域优质资源迅速转化为推动学前融合教育协同发展的强大动力，为学前融合教育科学赋能，实现提质增效。

为落实中国残联、教育部联合发布的《辅助器具进校园工程实施方案》，借助专业化、现代化的辅助器具为残疾儿童进入校园、适应班级、融入课堂提供强有力保障。海淀区于2023年5月21日顺利举办了第一届"辅具进校园"论坛，中国教育学会副会长、国家督学李天顺，中国残疾人辅助器具中心副主任董理权，中国教育学会特殊教育分会副理事长丁勇，南京特殊教育师范学院党委常委、副校长许巧仙，华东师范大学融合教育研究院院长邓猛，浙江工业大学与南京特殊教育师范学院特聘教授徐云，南京特殊教育师范学院特殊教育学院院长李拉，北京教育科学研究院北京市特殊教育研究指导中心主任孙颖等领导和专家出席此次会议。该届论坛创新性地将辅具与特殊儿童教育相结合，从教师指导、学生参与、课堂质量提升等多方面推进，切实落实了党和国家"强化特殊教育普惠发展"的重要举措。

为进一步统筹与整合资源、交流学校教育教学成功经验、推进培智学校课程建设、提高特教教师专业水平，海淀区于2023年10月25~26日举办"'五育'并举　助力特殊教育高质量发展"研讨会，研讨会参会人员面向全国特殊教育学校教师及教研员。北京市健翔学校的专题汇报和8节展示课全面展现了海淀区特殊教育课程改革成效，得到来自全国20多个省（区、市）专家同仁的高度认可。通过开展研讨会的方式促进全国特殊教育学校间的交流与共享，共同助力特殊教育高质量发展。

为全面贯彻党中央、国务院关于"办好特殊教育"的要求，在京津冀协同发展的大背景下，推动特殊教育高质量发展，共享优质教育资源，进一步统筹与整合资源、交流学校教育教学成功经验、推进培智学校课程建设、提高特教教师专业水平，促进教育与科技的深度融合。北京市健翔学校协同京津冀多所特教学校于2024年6月13~14日举办"科技赋能　推进特教学校内涵发展"研讨活动，带动京津冀特殊教育高质量发展。此次活动通过多措并举，不断探索和深化更广领域的合作，打造京津冀协同一体化特殊教育品牌。

依托特教联盟机制，海淀区开展"教师基本功展评"联合教研活动，围绕不同学科教师应具备的学科素养及基本功，开展四校教师展评活动，不断夯实联盟校教师的专业发展基础，增强每所学校的内生动力。依托特教联盟机制，"海景门昌"特教联盟开展多次培训、下校督导、研究课、成果展示等活动，为四校教师专业发展搭建平台，辐射带动北京市特殊教育优质均衡发展。

二　发展现状

（一）学生、教师的基本情况

1. 特殊学生总体数据及分布情况

全区特殊学生基数大、类型多、残疾程度重。截至2023年，特教学校

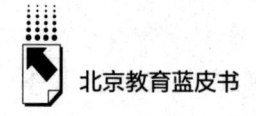

学生有640人，接受送教上门服务的学生有49人，特殊学生累计近3000人，义务教育阶段融合教育比例达到79%。

2. 教师总体数据及分类情况

海淀区共有巡回指导教师15人，特殊教育学校教师230人。其中，硕士研究生及以上学历的教师占比18.32%，本科及以上学历的教师占比80.20%。全区共有北京市特级教师1人，市级骨干教师2人，区级特殊教育学科带头人、骨干教师累计39人。在教师职称方面，全区共有正高级教师1人，高级教师42人，一级教师64人。

（二）特殊教育保障体系建设情况

1. 经费投入情况

党的十八大以来，海淀区不断加大特殊教育经费保障力度。2018~2023年，海淀区每年投入超过1.5亿元支持特殊教育发展，专门设立特殊教育专项补助经费，借助特殊教育质量提升项目、特殊教育师资培训专项、特殊教育中心业务支持项目、特殊教育学校发展项目等，全方位提升特殊教育保障水平。率先落实资源教师享受特教津贴与岗位绩效工资倾斜政策，截至2023年，累计636人享受津贴、补贴。特教学校学生、随班就读备案学生生均公用经费达到普通学生的8倍。学前至高中阶段特殊学生实行"四免多补"政策，义务教育阶段特殊学生享受助学和生活补助，学前特殊儿童享受保育费减免，同时享有每人每年7500元在园补助。此外，海淀区加大特殊教育智慧化平台建设的专项经费投入，打造海淀区特殊教育大数据中心、特殊教育管理平台、特殊教育研修平台与课程资源云平台等信息化平台，对全区特殊教育数据、教师与课程资源进行动态化、系统化管理，不断提升海淀特教的智慧化水平。

2. 支持体系建设情况

建立区特教中心、学区资源中心、学校资源教室的三级资源支持体系，为全区融合教育提供专业支持。资源教室在融合教育发展过程中发挥重要的纽带作用，党的十八大以来，海淀区启动学区资源中心建设，共建立学区资源中心9个，截至2023年，海淀区共有资源教室102间，占接收特殊学生随班就读学校的77%，为学校融合教育的推进起到了重要的专业支撑作用。

3.教师团队培养情况

专业人才是特殊教育高质量发展的战略性支撑。海淀区自2012年以来，逐步推进八大类特殊教育教师的培养，专业教师实现"从无到有、从有到专、从专到全"的跨越式发展。创新探索资源教师资格认证制度，对参加培训并通过考核的教师颁发"海淀区资源教师资格证"，形成"理论培训+教育实习+考核评估"的资源教师资格认证TEA模式，在全国率先实现了资源教师持证上岗，建立了资源教师持有"普通教育教师资格证书+资源教师资格证书"的"双资格证书"制度。确保每所普通学校至少有1名专职或兼职资源教师。随着融合教育体系的完善，海淀区推进资格认证制度向学前教育阶段延伸，创新开展"学前融合教育种子教师"资格认证工作，为普通幼儿园储备融合教育专业人才。截至2023年，已累计培养持证教师704名，为中小学、幼儿园储备了专业师资。推进资源教师初级、中级、高级资质培养与认证，打通资源教师专业成长通道。

形成"学—训—研—督"一体化培养机制。开展教育评估、言语治疗、物理康复等主题的培训，拓宽资源教师专业成长路径。率先开展行为指导教师培训，形成"理论培训+教育实习+现场/线上督导+考核评估"的培训模式，打造专业化行为指导教师队伍，累计培养行为指导教师85人。探索开展特教助理教师培训，开展入校指导，不断提升特教助理专业水平，支持特殊学生顺利融入学校学习生活。不断扩大教师培训的覆盖范围，加强巡回指导教师专业培训，系统推进融合教育班主任及学科教师系列培训，加大特殊教育骨干教师的培训力度，将特殊教育学科新任教师培训单列，开展学前融合教育种子教师培训项目，为普通学校、幼儿园融合教育发展赋能增效。

组建资源教师、行为指导教师、学前融合教育种子教师、融合教育骨干教师四个区级研修工作室，建立区校两级教研机制，积极参加北京市教研活动，深入研究融合教育教学现实难题，提升教师专业发展水平，逐步培育出

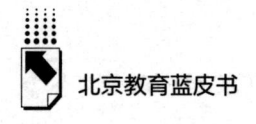

具有教育家特质的融合教育教师，引领区域融合教育深度内涵发展。

4. 学段拓展服务情况

在完善特殊教育专业服务体系的同时，不断拓展特殊教育学段服务体系。海淀区高度重视学前特殊教育工作，全面贯彻落实"积极发展学前特殊教育"的要求，在北京市健翔学校设立学前特教班，增加公办及普惠性幼儿园学前特殊教育学位。加快学前融合教育发展步伐，2021年，海淀区成为教育部—联合国儿童基金会"中国融合教育推进：教师专业能力提升项目"的试点区，基于区域学前融合教育本土特色化发展状况，统筹开展学前融合教育巡回指导、学前教研等工作，建设10家"学前融合教育基地"，以点带面精准提升融合教育质量。截至2023年，普通幼儿园对特殊幼儿已形成"零拒绝"的态势。此外，海淀区在北京市健翔学校设立职业高中部，为普通学校初三毕业生提供评估、升学及就业咨询和指导，为他们的未来发展方向指明道路。

5. 智慧化建设情况

海淀区建立了"特殊教育大数据中心"，对全区特殊教育基础数据进行动态管理，便于全面掌握不同类型学生、教师等的数据信息。数据平台的建设涵盖数据源、数据处理、数据存储和展示应用等四个层面，其中数据源主要包括结构化的数据，如基础信息、教师信息、学生信息等。此外，海淀区还建立了特殊教育管理平台，主要包括对特殊学生信息的管理、对教师的管理以及对资源教室的管理三个方面。

（三）十五年制特殊教育学校建设情况

北京市健翔学校作为海淀区唯一一所招收智力障碍、孤独症、听力障碍、多重障碍等学生的十五年制特殊教育学校，现有人大和牡丹园两个校区，始终坚持立德树人的根本任务，秉持"一切为了特殊学生的幸福人生"办学宗旨。近年来，学校积极创新探索，改造学校环境，推出了一系列卓有成效的举措。

1. 学校制度建设

学校的发展需要有灵魂，管理制度的建设便是为学校铸魂的过程。为加强对学校的统筹管理，组织修订学校章程，对学校组织架构、基础建设、文化理念、教师发展、课程内容、家校社协同育人等进行详细的规定，明确了"一切为了特殊学生的幸福人生"办学宗旨，形成了"尊重差异、和谐发展、协同创新、育人为本"办学理念，有利于凝聚人心，成为学校强化不同学段特殊教育管理的重要依据，目前学校已形成"艺术润心、特奥健体、多元培能"的办学特色。

管理的变革是学校整体变革的起点，为盘活学校资源、激发干部教师活力，改变了传统的层级制管理模式，推进扁平化管理，在人大校区建立"一办六中心"，设置党建中心、创新发展中心、课程发展中心、学生发展中心、后勤保障中心、电教宣传中心，简化信息传递流程，确保学校管理制度切实服务于课程建设与学生发展。不断加强校长领导力建设，注重抓中层干部、抓细节管理，切实处理好激发自主性与加强规范性的关系，不断提升干部教师的创造力。

2. 学校环境建设

环境是无声的教育资源，学校高度重视环境建设，打造安全、适宜、无障碍的校园环境。根据特殊学生具有视觉学习偏好的特点，学校充分利用走廊、橱窗、彩虹墙、建筑标识等进行文化建设，借助学生的书画作品打造诗情画意的文化长廊，用学生感兴趣的绘本打造多姿多彩的图书角，营造结构化、视觉化、功能化的支持环境，让环境成为育人载体，让文化浸润学生的成长。

文化的力量是巨大的，在教育教学过程中化为一双无形的手，指引学校管理、课程教学、家校合作等的发展方向。学校不断加强"三风建设"，形成了"乐观向上，拼搏有为"的校风，"爱生敬业，行为世范"的教风，以及"润德启智，求是笃行"的学风。特殊教育强调关注每一名特殊学生，学校始终将学生的发展放在首位，尊重学生身心发展规律，坚持"有教无类""因材施教"，让每一名学生都实现最大限度的发展。

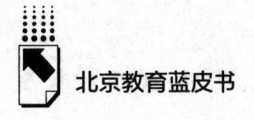

3. 课程教学改革

课程是学校教育工作的核心，针对特殊学生残疾程度重、个体差异大的现实状况，需要着重解决学什么、怎么学的问题。学校经过多年的实践总结，不断强化课程育人功能，推动课程的变革。学校自2003年开始了第一轮课程改革的探索，以学生需求为基础、以个别化教育理念为支撑、以生活适应能力培养为核心，研发韦思童特殊学生线上课程评价系统，编写出版了独具特色的校本教材和全学段生活适应教学丛书，这些成果成为全国100多所学校的教材蓝本。2016年，三类特殊教育学校课程标准出台之后，学校认真学习、积极响应，探索国家课程校本化实施策略，组织教研团队对课程标准进行续写与细化，数量达上千条；同时，编写生活数学、生活语文、绘画与手工等学科练习册70余本。

针对特殊学生语言发育迟缓、运动障碍、情绪控制力弱、存在攻击行为等情况，学校专门开设了语言康复、动作康复、艺术治疗、书法治疗、行为干预等课程，为学生提供个性化的康复训练，提升学生语言表达、运动发展、情绪行为管理等能力，系列康复课程已成为学校的品牌与特色。

4. 教师专业发展

教师是特殊教育学校质量提升的关键，可谓"教师即教材、教师即教法、教师即教学资源"。面对存在攻击行为、课堂上尖叫不止的学生，学校教师以教育家精神为指引，坚定理想信念，以仁爱之心包容学生，以育人智慧引导学生。特教学校教学组织实施难度大，为提高教学有效性，学校以个别化教育计划的制定与实施为抓手，建立多元评价电子系统，促进教师对教学组织效果进行反思，切实提升教师专业技能。

学校结合教师自身特点与发展兴趣，引导教师制定职业发展规划，抓好干部教师、党员教师、骨干教师、教研组、青年教师等五支队伍，搭建市级名师工作室、骨干教师讲堂等专业成长平台，为教师成长持续赋能，让每一名教师都有自己擅长的一门学科，充分调动教师专业发展积极性。2023年，学校有特级教师1人，市级骨干教师2人，区级骨干教师38人，市级兼职教研员11人。学校有4名教师参与部编教材的编写工作，承担部编教材的试教试用；学校区级以上在研课题 25 项，校级课题若干，教师的研究与教学素养得到同步提升。

5. 协同育人情况

学校充分发挥家长委员会的作用，邀请家长参与班级管理、教育教学等各个环节，为家长赋能，让家长由"幕后"走到"台前"，由被动转为主动，从而积极配合学校各项工作。建立家长学校，教师针对正面管教、生活适应能力培养、语言表达训练、沟通交往训练等方面，为家长开展专题培训。同时，学校组织开展家长沙龙、家庭出游、家长社团喘息服务、亲子社团等活动，让家长放松情绪、释放压力，引导家长树立正确的教育理念，掌握科学的养育方法。

（四）融合教育发展情况

海淀区自 20 世纪 90 年代开启本土化融合教育探索以来，至今已走过三个阶段的发展历程，从最初"用脚步丈量海淀"，到成立独立法人的特殊教育中心，融合教育发展已呈现"政策先行、专业引领、多元协同、生态融合"的特点。

1. 普通学校融合教育总体情况

海淀区以问题为导向，以研究为引领，建立由学区管理中心、普通中小学、幼儿园构成的融合教育研究共同体。以教研为抓手，搭建三级教研网络，以研促教，130 名教师获评"五好融合标兵"，成为海淀融合教育的排头兵。推动融合教育先进集体建设，46 个单位获评融合教育"十佳先进集体"。启动第九届"星星向融 童心筑梦"孤独症学生书画作品巡展活动，36 所学校 135 名特殊学生的近 200 幅书画作品陆续在中国联想集团总部、学院路街道、永定路街道等多地巡展；30 所学校、5 个学区管理中心开展了融合教育宣导活动，内容涉及班队会、升旗仪式、校内宣讲、教学教研、社区宣讲等多种形式。各类活动在《中国教育报》、《现代教育报》、中国网等多家媒体进行报道宣传，极大提升了社会公众对孤独症群体的认知。中国人民大学附属小学的"面向全体 兼顾差异 让每一个生命独特绽放"和北

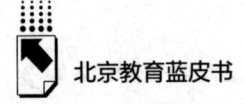

京交通大学附属小学的"多元支持 适宜融合",获得首届全国融合教育优秀教育教学案例。

2. 特殊学生评估情况

海淀区构建了"班级初筛—资源教师筛查—特教中心评估"三级教育评估机制,依据评估结果,为特殊学生科学制定"一人一案",并推动其有效实施。建立特殊学生入学评估、转学评估和升学评估常态化工作机制,确保特殊学生得到适宜安置。先行探索专家委员会制度,整合教育、心理、医学、康复、社会学等领域的专家资源,充分发挥"智库"作用,为特殊学生提供教育安置建议,科学保障每一位学生的入学、升学、转学、复学等顺利开展。借助专家的权威研判,缓解家校矛盾冲突,保障特殊学生在普通学校健康成长。

3. 融合教育巡回指导情况

海淀区经过多年探索建立了巡回指导模式,其流程主要包括"接案—下校指导—个案评估—个案研讨—教育安置—制订计划—计划实施与追踪"。开展分学段巡回指导,为区域融合教育发展树立了典范。指导学校为特殊学生制订个别化教育计划并据此调整课程、教学、评价和支持方式,帮助特殊学生在普通课堂同等接受高质量的教育。针对中重度特殊学生难以有效适应普通学校学习生活的难题,提出"渐进式"融合教育模式,基于多元融合、弹性安置的理念,探索特殊学生从特殊教育中心逐步过渡到普通班级完全融合的专业支持方式,让每一名学生都能在普通学校同等获得成功。

4. 课题研究情况

主持教育部重点课题、北京市重点课题的研究,加大课题研究力度,引领融合教育实践。2024年4月28日,海淀特教中心召开全国教育科学"十三五"规划2019年度重点课题"自闭症儿童融合教育生态支持系统建设的研究"成果公报会。中国教育学会副会长、国家督学李天顺,中国残联教育就业部副主任韩咏梅,北京师范大学教育学部教授顾定倩,华东师范大学融合教育研究院院长邓猛,浙江工业大学特聘教授徐云,北京联合大学教授刘全礼，山东师范大学副校长张茂聪，北京师范大学教授张树东，西北师范大学特殊教育系主任杨中枢，中国教育科学研究院副研究员杨希洁，海淀区教育科学研究院副院长宋官雅，《现代特殊教育》杂志主编于国宁等参与了此次成果公报会。课题组负责人王红霞主任从课题研究思路、实施情况、创新之处、研究结论等几个方面做了详细的汇报。8所子课题校负责人分别进行汇报。专家对该研究成果给予高度评价，中国教育学会副会长、国家督学李天顺指出，海淀课题组用五年的努力回答了"教育强国，特教何为？"这一问题。课题组时刻关注实践路径，将先进的思想理念、专业的技术方法转换为实践，并取得显著的成果。2024年9月，经全国教育科学规划领导小组办公室组织评议后，王红霞主任主持的"自闭症儿童融合教育生态支持系统建设的研究"获得结题鉴定"优秀"。

此外，海淀区组织北京市重点课题的开题及常规研究工作，同时，完成海淀区重点课题"融合教育中特殊学生家庭支持"的结题工作。近年来，海淀区以课题研究为突破口，深度带领区域内近30所学校参与重点课题的研究工作，推动学校融合教育内涵式发展，涌现出一批示范性融合教育学校，研究成果辐射全区。连续组织区级特殊教育与融合教育优秀征文活动，2021~2023年，累计收取征文1197篇。

5. 家庭教育指导情况

海淀区面向28所中小学、幼儿园的337名特殊儿童家长开展《特需学生家庭教育现状调查》，了解家长在家庭教育中面临的困难与需求。针对特殊学生发展特点及家长需求，海淀区开展多样化的家庭指导服务，面向家长及时发布课程资源及特殊教育资讯。定期组织家长培训和家长沙龙活动，推出趣味化亲子公益活动，开展多样化家长喘息服务，为家长提供针对性家庭教育咨询，解答家长在家庭养育、学生干预、入学升学等方面的困惑，缓解家长压力，深化家长对特殊儿童的理解，支持家长成为专业的养育者。2021~2023年，海淀区累计服务特殊学生家庭近3000个，服务家长34000人次。

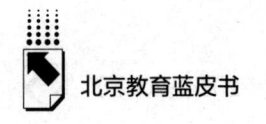

（五）送教上门情况

1. 送教上门管理机制

对于重度、极重度残疾儿童少年来说，送教上门是帮助他们打开通向外界社会的第一道大门。"十四五"以来，国家高度重视送教上门工作，要求健全送教上门工作制度，完善服务标准，规范送教上门形式和内容，切实保障重度、极重度残疾儿童拥有接受高质量教育的机会。为了提升送教上门工作质量，海淀区在调研送教上门问题与需求的基础上，多措并举，进行一体化探索，研究反思送教上门策略，为难以入校就读的重度、极重度、多重残疾儿童点亮希望之光。每年9月之前，区残联负责调查摸底每年适龄残疾儿童的数据，做到"精准到户"。区级特教中心负责送教上门具体工作的指导，负责学生评估、教育及康复训练指导等工作。对于难以入户的家庭，区级特教中心协同区妇联开展家长工作，家校社携手托起重度、极重度残疾儿童及其家庭的希望。

2. 送教上门的内容

首先，在送教上门过程中，注重对残疾儿童进行技能训练，主要是依托学生日常的生活环境展开，如生活自理、居家生活、社区生活技能培训。具体内容有个人清洁，如洗手、洗脸、洗澡等；家事劳动，如扫地、擦桌子、洗衣服、整理物品、择菜、洗菜、切菜等。其次，参照培智学校课程设置，结合学生教育和生活的需要，围绕学生个别化教育计划，分别开设生活语文、生活数学、生活适应课程。按照培智学校生活语文教材，开展识字、阅读、书写练习，培养学生学习语文的良好习惯；按照培智学校生活数学教材，开展"常见的量""数与运算""图形与几何""统计""综合与实践"五个部分内容的教学，培养学生数学思维；依托培智学校生活适应教材，开展个人生活、居家生活、社区生活等内容的教学，帮助学生了解生活常识，学会安排日常生活，包括个人清洁、家庭清洁、适应社区、休闲娱乐等。最后，送教上门学生绝大部分因肢体残疾导致移动困难而无法前往学校上学，因此，对这些儿童进行动作康复训练是学生及家长最主要的需求。康复的主要内容有动作教育训练、行为矫正训练等。

3.送教上门的形式

海淀区组建了以特教学校教师为主、聘用人员为辅、志愿者为补充的送教上门教师队伍，专人负责送教上门工作的具体执行。特教学校教师负责入户了解学生教育需求、制订个别化教育计划、设置课程、安排教学内容、组织教育教学活动或具有融合性质的亲子活动。聘用人员负责开展部分教育教学工作，承担送教上门教育康复训练任务。志愿者辅助送教上门教师开展教育支持活动，如志愿者辅助送教上门学生参加学校及社区融合教育活动。

（六）辐射影响力情况

海淀区融合教育团队于2015年首次站在国际舞台，在里斯本融合教育大会上做专题报告。海淀区教委举办的融合教育国际研讨会，是国内首次由教育行政部门主办的融合教育国际会议，吸引了来自全球四大洲六个国家400余名专家代表参会，海淀经验在国际舞台上得以全方位呈现，大会座无虚席、得到高度认可。海淀区与华中师范大学联合举办第二届与第三届融合教育发展国际研讨会，交大附小、永泰小学代表海淀区融合教育十佳先进集体发言，展示海淀本土成果，推动融合教育与国际接轨。在"中国—东盟特殊教育国际论坛——融合教育高质量发展的中国道路与国际借鉴"论坛上做主题发言，搭建与"一带一路"共建国家融合教育互通有无的平台。参加康复国际百年庆典分论坛并做大会发言，多次在中英融合教育论坛讲述融合教育故事，作为唯一的基层代表在中美残疾人事务协调会上发言。

受教育部和北京市委托，海淀区先后承接河北、湖北、内蒙古、云南等多省（区、市）特殊教育帮扶项目，充分发挥海淀区辐射引领作用，形成"线上与线下相配合、送教与跟岗相补充、培训与实操相结合"的特殊教育帮扶新模式，并获得市级嘉奖。海淀特殊教育经验面向31个省（区、市）进行推广交流。海淀特殊教育立足国内走向国际，获得首届基础教育国家级教学成果奖、北京市基础教育教学成果奖，融合教育经验在

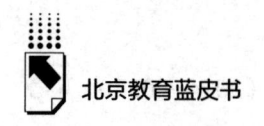

教育部官网发表,"海淀特教"多次被《人民日报》、新华网等主流媒体公开报道。

三 现实挑战

(一)特殊学生基数大、类型多、残疾程度重,特殊教育学位不足

北京市健翔学校作为海淀区特殊学生的兜底工程,其教育对象已经从轻中度的智力障碍、唐氏综合征、听力障碍向中重度的孤独症谱系障碍、多重障碍等类型转变。特殊学生在残疾程度加重的同时数量也在不断增加。学前与职高阶段招生数量受限,难以满足海淀区大体量特殊学生初中毕业后接受更高层次教育的需求。

(二)协同机制有待健全,资源整合水平有待提高

经调研发现,70%的特殊学生家长反映学生需要大量支持,尤其对"个案的指导和干预"方面有急迫需求。近一半的家长在养育孩子的过程中经常遇到困难,48%的家长表示偶尔遇到困难。近80%的家长感觉到比较大的压力和焦虑情绪。特殊学生家庭的需求也并非教育部门一己之力可以满足,需要教育、康复、研究机构、医疗等部门资源的充分整合。

(三)专业师资力量不足,教师职业效能感低

特教教师数量少、岗位吸引力低成为海淀区特殊教育发展的堵点之一。特教学校特殊学生残疾程度加重,对特殊教育专业教师的需求与日俱增。此外,特教学校教师职称评审竞争激烈,资源教师缺乏校内晋升渠道。普通学校同样缺乏专业的特殊教育教师,普通学科教师缺乏特殊教育背景,融合教育专业技能有待增强。特殊学生进步缓慢的现状,严重影响特殊教育教师的职业效能感。

（四）职业高中结束后升学就业困难，面临回归家庭的风险

特殊学生面临"毕业即失业"的困境。大部分普通职业高中不愿意或不敢接收特殊学生，即便有学校愿意接收，特殊学生也有可能由于情绪行为问题，难以适应集体生活。同时，特殊教育学校职高部招收的学生数量有限，难以满足海淀区大体量的学生需求。职业高中结束后，很多特殊学生不能从事与自己所学专业对口的工作，就业渠道狭窄，只能回归家庭。

四 政策建议

（一）加强特殊教育学校建设，增加特殊教育学位数量

结合海淀区"科技强区、文化强区"的发展定位和优势，扎实推动十五年制特殊教育学校建设，建成一所占地面积广、功能性强、学位充足的高质量特殊教育学校。作为教育强区，海淀全区要形成教育合力，强化融合教育保障，发挥各学校、幼儿园教育资源优势，落实个性化教育支持服务。

（二）完善特殊教育协同机制，加大支持保障力度

加强顶层设计与组织领导，落实主体责任。由区委、区政府牵头，制定清晰的特殊教育行动路线，形成"有目标、有政策、可实施、可量化"的工作机制，颁布特殊教育利好政策，将推进特殊教育工作高质量发展列入重要民生实事，纳入对区政府履行教育职责的考核范围内，推动特殊教育优质发展。同时，发展特殊教育要利用好新质生产力，推动各个部门主动担责，组建特殊教育工作联席机制，定期研究制定相关政策，协调解决重大问题。

（三）加大教师专业培养力度，提升教师职业幸福感

教育大计，教师为本。特殊教育质量提升离不开专业的师资队伍。面对特殊教育师资力量薄弱的现实问题，应多渠道增加特殊教育专业教师供给。

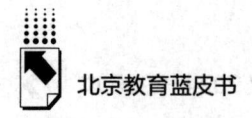

完善特殊教育学校教师配备，按照培智学校师生比1：2.5的标准配备特殊教育教师，在核定的中小学教职工编制总额内，统筹调配编制资源。在职称评审、绩效考核等方面向从事特殊教育和融合教育的教师给予适当倾斜。逐步提高特殊教育津贴比例，同时根据特教教龄每年给予相应补助，破解特殊教育教师职业吸引力不强、稳定度不高等痛点问题，改变特教教师、巡回指导教师和资源教师的边缘地位。

（四）探索特殊学生职业高中招生入学"绿色通道"

充分整合市级职业高中资源，统筹适合特殊学生的专业资源。面向特殊学生家长宣传普及职业教育及专业规划指导，为他们提供个性化的招生咨询和指导服务，为特殊学生提前做好职业生涯规划。打通特殊学生职业高中招生入学"绿色通道"，加强招生宣传，制定专门的招生政策和流程，确保特殊学生能够顺利地升入职业高中。

（五）多方联动社会资源，为特殊学生提供支持性就业服务

充分发挥海淀区在教育、科技、人才方面的优势。做好家长工作，为家长、企业提供社会服务平台，解决特殊学生家庭后顾之忧，推动特殊学生的社会融合进程。联合残联与民政部门，为残疾学生提供就业、服务保障。着眼特殊学生的未来生活，做好职业生涯发展规划。多方联动社会资源，将特殊学生的学业与就业相关联，强化特殊教育学校校内外合作，强化公营单位与市场企业合作，形成特殊职业教育集群。拓展特殊学生就业渠道，将帮扶包括特殊学生在内的残疾人就业作为民生实事项目重点推进。

B.15 北京顺义区特殊教育发展报告（2024~2025）

李明伟*

摘　要： 本报告通过回顾顺义区特殊教育发展历程，分析发展现状，总结得出顺义区特殊教育推出"十大优先"发展政策、构建"爱慧教育"课程体系、完善"爱慧教育"教学路径、提升送教上门工作质量和推进校家社联动协同育人等方面的发展经验。同时，顺义区特殊教育面临特殊教育师资总量存在缺口，专业类别结构单一；融合教育的巡回指导师资不足，资源教师流失严重；学前教育游戏活动中，教育康复需求难以有效满足；职业教育专业技能课程与社会需求的适配性不足；融合教育的个性化支持不足；服务实体的作用发挥不够充分等现实挑战。最后提出了优化教师招聘、完善教师培训、完善特教学校"全学段"的课程建设、建设区域特殊教育课程资源的共享平台等政策建议。

关键词： 特殊教育　残疾儿童少年　北京顺义区

北京顺义区始终认真贯彻落实党和国家以及北京市不同时期各级各类教育政策法规，积极深入开展特殊教育教学实践，及时总结积累发展经验，努力推动区域特殊教育深入发展。本报告在回顾顺义区特殊教育发展历程，分析发展现状，总结发展经验，梳理现实挑战的基础上，提出政策建议，从而为推动区域特殊教育高质量发展提供思考和借鉴。

---

* 李明伟，教育硕士，北京市顺义区特殊教育学校书记、校长，顺义区特殊支持教育中心主任，主要研究方向为特殊教育管理。

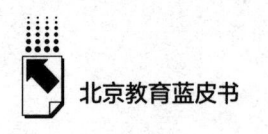

一 发展历程

顺义区特殊教育的发展肇始于1991年，起初仅接收顺义县智力障碍儿童少年。在国家及北京市各级各类教育政策法规的大力支持下，顺义区特殊教育不断完善并创新发展，为顺义区有特殊教育需要的儿童少年接受优质均衡的教育提供了良好保障。

（一）起始探索阶段（1991~2001年）

北京市顺义区特殊教育学校始建于1991年，起初仅接收该县智力障碍儿童少年，地址在建新北区15号。1995年，在顺义少年之家名称上加挂顺义县特殊教育学校、顺义县儿童培智中心，招生类型和地址保持不变。2001年12月，北京市顺义区特殊教育学校正式成立。

1992~2001年，顺义县相继发布《北京市顺义县"八五"特殊教育事业发展规划》《顺义县"九五"特殊教育发展规划》，以"贯彻普及与提高相结合，以普及为重点原则，使肢体残疾、视力残疾以及听力和语言残疾的儿童能上学读书，实现普及九年制义务教育的目标"为总目标，以"巩固一个中心，在原有的4个典型的基础上扩增至6个，增办5个具有特色的骨干示范班"为工作重点，建立了"以特殊教育学校为骨干，普通学校附设特殊教育班和随班就读为主体"的特殊教育发展格局，从而为有就读能力的智力障碍儿童少年全面接受教育提供了政策支持，推动了顺义融合教育的初步发展。据统计，1992年，顺义县在河南村、木林、尹家府、牛山等中心小学设置特教班，招收各年级学生33名，专职教师有4人，兼职教师有8人。1992~1995年，全县肢体残疾和智力障碍儿童入学率由80%增至100%。

（二）规范发展阶段（2002~2012年）

顺义区高度重视并积极推进融合教育在全区深入开展。2001年，顺义区制定《顺义区残疾儿童少年随班就读管理工作细则》，明确要求各学校必须高度重视并积极开展残疾儿童少年随班就读工作，使其逐步完善；2005年，北京市教育委员会发布的《关于在全市各区县开展建立随班就读工作支持保障体系工作的通知》要求，顺义区于2004年开始在河南村中心小学、牛山中心小学建设资源教室，2005年正式投入使用，这是融合教育深度推进的重要体现。

"十一五"期间，顺义区委、区政府领导站在建设和谐社会的高度上，集政府、社会各界力量全力构建完善的随班就读支持保障体系，上至决策层，下至管理层、实施层，责任到人，分工明确，团结协作，以保证随班就读工作科学、规范、顺畅运行。2007年，依据《顺义区关于加强特殊教育管理工作的意见》的规定，为支持随班就读的教学工作，对每位随班就读学生所在班级的教师发放每月20元的特教津贴。同时，承担随班就读工作的教师在评职、评优、晋级工作中给予优先考虑。

2011年3月，顺义区教育委员会发布《顺义区特殊教育"十二五"规划》，其中明确指出要加强随班就读管理，实现科学化、制度化、规范化，从而为该区随班就读工作的规范化开展提供政策保障。

2012年，顺义区发布《顺义区三类儿童支持保障体系实施方案》，在原有三类儿童、送教上门支持保障体系的前提下，区教委根据区域优势，结合三类儿童、送教上门发展现状，继续完善上至区委、区政府，下至残疾学生家庭、承担三类儿童教育工作教师的六级管理保障体系，做到层层有人抓，层层抓落实，保证三类儿童教育、送教上门工作顺利、高效地开展。

（三）稳步推进阶段（2013年至今）

自2013年以来，顺义区融合教育进入稳步推进阶段。2013年，依据《顺义区关于加强特殊教育管理工作的意见》，区教委成立顺义区特殊教育工作领导小组及顺义区特殊支持教育中心，负责制定顺义区义务教育阶段特殊教育相关政策，落实协调顺义区残疾儿童少年的教育工作，对接各融合教育学校，使其具体落实责任区残疾儿童少年的就学工作。同时，将特殊教育经费纳入年度经费预算，专款专用，年终进行财务审计并进行绩效评价。

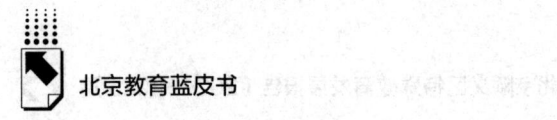

2014年，顺义区依据《北京市中小学融合教育行动计划》，制定《顺义区特殊教育学校学生双学籍管理方案》，确保每名具有特殊教育学校学籍和户籍所在地就近入学学籍的特殊学生，每月至少有半天时间参加普通学校活动，这为融合教育行动的顺利推进提供了政策保障。

2013~2015年，顺义区相继建成16所示范性资源教室，高丽营二小被评为"北京市资源教室建设与运作示范学校"，顺义区融合教育工作得到了教育部领导的高度认可和赞扬，被誉为"顺义经验 北京水平"。

2017年后，顺义区相继建成了9个学区融合教育资源中心和1个孤独症儿童教育康复训练基地。2018年，顺义区贯彻落实《北京市特殊教育提升计划（2017—2020年）》，形成了"以特殊支持中心为指导，以特殊教育学校为骨干，以融合教育学校为主体，以送教上门为补充"的特殊教育办学格局。同年，顺义区成立特殊教育专家委员会，开展残疾儿童少年的评估安置鉴定、教学指导、教育康复、质量监控与评价等工作。顺义区被北京市特教中心选定为"学校本位融合教育试点研究及实践推进"项目试点区。

2019年，顺义区召开了贯彻落实《残疾人教育条例》推进会。同年11月19日，顺义区接受市教委对特殊教育服务实体的调研评估。这一系列措施的贯彻落实，进一步推动了区域融合教育的深入发展，从而为"十四五"时期特殊教育事业的快速发展提供了坚实的基础和宝贵的经验。

2020年，顺义区所有融合教育学校均成立特殊教育推行委员会，为包括残疾学生在内的特殊需要学生提供行政管理与专业指导，推进学校融合教育发展，在校长领导下统筹负责学校融合教育事务的决策、审议、咨询和专业服务等事项。以上多项政策的落实，为顺义区特殊教育事业稳步发展提供了制度保障。

二 发展现状

站在新起点，面向新征程，顺义区认真贯彻落实党的二十大精神和

《北京市"十四五"特殊教育发展提升行动计划》,积极作为,努力推动该区特殊教育事业高质量发展。

(一)不同类型特殊学生的教育普及情况

2024年,顺义区特殊教育学校共有260名学生,其中28名接受送教上门服务,其余学生分布在学前、义务教育、职业教育三个阶段。在校生中,中重度智力障碍儿童占比36%,孤独症儿童占比54%,脑瘫儿童占比3%,唐氏综合征儿童占比7%。每学年初,顺义区教委、区残联、区特教中心等部门针对义务教育阶段特殊学生进行摸排,根据残疾程度及评估情况,结合就近入学原则,给予不同安置建议。孤独症儿童、脑瘫儿童、唐氏综合征儿童等不同类型学生连续三年入学率达到100%,学校按照不同类型学生的需求提供支持。同时,每学年初面向全区所有中小学收集统计特殊学生信息,由区域资源中心教师定期提供支持服务。

2024年,顺义区有特殊教育需求且不在特殊教育学校就读的学生共173名,均在融合教育学校普通班级中接受教育,由相关资源中心、资源教室提供支持。

(二)特殊教育学校发展情况

1.办学条件与设施

"十四五"以来,顺义区特殊教育学校融入教育现代化设计理念,配置一流硬件设施。在九年一贯制学制基础上完善办学资质,充分满足十五年制特殊教育学校办学条件。2024年,学校占地面积30665平方米,建筑面积9317平方米,有普通教室30个、专用教室46个。2022~2024年,学校根据学生发展需求不断更新办学条件与设施,2022年和2023年分别对义教部、学前部进行功能性改善,2024年7月改造住宿区和职教部教学区,并增设无障碍设施设备,三年内总体投入1130余万元,有效提升硬件条件,优化育人环境。

2.师资队伍

第一,在师资配备方面,1992~2022年,顺义区融合教育学校和特殊教育服务实体的数量，融合教师、资源教师和送教教师的数量均大幅度显著增加。与此同时，特殊教育学校的教师队伍也在不断壮大，教职工总数逐渐增加，特殊教育专业比例逐渐提高，教师年龄结构改善，高级职称人数逐渐增加。"十四五"以来，顺义区特殊教育教师总数平稳增长，师资规模不断扩大。截至2024年，顺义区特殊教育学校共有教职工80人，较2019年增长了18%（见图1）。经分析，调入和毕业生录用是数量增长的主要因素。

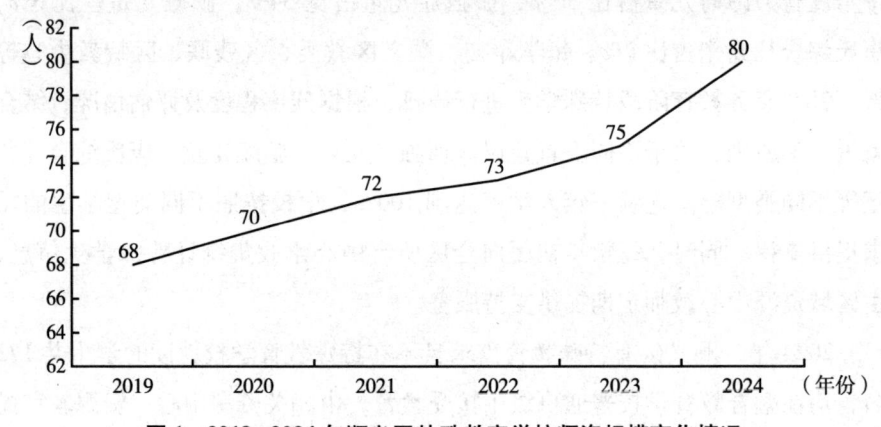

图1　2019~2024年顺义区特殊教育学校师资规模变化情况

资料来源：北京市顺义区特殊教育学校档案资料。

第二，在师资质量方面，依据《北京市"十四五"特殊教育发展提升行动计划》，加大师资队伍建设力度，提升师资质量。2024年，顺义区特殊教育专任教师以本科学历为主，学历水平逐渐提高，但硕士及以上高学历教师比例不足3%；教师队伍职称水平逐渐上升，中级和高级职称教师数量和比例显著增长，占比接近60%；骨干力量比例逐渐加大，呈现类型多元化、梯队化发展趋势；[①] 特殊教育专业教师占比逐渐提高，100%接受上岗专业培训，这反映出顺义区在特殊教育教师专业素养及整体教师队伍质量提升方面取得了进步。

第三，在师资培养方面，顺义区建立了较为完善的特殊教育师资培养体

---

① 北京市顺义区特殊教育学校档案资料。

系，使师资培养逐渐规范化、系统化。一是加强师德教育，通过每年教师节重温师德承诺、每学期自查自纠师德师风、每月警示教育等方式规范教师行为，并以教书育人楷模进课堂等方式丰富师德教育内涵与形式，提高教师立德树人的能力水平；二是分层培养，针对新教师、青年教师、骨干教师等不同发展阶段的教师，采取分层培养模式，提供针对性专业培养，形成阶梯化师资队伍结构。

第四，在师资保障方面，一是经费保障，顺义区教委坚持"特教特办、优先发展"的原则，按需为特殊教育发展提供支持；二是机制保障，不断建立健全激励特殊教育教师机制，绩效工资向特殊教育教师倾斜，落实低班额配比，职称评定、年度考核、骨干教师、优秀班主任等评选项目也向特殊教育教师倾斜；三是制度保障，建立健全特殊教育教师管理制度，包括教师聘任（聘用）、考核、退出等管理制度，保障教师合法权益，同时制定科学有效的师资队伍管理和督导制度，建设管理更加规范、更加完备的特殊教育师资队伍。

3. 课程建设

依据国家特殊教育学校课程方案和课程标准及《北京市特殊教育学校课程实施指导意见》，顺义区积极推进落实特殊教育课程改革，基于"将生活融入课堂 让学生走向社会"的课程理念，遵循特殊儿童少年的发展规律，采用"整体规划+部分完善+持续构建"的课程建设方略，实现整体育人。

第一，整体规划课程体系。依据培智学校2016版课程标准，将学前、职业教育阶段课程与义务教育阶段培智课标自然衔接，构建十五年一体化"爱慧教育"课程体系，涵盖浸润式德育课程、学前教康融合课程、义务教育生长课程、职业支持性课程，以及社团特色课程、家校协同课程、社会实践基地课程等。同时，精准实施个别化教育计划，校本化、班本化落实国家课程方案，丰富校本课程，并加强对课程的监管、指导、调适和评价。

第二，完善学前教康融合课程。根据学前特殊幼儿教育康复需求，形成

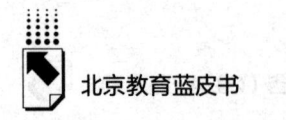

"以主题教学为主导，集体教育活动与个别训练相结合，以个别化教育计划为依据"的课程思路，构建形成了以"综合、美术、音乐、大运动"为主，游戏化、情景化的学前教康融合课程体系，满足学生个性化康复需求。

第三，持续构建职业支持性课程。依据大龄残疾学生特点和需求，系统规划设计并持续构建职业部课程体系，现有普通专业6个、特色专业3个。结合区域实际，从职业素养、职业技能等方面分层指导残疾学生做好职业生涯规划，利用10个开放的职业教育实习实训基地，探索校企合作方式，拓宽就业渠道，鼓励适度就业，同时培养残疾程度较重学生居家生活的基本能力，让更多学生平等接受高中阶段教育。

4. 教学改革

顺义区以《北京市深化基础教育课程教学改革实施方案》为依据，以"提质增效"为目标，以教科研为牵引，以评价促素养提升，打造高效课堂，深化教学改革。

第一，以"三课"促进课堂增效。通过加大对学情分析、目标制定与教学环节有效衔接等工作的指导力度，强化常态课、重点课的"适宜性"；借助教研组研讨、课后集中反思等方式，提升学科课、学段研究课的"策略性"；利用精品课打磨等方式，增强优质课的"精细化"。

第二，以教科研推动教学提质。通过将教科研与教学、学生发展、教师专业深度融合，借助"探究孤独症学生教学策略 提高课堂教学有效性"等课题，充分发挥教科研助力课堂提质的作用。

第三，以评价促进素养提升。借助各教学环节开展过程性评价、形成性评价，运用个别化教育计划评估实施阶段性评价，依托创新展示活动推进发展性评价，围绕塑造学生品行开展激励性评价，通过多元评价提升学生核心素养。

顺义区特殊教育学校积极开展以德育为先的"浸润式"德育。截至2024年，1人被授予首都校园励志人物，1人荣获"顺义区新时代好少年"称号，3人获评市三好学生，14人获评区三好学生。在康复教育方面，学校持续整合康复资源，提升康复质量，显著改善特殊学生康复效果。例如，5

名学生经过学前、学龄阶段的康复训练后,回归普通学校就读,且发展态势良好。在课程建设方面,学校认真落实国家及校本课程,以"缺陷补偿,潜能开发"为原则,开设了轮滑、绘画、书法、非洲鼓等多项社团特色课程,先后获得了区艺术节混合组一等奖和轮滑最佳参与奖等荣誉。学校高度重视特殊学生就业工作,积极推动毕业学生在本地超市等企业单位实现就业。借助实践活动,从学习能力、思想品德、身心健康、社会适应能力等多方面,全面、客观评价随班就读学生综合素质能力。

(三)融合教育发展情况

1. 融合教育学校(幼儿园)和特殊教育服务实体基本情况

2024年,顺义区共有融合教育学校67所,融合教育幼儿园58所,形成了"1+9+20+8"的特殊教育专业服务实体,即1个孤独症儿童教育康复训练基地、9个区级示范性融合教育资源中心、20个特殊教育资源教室、8所学前融合教育基地园。这些服务实体设立在接收残疾学生较多、融合教育工作经验丰富的学校,交通便利,布局合理,并已纳入当地学校布局调整的中长期规划,为融合教育辐射提供支持。每所融合教育学校均有融合教育主管领导,专业服务实体均配备资源教师。

区特殊支持教育中心统领孤独症基地、资源中心,辐射资源教室,形成"三级"专业指导网络,服务全区所有学校。其主要职责包括发挥专业引领作用,指导孤独症基地、资源中心做好日常管理、教育康复和培训辐射;组织资源中心及辐射单位融合教育干部教师进行线上、线下学习培训;为有特殊需要学生的安置、课程安排等工作提供技术指导等。

学区融合教育资源中心负责对接区域内的教师、学生和家长,开展相应工作,并在孤独症基地分别成立小学/中学融合教育教研组和资源教师教研组。通过以课题研究为引领,每月定期开展教研活动,提升学校融合教育课堂教学水平。

顺义区38所服务实体分别成立领导工作小组,制定完善的工作细则和规章制度,整体运行良好。资源教师每学年统计分析区域内特殊教育学生分布情况，汇总服务要求并汇报至区特殊支持教育中心，做好特殊需要学生评估、个别化教育计划制定、个训康复工作开展及个案管理等工作，同时统计、调配及协调使用区域内特殊教育资源，组织专业研讨、宣导及政策咨询等活动。区教委、区特殊支持教育中心每学年以过程管理与年终考核相结合的方式对服务实体进行管理，采取验收评估和汇报交流形式，注重指导和监控，确保资源中心良性发展。

此外，顺义区所有中小学均建立融合教育推行委员会，由校长、学校融合教育工作主要负责人（协调主任）、专兼职资源教师、特殊需求学生的班主任、任课教师代表、特殊需求学生和一般学生的家长代表组成，为特殊需求学生提供行政管理与专业指导，推进学校融合教育发展。

2. 融合教育教科研工作机制

一是构建四级教研指导体系。区研修中心高质量配足、配齐区级学段专职特教教研员，与14名市级特教兼职教研员携手发挥教研作用。在北京市特殊教育研究指导中心的支持下，拓展"1+9+20+8"教研推进模式。依托1个孤独症儿童教育康复训练基地、9个区级示范性融合教育资源中心、20个特殊教育资源教室，8所学前融合教育基地园，构建"市级教研引领，区级教研指导，区域教研辐射，校、园级教研实施"的教研网络，增强教研对课堂教学的辅助作用。

二是借助教科研活动提质。"十四五"期间，顺义区参与多项市级课题研究，如"普校情绪行为学生干预和矫正的实验研究"等。以8所学前融合教育基地园为载体，开展学前融合教育市级立项课题研究，引进专家入园指导，培训学前融合教育骨干团队。各学校融合教研组规范常态化教研活动，形成校本化教研模式和特色，发挥教科研在课堂提质方面的作用。

三是开展"普特融合"研讨活动。特教中心与研修中心共同举办"普特融合"研讨活动，邀请教研员、新任教师走进特教学校听课，探讨融合教育课堂教学策略，增强教学效果，建立普特共进协同发展机制。

3. 融合教育教师培养机制

一是分层培训机制。随着融合教育的全面深入推进，顺义区逐渐形成了融合教师、资源教师、骨干教师和优秀教师四个团队。为切实提升四个团队教师的专业化水平，扎实开展融合教育工作，顺义区启动了梯度培训计划，分层、分专业、分要求、个性化提供专业支持。其中，每学期面向融合教育学校主管领导、骨干教师、新教师进行集中培训，培训教师回校后对全体教师进行二次培训，力争使专业培训普及每一位教师；分期举办资源教师上岗资质培训班，考试合格者颁发资质证书，实现所有资源教师持证上岗；组织骨干教师参加市特教中心举办的有关教师专业水平提升的培训；组织部分融合教育学校优秀干部、骨干教师赴上海、苏州、厦门等地考察学习，以更新融合教育相关理念，提升融合教育素养。

二是竞赛评比机制。为提升顺义区融合教育教师教育教学水平，建设高素质专业化的教师队伍，2022年起，顺义区教委、区特殊支持教育中心启动了"特殊教育（融合教育）基本功展评"活动。截至2024年10月，顺义区已成功举办两届，千余名融合教育教师参加活动，占承担随班就读工作教师的95%。此外，顺义区每学年积极举办融合教育论文评选活动，推选优秀论文参与市级论文评选。

三是评价奖励机制。顺义区为资源教师全额按时拨付特教津贴，使其和特教学校教师享受同等待遇。同时，落实评优评先倾斜政策。区首席、区学科带头人、区园丁新星、区骨干教师评比，注重向一线教师倾斜、向一线青年教师倾斜、向农村教师倾斜、向特殊教育教师倾斜。

（四）特殊教育保障机制

1. 专项经费保障

顺义区教委在全面落实"九免四补"的基础上，坚持"特教特办、优先发展"的原则，按需支持特殊教育发展。每年投资76万元推进"融合教育培训项目"，开展全学段融合教育教师、特教教师、资源教师、巡回指导教师专业模块培训及入校指导，提升特殊教育师资队伍水平。依据《顺义区贯彻落实〈北京市特殊教育提升行动计划（2017—2020年）〉工作方案》，从完善绩效工资政策、区级绩效奖励向特教倾斜、加强特殊教育基础建设等方面助

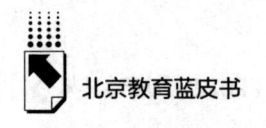

力特殊教育发展。2024年，特殊教育区级专项经费投入1008.69万元，其中特殊教育学校专项经费702.79万元，融合教育专项经费305.90万元。

2. 评价与考核机制保障

顺义区细化评价与考核机制。一是依据《北京市特殊教育专业服务实体管理指导手册》，制定并细化特殊教育学校（含融合教育学校）管理评估、特教教师（含融合教育教师、资源教师等）的工作考核细则，注重实绩，客观公正进行综合评价；二是开展全方位、多层次的教师评价与考核，包括师德过程评价、能力分类评价、育人成效评价、绩效综合评价、人才增值评价等，建立符合学校特点、体现岗位贡献和分级分类管理的评价考核制度。

3. 薪资待遇保障

特教教师全员享受特教津贴，随班就读教师、送教教师享受特教补贴。2010年以来，顺义区为资源教师发放特教津贴，并赋予他们特教专业教师待遇，极大地调动了教师工作的积极性，教师满意度达100%。

三 发展经验

（一）推出"十大优先"发展政策，夯实特殊教育发展基石

顺义区各级部门对融合教育给予高度重视，将其融入整体工作布局，特教特办，创新性地推出"十大优先"发展政策。

一是优先经费保障。区财政每年拨付特教经费，满足开展随班就读等各项活动；义务教育阶段残疾学生享有"九免四补"的优惠政策；区财政为特教学校达标建设工程拨付资金，努力改善特教学校办学环境。

二是优先选派教师。优先安排认识水平高、工作能力强的中层以上领导主抓融合教育工作，选派思想素质高、业务精良、经验丰富的教师承担随班就读工作。

三是优先发放特教补贴。随班就读教师享受特教补贴，2010年又率先为资源教师发放特教津贴，极大地调动了教师工作的积极性。

四是优先表彰奖励。区教委规定各校在评职、评优、晋级等关系教师切

身利益的问题上，在条件相同的情况下，优先考虑承担随班就读工作教师。区教委在各项评比中设立特殊教育专项，保障特殊教育工作者的权利，促进普特深度融合。

五是优先培训学习。区教委和学校优先满足随班就读教师的培训需求，全额承担教师的各种培训学习费用，使培训学习成为教师的一种福利。

六是优先教育康复训练。区教委重视资源教室的建设与运作，提出"重点支持、区域推进、整体提升"的工作思路。截至2024年，顺义区已建设1个孤独症儿童教育康复训练基地，9个区级示范性融合教育资源中心，20个特殊教育资源教室，构成顺义区专业实体服务网络，为有特殊需要的学生提供支持与帮助，满足学生学习与个性化发展需要。

七是优先成立特教学组。区教委批准在区教育学会优先成立特教学组，聘请普教、教科研人员，特教专业人员担任会员。承担特教论文、课堂教学大赛等各项活动的评比工作，保证质量，注重实效。

八是优先成立融合教育名师工作室。充分发挥顺义区特教特级教师的引领带动作用，成立刘红融合教育名师工作室，以培养特教名师为目标，以实践探索为路径，为打造顺义区融合教育专业、骨干师资队伍积蓄力量。

九是优先采取普通教育方式。对有能力接受普通教育的适龄残疾儿童少年，根据其残疾程度优先保障，以融合教育为主。坚持免试、就近入学的原则，在同等条件下，优先保障残疾儿童少年就近就便入学，确保残疾儿童少年能够在公平、包容的环境中接受适宜的教育。

十是优先开展送教上门工作。区教委、区残联制定出"由区特教中心负责专业指导、评估、教师培训，属地学校派优秀教师承担送教任务，区残联负责管理和费用支持"的具体实施意见。

（二）构建"爱慧教育"课程体系，培养特殊学生核心素养

"爱慧教育"课程体系围绕"生存与生活"，以培养特殊学生核心素养为核心，涵盖学前、义务和职业教育三个学段，一体化设计，无缝衔接。各学段课程特色鲜明，满足学生不同阶段的发展需求。

1. 课程目标

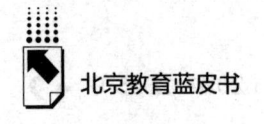

遵循学校"爱慧教育"的办学理念与"将生活融入课堂 让学生走向社会"的课程理念，围绕"生存与生活"，提升学生适应生活的学科素养。在各学科学习过程中，培养学生爱国主义、集体主义精神，增强学生的社会公德意识和法治观念，促进学生形成积极、乐观、向上的生活态度，树立正确的价值观；助力学生掌握与自身生存和生活密切相关的知识和技能；鼓励学生在生活实践中养成健康的行为习惯和生活方式，不断提升自我服务本领，为学生成长为适应社会发展、具有一定劳动能力的社会公民打下基础。

2. 课程结构

学校基于课程理念与目标，结合十五年制特殊教育学校建设需求，拓展学前和职业教育，构建起了以"尊重生命"为起点，"美好生活"为归宿的三学段融通一体化育人的课程结构。

学前教育课程包含领域课程和康复课程。领域课程涵盖了五大领域的学习内容，依托生活活动、综合活动、大运动、集体活动实施教育教学；康复课程以个别化教育计划为依据，设置感统训练课和多感官训练课。

义务教育课程由一般性课程和选择性课程两大部分组成。一般性课程着眼于学生适应生活、适应社会的基本需求，包括生活语文、生活数学、生活适应、劳动技能、唱游与律动、绘画与手工、运动与保健7门课程，占总课程比例的70%~80%；选择性课程着眼于学生个别化发展需要，注重学生缺陷补偿、潜能开发，包括信息技术、康复训练、第二语言、艺术休闲、校本课程5门课程，占总课程比例的20%~30%。

职业教育课程学制为3年，突出课程内容的功能性和教育手段的支持性。课程分为通识课、专业课、休闲课、实践课。通识课侧重职业品质的渗透培养，以工作常规、工作习惯、工作人格、人际沟通四个方面为重点制定目标，了解职业工作规范的要求，初步形成良好职业素养，为专业课的学习奠定基础。专业课是样本工作专业学习的课程，采取"以工作为核心的单元活动设计"模式，统筹各领域能力，包括基础知识、专业技能、生活能力三大方面。休闲课侧重休闲生活能力的培养，能够积极参与社区活动或休闲活动。实践课包括社会实践和实践体验。社会实践指到社区或社会参观、学习、体验；实践体验是针对就业项目内容到实习基地体验学习，或结合本校现有岗位进行实习学习。

3. 课程内容

学校更新完善了学段基础课程和学段拓展课程内容。其中，学段基础课程以各学段学生成长规律和教育康复为基础，体现学段衔接和学生发展特点，旨在帮助学生掌握各学科基础知识、基本技能、基本方法，为走进社会奠定坚实的基础；学段拓展课程以尊重学生个性及差异为出发点，旨在满足不同学生多元化发展需求，促进缺陷补偿和潜能开发，助力每名学生实现个性化的全面发展。

4. 课程实施

（1）实施原则

坚持落实立德树人、全面育人原则；坚持面向全体学生、因材施教原则；坚持缺陷补偿和潜能开发相结合原则；聚焦教育康复，发展核心素养；基于生活核心，突出实践体验；注重主题教学，加强课程融合。

（2）课程实施

第一，实施有效课程策略。参照课程目标，结合学生整体状况，综合评量后确定学生的起点行为，有效、灵活运用个别化教育计划融合课程策略；各学段以"适宜"教学为前提，以生活适应为核心，以个别化教育计划为依据，以教学主题为统整，实施学科内、学科间以及跨学科整合策略；各学段、各学科教学尝试以大任务、大主题驱动和引导的问题式学习、项目式学习、主题式学习、任务式学习等综合教学形式，重构课程内容，优化呈现方式，合理实施课程综合策略；在主题统整的基础上，结合班级实际情况，创新性开展教材班本化使用策略。

第二，完善课程实施保障。一是提供教师专业培训保障。组织学校老师参与市区各级各类的课程、教材、教学、评价等方面的培训，同时，定期开展校本集中研修，全方位提升教师教学及研究能力。二是提供课程专业指导保障。成立学校课程工作室，统筹学校课程体系构建和教学研讨、评估等具

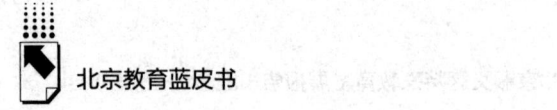

体工作，全程监控学校课程建设、课堂教学，及时提出调整建议。三是提供校家协同教育保障。每学期期末定期进行全员家访，全方位了解学生家庭、社区及周边环境，为制订科学有效的个别化教育计划提供原始资料。四是提供课程激励机制保障。每年举办"兰馨杯课堂教学评优大赛"等活动，进行专项评比，并召开总结表彰大会。五是提供课程实施经费保障。加强组织领导，强化条件保障，为特色校本课程及外出实践课程实施提供全程资金保障，确保资金向教学一线倾斜。

5.课程评价

在课程评价过程中，以课程目标和课程内容为基本依据，坚持多元、开放、整体的评价观，强化过程评价，探索增值评价，进行全面综合评价，促进学生全面提升。

（1）评价原则

以课程标准为参照，坚持评价目标注重共性与个性相结合、评价方式注重质性与量化相结合、评价过程注重多元化与开放性相结合、评价结果注重客观性与指导性相结合的原则，对各学段课程内容及学生习得情况进行全面性、综合性评价，以促进学生发展，改善教师教学。

（2）评价内容

依据评价原则，设置评价内容。一是评价课程内容是否符合特殊学生的年龄特点和发展规律，是否契合学段学生认知水平和兴趣爱好，是否包含足够的生活技能、康复训练、实践活动等内容；二是评价教学方法是否多样化且适合特殊学生的学习特点；三是评价教学资源是否满足特殊教育需求，如是否有适合肢体残疾学生的辅助器具，是否有足够的特殊教材支撑等。

（3）评价形式及工具

结合不同的评价内容，采用不同的评价形式与工具。第一，采用《课堂教学评价表》对全学段的综合课、学科课、个训课进行有关教学活动设计、教学过程、教师协同等方面的评价；第二，综合运用《培智学校康复训练评估与教学》《双溪心智障碍儿童评量表》对康复课程进行评价；第三，采用《自编培智课程四好课程评量表》对全学段义务教育课程进行评价；第四，借助多彩课程展示、主题教学成果汇报等方式进行课程教学成果评价，结合学生素养三方面——文化基础、自主发展、社会参与，充分展示学期教学成果；第五，结合学期成长手册，图文并茂地呈现过程性成果，进行学期评价。

在课程评价过程中，应注重多方协同，鼓励特殊学生进行自我评价，调动教师、家长参与评价。各方携手合作，为特殊学生选定更适宜的课程内容，选择适配的教育策略，拓展课程实施途径，实现特殊儿童综合素养的全面提升。

（三）完善"爱慧教育"教学路径，助力课堂教学提质增效

1. 着眼学生课堂获得，提高课堂实效

一是目标精准，基于每个学生的个别化教育计划，分析学情；二是探索适合孤独症学生的结构化流程，提供个体支持；三是教学情境创设遵循"四化"原则，即个别化、生活化、趣味化、直观化；四是教学过程做到"四有"，即有分层支持、有启发引导、有感知体验、有动静结合；五是课堂教学效果落实"五思"，即思目标达成、思学生获得、思师生互动、思分层指导、思教学策略。

2. 着眼教师本领提升，形成"四五六"教学模式

基于特殊学生身心发展规律和特点，学校积极探索高效的课堂教学模式，形成了"四五六"教学模式。即主题教学"四化"：情境化、游戏化、结构化、生活化；教学要求"五个一"：一个情境、一个游戏、一个童谣，至少一次结构化、一次动静结合；温暖课堂"六有"：有欢快的笑声、有个性的关注、有专业的方法、有丰富的语言、有多样的设计、有美好的期许。该模式在关注课堂教学常态的基础上，充分考虑到了特殊学生的群体异质性及其个性化学习需求。该模式的广泛运用，既提高了教师课堂教学本领，又有效增强了课堂教学趣味性，提高了学生课堂注意力和参与度，为实现高效课堂教与学提供了良好助力。

3. 着眼评价促进教与学，形成"多元教学评价体系"

依据《培智学校义务教育课程标准（2016年版）》，参照新课标提出

的"教学评一致性"理念，结合特殊学生的学习特点和需求，学校形成了以"'聚焦课堂教学，注重过程性评价''运用IEP评估，实施阶段性评价''创新展示活动，做好发展性评价''塑造学生品行，开展激励性评价'"为实施框架的"多元教学评价体系"。该评价体系始终以学生的发展为终极目标，将评价贯穿于各学科、各活动、各展示之中，做细、做实系统化多元评价，并及时、高效进行反馈，有效推动了教师教育教学的改进和完善，助力了学生的缺陷补偿和潜能开发，有效发挥了教学评价的诊断、激励、调控、导向、鉴别、选择和反馈等功能，促进了教学评的一致性。

（四）精准调控、精心施教，提升送教上门工作质量

为提升送教上门工作质量，需从以下几方面着手推进。首先，建立管理架构。成立专门的"送教上门"领导小组，采用梯队式管理模式，秉持"职责上分，思想上合；工作上分，目标上合"的要求，确保送教上门工作有序开展。其次，精准调控，精心施教。送教前，通过与家长进行电话沟通，协商送教时间，评估学生能力，制定切实可行的个别化教育方案。送教时，运用个性化教学内容、分解教学动作、多样化的教学方法对送教学生进行有效教学。同时，注重保持送教频率和持续性。送教后，与家长保持持续的互动，定期回访了解孩子的情况，跟踪孩子的进步，并及时调整教学计划和内容。再次，通过将教师送教纳入学校绩效考核和年度考核，并在绩效工资标准、评优评先等方面给予倾斜等措施，保障送教教师权益。最后，特教中心对送教上门工作进行统筹安排和督查指导，定期开展教师培训，组织教研活动和经验交流活动，加强部门协作与统筹。

经过十几年的实践推进，顺义区送教上门工作取得了优异成效。送教学生数量逐年减少，送教学生康复学习取得显著进步，送教工作社会效益和影响力良好。2020年，全区有送教学生56人，约占全区残疾学生的10.6%。2024年，全区送教学生降至28人，约占全区残疾学生的5.8%，送教上门比例下降了4.8个百分点。

（五）开展专业高效入户家访，推进家校社联动协同育人

顺义区特殊教育学校以"融爱慧家长"为目标，通过创新活动推进校家社联动协同育人。每学期开展育儿讲座、安全教育类培训等家庭教育指导工作，并借助"个别化教育计划会议""社会大课堂实践""季度主题家校活动""学期课程汇报"等系列活动搭建协同育人桥梁。同时，开展专业高效的入户家访活动，积极利用社会资源，联动协同育人。

1. 做细家访部署工作

第一，明确家访目标。确定了旨在加强校家社沟通与协作，建立互信、互助、互动良好关系，推进校家社联动协同育人的家访目标。第二，明确家访范围。学校以全员家访和重点家访相结合的方式，确保每学年家访学生的覆盖率达100%。第三，明确家访形式。结合家长实际需求，灵活采用线上、线下或"线上+线下"相结合的家访形式。第四，明确家访内容。以介绍学生在校表现，概述学期目标达成度，了解学生居家状态及环境，征集家长意见与建议，倾听家长心声等为主要内容。第五，明确家访团队。学校创新性组建家访团队，打造由"班主任+学科教师+部门领导"构成的专业团队，力求团队组建的全面性、专业性。

2. 提供多元专业支持

秉持"以生为本"原则，做实家访过程。在家访过程中，依据学生的学期个别化教育计划，教师与家长就学生该学期的长、短期目标执行度与达成度等进行深入沟通交流，使家长了解学生在缺陷补偿和潜能开发方面的侧重点；就学生居家生活状态、家庭教养方式进行深度探讨分析，交流家庭管理方法，倾听家长诉求和心声，从科学、专业、有效的角度为家长提供多元化的支持方案，更新家长育人观念，提升家长教育管理本领；与家长共同探索提高学生核心素养，使其更好地适应社会生活的成长路径。

3. 共建联动协同机制

为提高校家共育实效，每次家访结束后，学校及时召开家访工作总结会，总结经验，反思问题与不足；依据家访记录，调整学生的个别化教育计

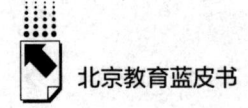

划,改进教育教学方法,提升育人效果;以"融爱慧家长"为目标,建立了校家社联动协同育人机制,以全方位、多途径畅通家校及时高效沟通渠道,助力家长形成共育的意识、统一共识的理念,采取共同的措施,达成共享的意愿。

同时,积极开发利用社区资源,开展"认识社区、利用社区、参与社区、关爱社区"系列活动,共建"学校+社区"模式,增进学生对社区的了解,提升其归属感。一方面,与区域10家企业共建校外德育基地,挖掘顺义区名优企业、支柱产业、风俗文化等多种资源,充分发挥非遗传承人、行业先锋、法治副校长、卫生副校长,以及从事京剧艺术、农耕种植领域的校外辅导员和家长资源的引领作用,逐年扩充校外辅导员队伍,形成校内外融合、多元支持的德育资源体系;另一方面,与北京师范大学、北京联合大学、北大医疗脑健康等高校、医疗机构深度合作,引进医学评估技术、康复辅助器具及方法,对有特殊教育需求的学生进行教育康复,提升社会资源在特殊教育领域的应用水平。

四 现实挑战

(一)师资队伍

1. 特殊教育师资总量存在缺口,专业类别结构单一

根据顺义区特殊教育师资队伍结构的分析,2013~2022年,教师队伍的整体规模及特殊教育专业教师的比例均实现了显著增长,基本满足了区域内特殊儿童的教育需求。然而,随着十五年制特殊教育学校的建立,特别是增设了学前阶段和职业高中阶段的教育,学生人数和班级数量增加,亟须配备更多专业教师以满足不同阶段的教学需求。

随着特殊儿童残疾类型的多样化以及数字化赋能等新挑战的出现,现有师资的专业类别结构不够完善。首先,康复类教师占比偏低。2024年,在特教学校就读的学生中,孤独症儿童占54%,重度智力障碍儿童占36%,但康复类教师明显不足。其次,从九年义务教育向十五年制教育转变后,职业教育阶段对专业技能教师和特色课程教师的需求增大。当前，职业教育部的专业课师资缺乏相应的专业技能认证。最后，复合型教师短缺也是一个突出问题。现代特殊教育要求教师不仅要承担"教育者"、"康复者"和"指导者"的多重角色，还需要具备应对数字化时代教育任务的能力，因此需要培养具有系统化能力结构的复合型人才。

2. 融合教育的巡回指导师资不足，资源教师流失严重

顺义区特殊支持教育中心共有专职人员 4 名，兼职人员 2 名，负责全区 67 所融合教育中小学的指导工作。为了落实《北京市"十四五"特殊教育发展提升行动计划》中关于为残疾儿童提供多种方式学前教育的重要措施，该中心的指导范围新增了 58 所融合幼儿园。这使得原本就有限的巡回指导教师面临更大的压力，既要保障普通学校的融合教育质量，又要加强对学前融合教育的支持，导致师资力量严重不足。

截至 2024 年，顺义区内所有资源教师均为兼职，且岗位流动性大，部分学校每年更换一次资源教师，能够连续任职超过五年的资源教师仅占28%。由于资源教师在融合教育方面的经验积累不足，加上重复性的专业理论与实操培训，直接影响了区域融合教育的质量和发展均衡性。

（二）课程与教学

1. 学前教育游戏活动中，教育康复需求难以有效满足

在特殊教育学校的学前班级中，通常会包含智力发育迟缓、孤独症、脑瘫等多种发展性障碍儿童。面对这些特殊儿童较为复杂的教育康复需求，教师需要在实践中不断反思和创新，探索如何通过游戏情境开展有效的教育和康复活动，以促进 3~6 岁特殊儿童的适应性发展。为此，构建学前游戏化教康课程并积累有效的教育康复策略显得尤为重要。

2. 职业教育专业技能课程与社会需求的适配性不足

截至 2024 年，职业部开设了中餐、西餐、扎染等专业课程。随着职业教育与特殊教育的深度融合，课程体系的教学内容应兼具社会性和教育性双重特质，以提高特殊职业教育的终身发展性，满足特殊儿童少年融入社会、

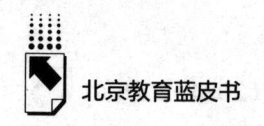

适应社会的多方面需求。因此，提升专业技能课程与社会需求的适配性是特殊职业教育亟须解决的问题。

（三）融合教育实施

1.融合教育的个别化支持不足

每位有特殊教育需求的学生都需要接受个性化的服务，这要求根据学生的具体情况和发展需求量身定制个别化训练课程，形成符合障碍儿童身心特征和需求的教育方案，并注重缺陷补偿和潜能开发。然而，目前顺义区的融合教育教师缺乏专业培训和与残疾学生互动的经验，专业能力不足以保障融合教育的个别化支持。

2.服务实体的作用发挥不够充分

截至2024年，顺义区的资源教室均由兼职人员负责，日常工作量大。他们不仅需要负责资源教室的建设、运行和管理（包括设备维护、教学资源的整理与更新等），还需要为特殊儿童制定个别化教育计划，这需要深入了解和评估每个特殊儿童的情况，耗费大量时间和精力。此外，组织特殊需要儿童的个别训练课、与随班就读教师沟通以及指导融合教育教师对特殊需要儿童进行教育等工作也使得服务实体难以充分发挥其最大作用。

五 政策建议

在落实《北京市"十四五"特殊教育发展提升行动计划》的进程中，推动了顺义区特殊教育的持续发展。依据《北京市新时代基础教育扩优提质行动计划实施方案》《孤独症儿童关爱促进行动实施方案（2024—2028年）》等相关要求，加快十五年制特殊教育学校的建设，推动融合教育的优质普惠发展，成为顺义区特殊教育未来高质量发展的重要目标和重点任务。

（一）补充专业师资力量，锻造支撑特教强区的高素质教师队伍

1. 优化教师招聘，提高专业配比

顺义区特殊教育师资力量不足主要体现在特殊教育学校专职教师和融合教育巡回指导教师的短缺。为了应对融合教育的优质普惠发展和十五年制特殊教育学校的建设质量要求，既需要从师资总量上满足教育教学和融合教育指导工作的岗位需求；又需要提升师资的专业能力和学术研究水平，优化学历及结构类型。为此，顺义区将加大特殊教育专业教师的招聘力度，适当提高研究生比例。对于非教学岗位，采取区管校聘、交流轮岗等多种方式满足需求。同时，逐步提高特殊教育教师的待遇和地位，在薪资、福利、职称评定等方面给予政策倾斜，吸引更多优秀人才加入特殊教育事业。

2. 完善教师培训，增强专业素养

通过开展全区专项培训，分模块学习特殊教育理论课程，让教师深入了解各类特殊儿童的特点、需求及教育方法，掌握最新的教育理念和研究成果。引入多元化的培训方式，包括专家讲座、小组研讨、案例分析等，激发教师的学习热情，培养创新思维。组织实践教学活动，如个体评估、特殊儿童康复训练项目等，让教师在实际操作中提升应对各种情况的能力。普校融合教师注重骨干培养，学前融合教师开展全系统培训，特教学校教师实施扬长补短的培训，切实增强特殊教育教师的专业素养，为特殊儿童的教育康复提供有效支持。

3. 加强信息技术赋能，提升应用能力

未来几年，顺义区特殊教育学校将补充和更新信息技术设备，为辅助技术应用创设硬件条件。同时，加强培训，提升特教教师信息技术应用能力，使其能够熟练运用各种教育软件和工具，为特殊学生提供更加丰富、直观、生动、多样的学习体验。

（二）立足学生素养发展，推进"全学段"课程建设与教学提质

1. 完善特教学校"全学段"的课程建设

顺义区特殊教育学校目前已实现了学前教育和职业教育阶段课程与义务

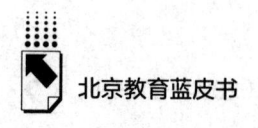

教育阶段培智课程标准的自然衔接，初步构建了"全学段"育人课程体系。计划在未来3年内，编写形成较为成熟的学前教育和职业教育阶段的校本教材。努力推动课程与教学的设计朝高度个性化、针对性方向发展，以满足不同学生的特殊需求。

2. 探索孤独症儿童教育康复的有效策略

一是抓住教育部孤独症骨干教师培训的契机，提升专业骨干教师的能力；二是成立以融合教师和特教教师为主体的孤独症课堂教学研究团队，通过对教学实践的深入研究，总结经验教训，提炼出有效的教学方法和策略，并推广借鉴；三是组建教学教法研究团队，组织教师开展课题研究、教学观摩、案例分析等活动，加强与高校、科研机构的合作，提供理论指导和技术支持，开展课题研究、教师培训、学术交流等活动，解决孤独症儿童个体教育康复的难题。

3. 建设区域特殊教育课程资源的共享平台

由顺义区教育行政部门牵头，协调特殊教育学校、融合教育学校、科研机构、企业等各方力量共同参与全区特殊教育平台的建设和管理，从而打破校际壁垒。通过资源上传与下载、资源分类与检索、在线交流与互动、个性化推荐及资源评价与反馈等功能，实现资源的高效流通。

（三）强化优质融合教育，高质量满足特殊学生多元教育需求

1. 健全融合教育机制，提供适宜的个别化教育

区域教育行政部门、残联和卫健部门等进一步加强协作，拟定与特殊教育高质量发展相契合的教育政策和规划；明确各部门的职责和分工，确保资源的合理配置和有效利用；建立区域特殊教育信息共享平台，实现各部门之间的数据互通，及时了解残疾儿童的需求和状况，为制定个性化的教育方案提供依据。

2. 探索区域学前融合教育的机制和模式

结合区域学前融合推进情况，已初步建成8所学前融合教育基地园。依据顺义区学区分配的基本范围，尝试探索"基地园引领，全学区覆盖"的

机制和模式，推进全区融合幼儿园的融合教育工作。以中国教育学会课题研究为抓手，开展"学前融合教育机制建设与教育策略的实践研究"，从而带动核心骨干教师融合教育理念与实践的提升。每两年组织顺义区特教教师和融合教师基本功展评活动，通过区域内67所融合教育学校、1所特教学校和58所融合教育幼儿园之间的学习与交流，以评促教、以评促改，有效促进学前融合教育质量的提升。

社会科学文献出版社

皮 书

智库成果出版与传播平台

❖ 皮书定义 ❖

皮书是对中国与世界发展状况和热点问题进行年度监测，以专业的角度、专家的视野和实证研究方法，针对某一领域或区域现状与发展态势展开分析和预测，具备前沿性、原创性、实证性、连续性、时效性等特点的公开出版物，由一系列权威研究报告组成。

❖ 皮书作者 ❖

皮书系列报告作者以国内外一流研究机构、知名高校等重点智库的研究人员为主，多为相关领域一流专家学者，他们的观点代表了当下学界对中国与世界的现实和未来最高水平的解读与分析。

❖ 皮书荣誉 ❖

皮书作为中国社会科学院基础理论研究与应用对策研究融合发展的代表性成果，不仅是哲学社会科学工作者服务中国特色社会主义现代化建设的重要成果，更是助力中国特色新型智库建设、构建中国特色哲学社会科学"三大体系"的重要平台。皮书系列先后被列入"十二五""十三五""十四五"时期国家重点出版物出版专项规划项目；自2013年起，重点皮书被列入中国社会科学院国家哲学社会科学创新工程项目。

皮书网

（网址：www.pishu.cn）

发布皮书研创资讯，传播皮书精彩内容
引领皮书出版潮流，打造皮书服务平台

栏目设置

◆ **关于皮书**
何谓皮书、皮书分类、皮书大事记、
皮书荣誉、皮书出版第一人、皮书编辑部

◆ **最新资讯**
通知公告、新闻动态、媒体聚焦、
网站专题、视频直播、下载专区

◆ **皮书研创**
皮书规范、皮书出版、
皮书研究、研创团队

◆ **皮书评奖评价**
指标体系、皮书评价、皮书评奖

所获荣誉

◆ 2008年、2011年、2014年，皮书网均在全国新闻出版业网站荣誉评选中获得"最具商业价值网站"称号；

◆ 2012年，获得"出版业网站百强"称号。

网库合一

2014年，皮书网与皮书数据库端口合一，实现资源共享，搭建智库成果融合创新平台。

皮书网

"皮书说"微信公众号

权威报告·连续出版·独家资源

皮书数据库

ANNUAL REPORT(YEARBOOK) DATABASE

分析解读当下中国发展变迁的高端智库平台

所获荣誉

- 2022年，入选技术赋能"新闻+"推荐案例
- 2020年，入选全国新闻出版深度融合发展创新案例
- 2019年，入选国家新闻出版署数字出版精品遴选推荐计划
- 2016年，入选"十三五"国家重点电子出版物出版规划骨干工程
- 2013年，荣获"中国出版政府奖·网络出版物奖"提名奖

皮书数据库　"社科数托邦"微信公众号

成为用户

登录网址www.pishu.com.cn访问皮书数据库网站或下载皮书数据库APP，通过手机号码验证或邮箱验证即可成为皮书数据库用户。

用户福利

- 已注册用户购书后可免费获赠100元皮书数据库充值卡。刮开充值卡涂层获取充值密码，登录并进入"会员中心"—"在线充值"—"充值卡充值"，充值成功即可购买和查看数据库内容。
- 用户福利最终解释权归社会科学文献出版社所有。

卡号：165729171422
密码：

数据库服务热线：010-59367265
数据库服务QQ：2475522410
数据库服务邮箱：database@ssap.cn
图书销售热线：010-59367070/7028
图书服务QQ：1265056568
图书服务邮箱：duzhe@ssap.cn

S 基本子库
SUB DATABASE

中国社会发展数据库（下设12个专题子库）

紧扣人口、政治、外交、法律、教育、医疗卫生、资源环境等12个社会发展领域的前沿和热点，全面整合专业著作、智库报告、学术资讯、调研数据等类型资源，帮助用户追踪中国社会发展动态、研究社会发展战略与政策、了解社会热点问题、分析社会发展趋势。

中国经济发展数据库（下设12专题子库）

内容涵盖宏观经济、产业经济、工业经济、农业经济、财政金融、房地产经济、城市经济、商业贸易等12个重点经济领域，为把握经济运行态势、洞察经济发展规律、研判经济发展趋势、进行经济调控决策提供参考和依据。

中国行业发展数据库（下设17个专题子库）

以中国国民经济行业分类为依据，覆盖金融业、旅游业、交通运输业、能源矿产业、制造业等100多个行业，跟踪分析国民经济相关行业市场运行状况和政策导向，汇集行业发展前沿资讯，为投资、从业及各种经济决策提供理论支撑和实践指导。

中国区域发展数据库（下设4个专题子库）

对中国特定区域内的经济、社会、文化等领域现状与发展情况进行深度分析和预测，涉及省级行政区、城市群、城市、农村等不同维度，研究层级至县及县以下行政区，为学者研究地方经济社会宏观态势、经验模式、发展案例提供支撑，为地方政府决策提供参考。

中国文化传媒数据库（下设18个专题子库）

内容覆盖文化产业、新闻传播、电影娱乐、文学艺术、群众文化、图书情报等18个重点研究领域，聚焦文化传媒领域发展前沿、热点话题、行业实践，服务用户的教学科研、文化投资、企业规划等需要。

世界经济与国际关系数据库（下设6个专题子库）

整合世界经济、国际政治、世界文化与科技、全球性问题、国际组织与国际法、区域研究6大领域研究成果，对世界经济形势、国际形势进行连续性深度分析，对年度热点问题进行专题解读，为研判全球发展趋势提供事实和数据支持。

法律声明

"皮书系列"（含蓝皮书、绿皮书、黄皮书）之品牌由社会科学文献出版社最早使用并持续至今，现已被中国图书行业所熟知。"皮书系列"的相关商标已在国家商标管理部门商标局注册，包括但不限于LOGO（ ）、皮书、Pishu、经济蓝皮书、社会蓝皮书等。"皮书系列"图书的注册商标专用权及封面设计、版式设计的著作权均为社会科学文献出版社所有。未经社会科学文献出版社书面授权许可，任何使用与"皮书系列"图书注册商标、封面设计、版式设计相同或者近似的文字、图形或其组合的行为均系侵权行为。

经作者授权，本书的专有出版权及信息网络传播权等为社会科学文献出版社享有。未经社会科学文献出版社书面授权许可，任何就本书内容的复制、发行或以数字形式进行网络传播的行为均系侵权行为。

社会科学文献出版社将通过法律途径追究上述侵权行为的法律责任，维护自身合法权益。

欢迎社会各界人士对侵犯社会科学文献出版社上述权利的侵权行为进行举报。电话：010-59367121，电子邮箱：fawubu@ssap.cn。

社会科学文献出版社